本书为作者所承担国家自然科学基金"基于控股股东市场择时动机的公司投融资行为研究"（批准号：71272230）的研究成果，同时也感谢教育部"新世纪优秀人才支持计划"（编号：NCET-13-0437）所提供的研究资助。

控股股东投融资决策

罗琦　著

图书在版编目(CIP)数据

控股股东投融资决策/罗琦著.—武汉:武汉大学出版社,2018.6
ISBN 978-7-307-19657-5

Ⅰ.控… Ⅱ.罗… Ⅲ.①上市公司—投资决策—研究—中国
②上市公司—融资策略—研究—中国 Ⅳ.F279.246

中国版本图书馆 CIP 数据核字(2017)第 216946 号

责任编辑:黄金涛　　责任校对:李孟潇　　版式设计:马　佳

出版发行:武汉大学出版社　　(430072　武昌　珞珈山)
　　　　　(电子邮件:cbs22@whu.edu.cn　网址:www.wdp.com.cn)
印刷:北京虎彩文化传播有限公司
开本:720×1000　1/16　印张:19.75　字数:270 千字　插页:2
版次:2018 年 6 月第 1 版　　2018 年 6 月第 1 次印刷
ISBN 978-7-307-19657-5　　定价:88.00 元

版权所有,不得翻印;凡购我社的图书,如有质量问题,请与当地图书销售部门联系调换。

作者简介

罗琦

  武汉大学经济与管理学院金融系教授、博士生导师,教育部新世纪优秀人才支持计划入选者。先后于1991、1998年毕业于中国人民大学工业经济系和厦门大学财政金融系获得经济学学士和经济学硕士学位,2006年毕业于东京工业大学经营工学专攻获得工学博士学位。研究领域为公司金融与资本市场,主持国家自然科学基金3项、教育部人文社会科学规划基金1项,在《经济研究》、《金融研究》、《统计研究》、《会计研究》、《管理科学学报》、《南开管理评论》以及 *Japan Journal of Finance*、*Management Research News*、*Review of Pacific Basin Financial Markets and Policies*、*International Review of Economics and Finance* 等国内外学术刊物上发表论文40余篇。

目　录

上篇　控股股东代理问题的视角

第一章　控股股东道德风险分析 003
 第一节　我国上市公司股权制度安排 003
  一、股权集中度 003
  二、现金流权与控制权的分离 005
 第二节　控股股东道德风险模型 007
  一、模型假设 007
  二、模型求解分析 009
 第三节　控股股东道德风险与融资约束 012
  一、现金—现金流敏感度的引入 012
  二、融资约束的经验证据 014
 第四节　控股股东道德风险的市场评价 020
  一、Fama-French（1998）价值评估模型 020
  二、投资者的价值评估 022
  三、进一步的讨论 026

第二章　控股股东现金资产偏好 030
 第一节　一个简单模型 030
  一、模型结构 030

二、模型假设 ……………………………………………………… 032
　　三、模型求解分析 ………………………………………………… 033
　第二节　控股股东投资不足动机 …………………………………… 040
　　一、投资不足的动机分析 ………………………………………… 040
　　二、投资者保护与公司投资不足 ………………………………… 045
　第三节　控股股东资产转移动机 …………………………………… 048
　　一、资产转移的动机分析 ………………………………………… 048
　　二、投资者保护与公司现金持有 ………………………………… 050
　　三、投资者保护与公司现金价值 ………………………………… 054

第三章　控股股东现金股利决策 …………………………………… 058
　第一节　控股股东与现金股利 ……………………………………… 058
　　一、结果模型与替代模型 ………………………………………… 058
　　二、现金股利决策 ………………………………………………… 061
　第二节　股利决策的价值效应 ……………………………………… 065
　　一、现金股利价值 ………………………………………………… 065
　　二、现金股利的治理作用 ………………………………………… 070
　第三节　股利决策与投资效率 ……………………………………… 072
　　一、股利生命周期特征 …………………………………………… 072
　　二、成长性公司股利决策与投资效率 …………………………… 075
　　三、成熟型公司股利决策与投资效率 …………………………… 079

第四章　公司资本结构的动态调整 ………………………………… 086
　第一节　资本结构调整的收益与成本 ……………………………… 086
　　一、收益与成本的权衡 …………………………………………… 086
　　二、资本结构的动态权衡 ………………………………………… 090
　第二节　股权集中度与资本结构动态调整 ………………………… 092
　　一、资本结构调整的方向 ………………………………………… 092

二、股权集中度的影响……………………………………………… 098
　第三节　现金股利与资本结构动态调整…………………………… 103
　　一、股权集中度低的公司…………………………………………… 103
　　二、股权集中度高的公司…………………………………………… 108

第五章　控股股东代理问题与权益资本成本………………………… 111
　第一节　权益资本成本的估计……………………………………… 111
　　一、估计方法………………………………………………………… 111
　　二、GLS 模型的应用………………………………………………… 116
　第二节　控股股东代理问题的影响………………………………… 120
　　一、代理成本与权益资本成本……………………………………… 120
　　二、控股股东视角的假说分析……………………………………… 123
　　三、数据及实证检验结果…………………………………………… 126
　第三节　现金股利与权益资本成本………………………………… 132
　　一、现金股利的影响………………………………………………… 132
　　二、现金股利与控股股东代理问题的交互影响…………………… 137

下篇　控股股东市场择时的视角

第六章　控股股东盈余管理与资本市场效率………………………… 145
　第一节　资本市场有效性…………………………………………… 145
　　一、资本市场效率…………………………………………………… 145
　　二、资本市场异象…………………………………………………… 147
　第二节　应计异象…………………………………………………… 149
　　一、资本市场对盈余构成的识别…………………………………… 149
　　二、应计利润的构成………………………………………………… 151
　第三节　可操控性应计利润的定价检验…………………………… 153
　　一、Mishkin 检验…………………………………………………… 153
　　二、套利组合检验…………………………………………………… 160

第四节　控股股东与资本市场信息效率 ·········· 163
一、控股股东视角的盈余管理 ·········· 163
二、资本市场信息效率 ·········· 165

第七章　股票市场错误定价与公司投资支出 ·········· 171
第一节　股票市场错误定价的均衡分析 ·········· 171
一、股票价格的高估和低估 ·········· 171
二、模型均衡分析 ·········· 174
第二节　控股股东迎合与公司投资 ·········· 177
一、市场时机与公司投资 ·········· 177
二、控股股东迎合的经验证据 ·········· 182
第三节　过度投资的经验证据 ·········· 187
一、控股股东迎合动机的进一步分析 ·········· 187
二、控股股东迎合与过度投资 ·········· 189

第八章　股权再融资中的市场择时行为 ·········· 197
第一节　股权再融资行为分析 ·········· 197
一、我国上市公司股权再融资政策变迁 ·········· 197
二、股权再融资公司特征分析 ·········· 200
第二节　市场时机与股权再融资 ·········· 204
一、控股股东市场择时行为分析 ·········· 204
二、控股股东市场择时行为检验 ·········· 208
第三节　市场时机的内生性 ·········· 214
一、内生性问题 ·········· 214
二、股权再融资与市场时机的相互作用 ·········· 217

第九章　股价同步性与控股股东市场择时 ·········· 223
第一节　股价同步性及其度量 ·········· 223

一、股价同步性……………………………………………… 223

　　二、股价同步性的度量——R^2方法……………………… 228

第二节　盈余管理与股价同步性…………………………………… 231

　　一、控股股东的信息披露策略……………………………… 231

　　二、股价同步性降低的经验证据…………………………… 234

第三节　股价同步性与股权再融资………………………………… 240

　　一、控股股东对市场时机的利用…………………………… 240

　　二、控股股东行为与股价崩盘风险………………………… 244

第十章　控股股东市场择时的经济后果……………………………… 248

第一节　股权再融资与公司业绩变化……………………………… 248

　　一、"股权再融资后业绩下降之谜"………………………… 248

　　二、公司股权再融资后的业绩表现………………………… 251

第二节　"机会窗口"融资分析……………………………………… 253

　　一、市场择时与公司业绩…………………………………… 253

　　二、冷发市场与热发市场…………………………………… 257

　　三、控股股东股权稀释的影响……………………………… 260

第三节　股东间财富转移…………………………………………… 263

　　一、市场择时与股东间财富转移…………………………… 263

　　二、股东间财富转移的测度………………………………… 265

　　三、财富向控股股东转移…………………………………… 268

参考文献………………………………………………………………… 274

后记……………………………………………………………………… 307

上篇

控股股东代理问题的视角

第一章　控股股东道德风险分析

我国上市公司的股权制度安排具有一定的特殊性，股权集中和两权分离是上市公司股权结构的两个重要特征。在股权结构集中的情况下，控股股东具有损害中小股东利益的行为动机。控股股东现金流权与控制权的分离程度越大，控股股东获取控制权私利的动机就越强烈。外部投资者能够预期到控股股东的这种道德风险，从而对公司融资行为形成约束。本章首先借鉴 Myers and Majluf(1984)的模型框架构建公司发行股票为投资项目融资的决策模型，从理论上揭示控股股东具有损害中小股东利益的行为动机。然后我们引入现金—现金流敏感度来表征公司的融资约束程度，实证检验了终极控股股东两权分离导致的道德风险对企业融资约束的影响。进一步地，我们借助 Fama-French(1998a)价值评估模型探讨了控股股东道德风险如何影响投资者对公司现金价值的评估。

第一节　我国上市公司股权制度安排

一、股权集中度

我国由于特殊的制度环境和政策背景，上市公司股权结构高度集中，学者们分析指出股权集中是我国上市公司股权结构的重要特征之一。何浚(1998)对沪深两市上市公司的股权结构进行统计，发现第一大股东平均持股为 43.9%，超过三分之一的公司第一大股东持股比例在50%以上。徐莉萍等(2006)以1999—2003年4845家上市公司为样本考察了我国上市公司的股权集中度，发现大股东合计持股比例的均值高达54%，其中国有企业控股的公司有着更高的股权集中度。修宗峰(2008)利用我国A股上市公司2002—2004年的数据研究发现，一半以上公司的前五大股东持股比例的平方和在20%以上。罗琦和贺娟(2015)以2008—2012年沪深两市非金融类A股上市公司为样本，研究发现第一大控股股东持股比例平均达到36.48%，而最大值达到89.41%。

在沪深两市设立之初，我国监管部门对国有股流通问题总体上采取的是搁置的办法。为了解决经济体制转轨过程中形成的股权分置问题，我国先后进行了三个阶段的股权分置改革。股权分置改革通过引入市场化的激励和约束机制，一定程度上缓解了国有股"一股独大"的问题。马立行(2013)利用沪深300成份股的数据研究发现，股权分置改革在一定程度上降低了第一大股东持股的平均水平。然而，由于上市公司的控股权转让通常面临监管机构的多层审批，上市公司进行股权结构调整会受到一定的摩擦阻力，大股东变更股权需要付出很高成本，加之股权再融资也受到严格的限制，这使得控股股东的持股比例往往很难下调。

为了说明我国上市公司股权集中的现状，我们对截至2012年12月31日沪深两市2493家上市公司的第一大股东持股比例进行了分段统计，结果如表1.1所示。从表1.1可以看出，几乎所有公司的第一大股东持股比例都超过了10%，而第一大股东持股比例在10%到20%之间的公司仅占12.8%。更为重要的，统计结果表明大约60%的上市公司第一大股东持股比例超过了30%。已有学者研究表明，股东持股比例超过30%时就能对上市公司进行强有力的控制，由此可见我国大部分上市公司都受到了第一大股东的控制。另外，上市公司第一大股东持股比例平均值为36.4%，这表明我国上市公司的股权结构是高度集中的。

表 1.1　　　　　　第一大股东持股比例统计

第一大股东持股比例	公司数	占比	持股平均值
0~10%	43	0.017%	7.9%
10%~20%	319	12.8%	16.1%
20%~30%	654	26.3%	25.0%
30%~50%	954	38.3%	39.3%
大于50%	533	21.4%	59.5%
合计	2493	100%	36.4%

在衡量上市公司股权集中的程度时，很多学者对前五大持股比例和前十大股东持股比例也进行了考察(陈德萍和陈永圣，2011)。为此，我们对截至 2012 年 12 月 31 日沪深两市 2493 家上市公司的前五大持股比例和前十大股东持股比例也进行了统计，统计结果如表 1.2 所示。从表中可以看出，超过半数的上市公司前五大股东持股比例超过了 50%，超过三分之二的上市公司前十大股东持股比例超过了 50%。

表 1.2　　　　　　前五大、十大股东持股比例统计

持股比例区间	前五大股东		前十大股东	
	公司数	占比	公司数	占比
0~10%	2	0	1	0
10%~20%	40	1.6%	24	1%
20%~30%	170	6.8%	116	4.6%
30%~50%	751	30%	607	24.3%
大于50%	1530	61.4%	1745	70%
合计	2493	100%	2493	100%

二、现金流权与控制权的分离

根据 Bebchuk et al.(2000)的界定，公司股权结构可以分为三种类

型：分散股权结构（dispersed ownership）、控制性结构（controlled structure）和少数控制性股权结构（controlling-minority structure）。其中，第一种股权结构（DO）出现在股权在外部股东之间高度分散的情况；第二种股权结构（CS）存在于大股东具有多数控制权但同时也需要付出多数现金流权的公司；第三种股权结构（CMS）则属于大股东持有较小的现金流权但拥有多数控制权，这类股权结构实现了控制权与现金流权的分离。少数控制性股权结构（CMS）是第二类代理问题（控股股东与中小股东之间的代理问题）产生的根源，也是本章所要分析的主要内容。

学者们研究发现，少数控制性股权结构（CMS）主要通过金字塔结构（pyramid）、交叉持股（cross-holding）和多元股份（dual-class shares）三种途径实现。金字塔结构指控制人直接持有子公司多数股权，其子公司同样持有下级公司多数股权，且每一级包含多个下级公司，从而形成类似金字塔形状的控制链条。交叉持股多出现于集团公司当中，实际控制人通过集团内公司之间横向或纵向的股权联系来增强自身控制权。多元股份多存在于公司具有不同投票权的股份，既有一股一票的股份，也有多股一票（inferior voting shares）或一股多票（superior voting shares）的股份。

La Porta et al.（1999）研究发现现金流权与控制权分离的现象普遍存在，其中约26%的公司的终极控股股东通过金字塔结构的方式增强其控制力，多元持股并不是实现现金流权与控制权分离的主要机制。Claessens et al.（2000）用分离度（现金流权/最终控制权）来考察上市公司现金流权与最终控制权不一致的程度，研究发现东亚9国的平均现金流权是15.70%，平均最终控制权是19.77%，平均现金流权对控制权的比率是0.75。Masulis et al.（2011）利用45个国家或地区的公司数据，研究发现有三分之二的集团公司采用了金字塔结构的方式实现现金流权与控制权的分离，交叉持股和多元股份的两权分离形式较为少见。

学者对我国上市公司股权结构的研究发现，现金流权与控制权分离是我国上市公司股权结构的重要特征之一。刘芍佳等（2003）发现，

75.6%的中国上市公司由国家通过金字塔控股方式实施间接控制。张华等(2004)指出，我国内地民营上市公司的最终控制人对企业的所有权偏低而控制权偏高，两权分离的程度比东亚9个国家和地区更为严重。李增泉等(2008)以88家民营企业集团为分析对象，发现有80%以上的公司存在现金流权与控制权的分离现象，约5%的公司的两权分离程度甚至达到50%以上。刘星和安灵(2010)以2001—2006年的769家上市公司为分析样本，研究发现国有上市公司的控制权与所有权分离程度显著高于非政府控制上市公司的控制权与所有权分离程度。罗琦和胡志强(2011)指出，终极控股股东控制权与现金流权的分离程度代表了公司控股股东利益侵占动机的强弱，约47.61%的公司存在现金流权与控制权分离的现象。

第二节　控股股东道德风险模型

一、模型假设

现金流权与控制权的分离影响了控股股东与中小股东的利益分化程度和新股发行中实施利益侵占的动机，同时复杂的持股结构又会导致外部股东对公司盈余的怀疑和终极控股股东利益输送行为的监督和制约(Gopalan and Jayaraman, 2012)。在终极控股股东两权分离的情况下，外部投资者会对控股股东谋取不正当控制权利益的倾向(控股股东的道德风险)形成预期，在公司决策发行新股时会要求更高的回报作为补偿，这对公司融资行为形成了一种约束。

基于控股股东的视角，我们利用Myers and Majluf(1984)的模型框架，建立了控股股东以自身利益最大化而不顾公司现有中小股东利益的融资决策模型。模型预期到控股股东的融资决策行为有可能损害公司现有中小股东的利益，并且新股发行后控股股东的利益变化与其利益侵占动机成正比。我们的理论模型实际上是采用数学语言对Almeida and

Wolfenzon(2006)中关于控股股东道德风险导致融资约束这一逻辑思想进行标准化,同时也可以看作将 Myers and Majluf(1984)管理者行为视角融资约束模型拓展成控股股东道德风险版本的融资约束模型。

控股股东的目标是实现自身利益最大化,在面临是否为一个投资项目进行股权融资时他首先要考虑自身的利益。除了能够得到正当收益外,控股股东还能谋取不正当的控制权利益,这种谋取不正当控制权利益的倾向就是控股股东的道德风险。外部投资者预期到控股股东的道德风险,可能对公司股票给予低的价值评估,这使得公司原有股东所持股份市值降低,原有股东的正当利益受到损害。但这时控股股东可能还是会选择发行股票,因为控股股东的利益是由正当利益和控制权私利组成,即便其正当利益受到损害,其总利益可能还是增加的。

模型假设上市公司存在一个控股股东,他在公司中的现金流权为 ω。模型分析管理者代表控股股东利益,以控股股东利益最大化为基础对公司是否发行股票进行投资做出决策。模型假设叙述如下:

(1)原有股东是消极被动(passive)的,即他们在公司发行新股时不会去主动购买股票以保证他们在公司的现金流权不变,新股发行均由外部小股东购买(Myers and Majluf, 1984)。

(2)外部融资只考虑股权融资,不考虑债务融资。

(3)控股股东对公司资产具有侵占动机,侵占比例 $d=d(k)$,有 $d'_k>0$,其中 k 是终极控股股东控制权与现金流权两权分离程度,终极控股股东两权分离程度越大,公司控股股东侵占动机越强。

(4)控股股东获得控制权私利的道德风险能够被中小投资者预期到,这种预期可以从发行新股后原有股东所持股份的市值变化中反映出来。设发行股票前原有股东所持股份市值为 P_0,发行后原有股东所持股份市值为 P,P 与控股股东侵占比例 d 是负相关的,即控股股东侵占比例越大,发行股票后原有股东所持股份市值下降越多。为了简化起见,我们不妨设 $P=(1-d^2)P_0$。

二、模型求解分析

我们考虑这样一种情形：公司 A 面临一个投资项目 B，A 拥有的在用资产(assets in-place)的价值为 a，现金资产(即财务宽松度 slack)价值为 S。项目 B 所需的投资额为 I，能够带来正的净现值 b。当公司内部资金 $S>I$ 时，公司不需要为项目 B 融资。我们考虑 $S<I$ 的情况，为了实现项目 B，公司需发行股票获得外部资金 $E=I-S$。

如果控股股东选择不发行股票，那么他在公司中所能得到的利益为：

$$V_1 = d(S+a) + \omega(1-d)(S+a) \tag{1.1}$$

(1.1)式中右边第一项是控股股东侵占公司资产获得的控制权利益，第二项是在侵占后公司剩余资产中控股股东按照所有权(现金流权)可以得到的部分。

如果控股股东选择发行股票，那么他从公司可得到的利益为：

$$V_2 = d(S+a+b+E) + \frac{\omega P}{P+E}(1-d)(S+a+b+E) \tag{1.2}$$

(1.2)式中右边第一项是发行股票后控股股东的控制权利益，第二项是其正当利益。

由于控股股东掌握公司的决策权，故只有当 $V_2>V_1$ 时，管理者才会做出发行股票的决策，即发行股票的条件为：

$$d(S+a+b+E) + \frac{\omega P}{P+E}(1-d)(S+a+b+E) \geq d(S+a) + \omega(1-d)(S+a) \tag{1.3}$$

整理得：

$$E+b \geq \frac{\omega(1-d)}{d}\left[S+a-\frac{P}{P+E}(S+a+b+E)\right] \quad (1.4)$$

(1.4)式进一步可以变形为：

$$(1-d)(S+a)\frac{\omega E}{P+E} \leq d(b+E)+\frac{\omega P}{P+E}(1-d)(b+E) \quad (1.5)$$

（1.5）中左边表示新股东从控股股东原有正当利益中所得到的部分，这部分可以看作控股股东让渡出去的价值额；右边表示在公司新增价值中，控股股东可以获得的控制权利益和正当利益之和。（1.5）式说明只有在控股股东所得到的利益大于其所失去的利益时，公司才会选择发行股票。

在 Myers and Majluf(1984)的分析中，不存在控股股东，管理者代表原有股东的利益，公司发行股票融资的条件是：

$$\frac{E(S+a)}{P} \leq E+b \quad (1.6)$$

(1.6)式中的均衡条件也可以写为：

$$\frac{E(S+a)}{P+E} \leq \frac{P(E+b)}{P+E} \quad (1.7)$$

（1.7）式清楚地展示了管理者代表原有股东利益：不等式左边是新股东由于购买公司股票成为公司的所有者而从公司原有资产中得到的部分，这一部分也可看作原有股东失去的价值额；不等式右边是原有股东从公司价值增值中可以获得的部分。换句话说，只有在原有股东的所得大于其所失时，公司才会选择发行股票融资。

比较（1.7）式和（1.5）式可以发现两者之间的区别：Myers and Majluf(1984)是基于管理者视角研究信息不对称所导致的融资约束，管理者代表原有股东的利益，只有在原有股东得到的利益大于他们失去的利益时公司才会选择发行股票；而我们是基于控股股东视角，研究控股股东以自身利益最大化为目标，不考虑原有股东利益是否受到损害，只要发行股票使得他的利益增加他就会选择发行股票。

在(1.4)式的条件下，控股股东选择发行股票可以增加其自身利益，但这样做可能损害了原有中小股东的利益，这可以从下面的分析中得到结论。不发行股票时原有中小股东从公司可得到的利益为：

$$V'_1 = (1-\omega)(1-d)(S+a) \qquad (1.8)$$

发行股票后原有中小股东从公司可得到的利益为：

$$V'_2 = (1-\omega)(1-d)\frac{P}{P+E}(S+a+b+E) \qquad (1.9)$$

发行股票前后原有中小股东的利益变化为：

$$\Delta V' = V'_2 - V'_1 = \frac{(1-\omega)(1-d)}{P+E}[P(E+b) - E(S+a)] \qquad (1.10)$$

若 $S+a-\frac{P}{P+E}(S+a+b+E)>0$，即 $\frac{E(S+a)-P(b+E)}{P+E}>0$，(1.4)式仍有可能成立，而此时 $\Delta V'<0$，原有中小股东利益受到损害。

但若 $S+a-\frac{P}{P+E}(S+a+b+E)<0$，(4)式一定成立，此时 $\Delta V'>0$，原有中小股东的利益是增加的，但其增加额 $\Delta V'$ 小于(1.7)式中管理者站在原有股东利益立场上做出发股决策时的利益增加额。这种情况下控股股东的自利行为给原有中小股东也带来了好处，但这并非是他的本意，他只是以自身利益最大化为标准，即使 $\Delta V<0$ 他还是有可能发行股票。

由上述推导过程可知，在控股股东追求自身利益最大化的目标前提下，原有中小股东的利益便不能得到保证，发行股票可能会使中小股东的利益受到损害，而控股股东却能获得利益增量。下面我们进一步分析新股发行后控股股东的利益变化。不妨令 $\Delta V = V_2 - V_1$，整理 ΔV 得到：

$$\Delta V = d(E+b) + \frac{\omega P}{P+E}(1-d)(S+a+b+E) - \omega(1-d)(S+a) \quad (1.11)$$

令(1.11)式对 d 求偏导，整理得：

$$\frac{\partial \Delta V}{\partial d} = E+b+\omega(S+a) + \frac{\omega E P'_d}{(P+E)^2}(1-d)(S+a+b+E) - \frac{\omega P}{P+E}(S+a+b+E)$$

$$= (1-\omega)(E+b) + \omega(S+a+b+E)\left[1 + \frac{E}{(P+E)^2}(1-d)P'_d - \frac{P}{P+E}\right] > 0$$

$$(1.12)$$

(1.12)式表明，利益侵占比例越大，控股股东发行股票所得收益越大。根据前文中模型假设，终极控股股东两权分离程度与公司控股股东利益侵占动机正相关，而这也就意味着两权分离程度 k 越大的情况下，控股股东发行股票后的利益增量越大。

第三节　控股股东道德风险与融资约束

一、现金—现金流敏感度的引入

Myers and Majluf(1984)指出信息不对称情况下外部投资者的逆向选择使得公司使用外部资金的成本会比使用内部资金的成本高，这导致公司遭受融资约束。融资约束公司为了把握住某些有利的投资机会，往往从现金流中储备现金来应对未来的投资需求。基于 Myers and Majluf (1984)的理论思想，Fazzari et al. (1988)提出用投资—现金流敏感度来度量公司所面临的融资约束。Hoshi et al. (1991)、Fazzari and Peterson

(1993)以及 Hovakimian and Titman(2006)等学者的研究同样支持了用投资—现金流敏感度度量融资约束的观点。

然而，Vogt(1994)指出投资—现金流敏感度既可能反映了公司所遭受的融资约束，也可能源于管理者代理问题所引起的过度投资。Vogt(1994)以美国制造业上市公司为样本，小规模、高托宾 Q、低股利支付率的企业被归类为高成长型企业，这类企业需求量较大而面临的非对称信息问题严重，外部融资困难，所以仅支付很低的股利，而将更多的内部资金用于投资支出。大规模、低托宾 Q、低股利支付率的企业被归类为代理冲突严重型企业，这类企业尽管外部融资相对容易，但缺乏有价值的投资机会，经营者追逐个人利益，将企业的内部资金用于过度投资，支付的股利也很少。Kaplan and Zingalse(1997)将 Fazzari et al.(1988)中的49家低股利支付率的公司划分为五类，发现受融资约束的公司反而具有较低的投资—现金流敏感度，这与 Fazzari et al.(1988)的结论相反。Cleary(1999)在 Kaplan and Zingalse(1997)的基础上做出改进，得到了支持 Kaplan and Zingalse(1997)的大样本结论。Cleary et al.(2007)进一步构建了一个关于公司投资行为的理论模型，发现公司投资与内部现金流之间呈现 U 型非线性的复杂关系，在公司内部现金流充裕和极度匮乏的情况下，投资—现金流敏感度会远高于内部现金流正常时的水平。

Almeida et al.(2004)提出用现金—现金流敏感度衡量公司融资约束，他们认为这是一个理论上可行、实证检验上有效的方法，因为融资约束同样影响了公司现金持有决策，而现金是一个金融变量，采用现金—现金流敏感度来研究融资约束问题可以回避使用投资—现金流敏感度来研究融资约束问题出现的质疑。Vogt(1994)、Almeida et al.(2004)观点和方法都得到了广泛应用，前者如 Gugler(2003)、Pawlina and Renneboog(2005)等，后者如 Khurana et al.(2006)、Acharya et al.(2007)等。

需要加以说明的是，上述文献在探讨用投资—现金流敏感度、现金—现金流敏感度度量融资约束时，都是从 Myers and Majluf(1984)的理论观点出发，认为管理者与公司现有股东利益一致、而与公司潜在的外部投资者之间存在信息不对称，这导致公司在资本市场上无法筹集到足够资金将投资扩大到完全竞争状态下的水平。这些文献分析信息不对称所导致的融资约束基本上都是以股权分散的公司治理结构为研究背景。但实际上，世界上大多数国家的公司都是集中型的股权结构。我国由于特殊的制度环境和政策背景，上市公司股权更是高度集中。在股权集中的情况下，管理层由公司控制性股东组成或者任命，公司掌控在控股股东手中，这种治理模式下控股股东往往侵占公司资源获取控制权私利，从而损害了公司中小股东的利益。

基于第二节的模型，我们分析出控股股东追求自身利益最大化的动机有可能损害中小股东的利益，而市场上会形成对控股股东这种潜在道德风险的不良预期，外部投资者会要求公司提供更高的投资回报甚至抵制公司发行新股，这对公司融资行为形成一种约束。由于终极控股股东两权分离导致更加严重的道德风险，我们认为这会加重公司融资约束程度，从而使公司现金—现金流敏感度较高，因此提出如下实证研究假说：

假说1.1：在终极控股股东两权分离程度较大的情况下，公司现金—现金流敏感度较高。

二、融资约束的经验证据

为了检验假说1.1，我们选择2004—2006年沪深两市A股上市公司作为研究样本。采用的数据包括公司基本财务数据和终极控股股东数据，公司基本财务数据来源于万得(wind)资讯，终极控股股东现金流权与控制权数据为逐一查阅上市公司年报手工整理而得。由于部分指标使用了滞后变量，财务数据还包括上市公司2003年的数据。样本采集依据以下原则进行：

(1) 剔除了金融性公司，金融性公司由于其自身业务特点而持有大量现金；

(2)剔除了资不抵债等财务状况异常的公司，公司财务状况异常将会导致现金持有量非正常的变化；

(3)剔除无法追踪到其终极控股股东的公司；

(4)剔除异常值的公司，如因需要不方便剔除的采用该样本数据分布的前1%，后99%位置的数据代替。

此外，剔除公司财务数据资料不全的公司，最后得到的样本共有3182个观察值。

表1.3定义了实证检验中所采用的主要变量。我们选择公司市场价值(MV)对现金变动(ΔC)和现金流(CF)进行标准化，主要是考虑到与本章后文中现金价值模型中所采用的标准化指标统一，因为在现金价值的检验中现金变动(ΔC)是解释变量，而在用作现金(变动)价值模型中变量的标准化指标采用公司市场价值是比较合理的做法。托宾Q和公司规模(Size)在现金—现金流敏感度模型中被用作控制变量，其中，托宾Q为投资机会的代理变量。

表1.3 变量定义表

序号	符号	变量名称	变量定义
1	$\Delta C_{i,t}$	现金变动	(货币资金年末数+短期投资年末数−货币资金年初数−短期投资年初数)/年初MV，其中MV为公司市场价值
2	$CF_{i,t}$	现金流量	t年(净利润+折旧)/年初MV
3	$Q_{i,t}$	投资机会	公司资产市值与账面价值的比值，资产市值为股本与负债价值之和，其中负债以账面价值计
4	$Size_{i,t}$	公司规模	t年年末总资产的自然对数

由表1.4可知，2004年到2006年间我国上市公司现金变动的均值为0.55%，中位数为0.11%，表明大部分公司现金持有水平都是增加的。表1.4中还给出了其他一些变量的描述性统计特征。进一步地，我

们对模型(1.13)中所涉及的变量分别作了相关性检验,发现各变量之间的相关系数均比较低,可以用于回归分析。为了节省篇幅,未列示相关性检验结果。

表1.4　　　　　　　　　变量描述性统计

符号	平均值	中位数	标准差	最小值	最大值
$\Delta C_{i,t}$	0.0055	0.0011	0.1150	-0.9546	1.0345
$CF_{i,t}$	0.0609	0.0587	0.0945	-0.5761	0.9240
$Q_{i,t}$	0.9393	0.8798	0.3287	0.1338	4.0979
$Size_{i,t}$	21.3492	21.2896	0.9924	17.4965	26.9782

我们采用了Almeida et al.(2004)所提出的现金—现金流敏感度模型,模型的形式如下所示:

$$\Delta C_{i,t} = \alpha_0 + \alpha_1 CF_{i,t} + \alpha_2 Q_{i,t} + \alpha_3 Size_{i,t} + \sum Industry + \sum Year + \varepsilon_{i,t} \quad (1.13)$$

式(1.13)中,现金—现金流敏感度即指现金流(CF)的回归系数α_1。除了投资机会(Q)和公司规模($Size$)以外,模型中还加入了行业虚拟变量($Industry$)和年度虚拟变量($Year$),用以控制现金变动中的行业效应和年度效应。

在已有的文献中,关于现金—现金流敏感度(或投资—现金流敏感度)的检验一般是事先选取一个衡量公司融资约束程度的指标,根据这一指标对样本进行分组,然后分别在各组样本之间进行回归运算。如果事先被划分为融资约束程度高的样本组现金流的回归系数更高,那么就证明这组样本遭受的融资约束程度更高。如前所述,这些文献所检验的是信息不对称所导致的融资约束。我们致力于考察控股股东道德风险所引起的融资约束,这种约束是由于控股股东的资产偏好和利益侵占动机所引起的。由于终极控股股东控制权/现金流权两权分离程度能够反映公司控股股东利益侵占动机的强弱，所以我们选择两权分离程度对样本进行分组。

我们首先对全样本按是否存在两权分离做了分组，控制权与现金流权比值等于 1 的为两权未分离样本，控制权与现金流权比值大于 1 的为存在两权分离样本，对于两权分离样本又以其中位数为分界点划分为分离程度高和分离程度低两组。表 1.5 列出了按两权分离程度进行分组后现金—现金流敏感度的回归结果。为了节省篇幅，年度虚拟变量和行业虚拟变量的回归系数没有列出。

表 1.5 中的回归结果表明，在对各组样本的回归运算中，现金流（CF）的回归系数都为正并且在 1% 的水平上具有显著性。有意义的是，两权分离样本的现金—现金流敏感度（0.412）大于两权未分离样本现金—现金流敏感（0.253）。在对两权分离样本的进一步检验中，结果显示两权分离程度高的公司现金—现金流敏感度（0.464）比两权分离程度低的公司现金—现金流敏感（0.341）大。表 1.5 中的结果支持了我们的假说 1.1，表明在终极控股股东两权分离程度较大的情况下，公司现金—现金流敏感度较高。

同时，表 1.5 中的结果显示，投资机会（Q）、公司规模（Size）的回归系数为正，说明投资机会越多、公司规模大的公司倾向于从当前现金流中积累更多现金，这些结果与已有的文献是一致的。

表 1.5　按两权分离程度分组的现金—现金流敏感度回归结果

变量	全样本		两权分离样本	
	两权未分离	两权分离	分离程度低	分离程度高
$CF_{i,t}$	0.253***	0.412***	0.341***	0.464***
	(6.184)	(10.978)	(6.604)	(8.386)
$Q_{i,t}$	0.042***	0.032***	0.032**	0.031*
	(3.545)	(3.130)	(2.580)	(1.864)

续表

变量	全样本		两权分离样本	
	两权未分离	两权分离	分离程度低	分离程度高
$Size_{i,t}$	0.016***	0.007*	0.010**	0.004
	(4.077)	(1.878)	(2.089)	(0.925)
Adjust-R^2	0.067	0.104	0.093	0.074
N	1688	1494	747	747

注：*** 表示在 0.01 的水平上显著，** 表示在 0.05 的水平上显著，* 表示在 0.1 的水平上显著。

前文在检验公司现金—现金流敏感度时，选择了 Tobin Q 作为公司投资机会的代理变量。由于销售收入增长率也被比较普遍地作为公司投资机会的代理变量，因此我们另外以一年期、三年期销售收入增长率作为投资机会的代理变量，分别代入式(1.13)中进行回归，依然得到与表 1.5 一致的结果。可见，无论使用 Tobin Q 还是用销售收入增长率作为投资机会的代理变量，我们的检验结果都不受到影响。

由于控股股东一般通过资金占用、关联交易等方式实施利益侵占，这使得公司真正用于净现值为正的投资项目的资源相应减少，投资不足的问题会变得突出。我们借鉴 Richardson(2006)方法测度公司适度投资水平并将总样本划分为投资不足样本和过度投资样本，实证检验发现，投资不足样本公司中终极控股股东两权分离程度显著高于过度投资公司。进一步地，我们对投资不足样本进行了两权分离与否以及两权分离程度高低的分组，并检验各组样本公司的现金—现金流敏感度，检验结果列于表 1.6 中。通过比较我们发现，表 1.6 中各组样本的现金—现金流敏感度明显高于表 1.5 中的各组样本，表明投资不足样本公司控股股东有更强烈的动机从现金流中积累现金。这就从另一个角度说明，终极控股股东两权分离程度大容易导致公司投资不足，而投资不足的一个重要原因就在于控股股东出于利益侵占动机而增强了对现金资产的偏好。

表1.6 投资不足样本按两权分离程度分组的现金—现金流敏感度回归结果

变量	投资不足样本		投资不足且两权分离样本	
	两权未分离	两权分离	分离程度低	分离程度高
$CF_{i,t}$	0.316***	0.596***	0.416***	0.704***
	(6.237)	(11.607)	(6.091)	(9.181)
$Q_{i,t}$	0.047***	0.028**	0.036**	0.017
	(3.032)	(2.083)	(2.186)	(0.798)
$Size_{i,t}$	0.012***	0.001	0.008	−0.008
	(2.626)	(0.152)	(1.401)	(−0.947)
Adjust-R^2	0.076	0.148	0.105	0.160
N	1047	931	465	466

注：*** 表示在0.01的水平上显著，** 表示在0.05的水平上显著，* 表示在0.1的水平上显著。

Vogt(1994)采用二阶段最小二乘法(2SLS)检验投资—现金流敏感度时，第一阶段回归中所采用的模型如式(14)所示，所得到的检验结果即是现金—现金流敏感度。

$$\Delta C_{i,t} = \alpha_0 + \alpha_1 CF_{i,t} + \alpha_2 Q_{i,t} + \alpha_3 Sales_{i,t} + \alpha_4 C_{i,t-1} \\ + \sum Industry + \sum Year + \varepsilon_{i,t} \quad (1.14)$$

式(1.14)中，Sales、C 分别为销售收入和现金水平。固定资产额被用作对 ΔC、CF、Sales 以及 C 进行标准化，这是投资—现金流敏感度文献中的通常做法。实际上，无论是采用固定资产、总资产还是研究所采用的资产市值进行标准化，都不会对检验结果产生实质性改变。Vogt(1994)引入销售收入(Sales)是为了控制加速器效应，但考虑到销售收入可以替代总资产作为公司规模的代理变量,其作用实质上类似于式(13)中的 $Size$。因此,式(1.14)与(1.13)的唯一区别就在于,前者进一步引入了现金水平(C)作为控制变量。

利用式(1.14)回归得到的结果列于表1.7中。与表1.5中的结果一样,两权分离样本比两权未分离样本具有更高的现金—现金流敏感度,而两权分离程度高的样本则比两权分离程度低的样本具有更高的现金—现金流敏感度。

表1.7 按两权分离程度分组使用 Vogt 方法检验现金—现金流敏感度的回归结果

变量	全样本		两权分离样本	
	两权未分离	两权分离	分离程度低	分离程度高
$CF_{i,t}$	0.269 *** (6.920)	0.410 *** (11.132)	0.350 *** (7.342)	0.441 *** (7.815)
$Q_{i,t}$	0.0005(0.818)	0.000(0.068)	0.0003(0.742)	-0.0007(-0.898)
$Sales_{i,t}$	0.015 *** (5.337)	0.020 *** (5.522)	0.028 *** (6.264)	0.015 ** (2.454)
$C_{i,t-1}$	-0.156 *** (-7.131)	-0.126 *** (-6.590)	-0.232 *** (-8.561)	-0.052 * (-1.901)
$Adjust\text{-}R^2$	0.233	0.178	0.188	0.170
N	1688	1494	747	747

注:*** 表示0.01的显著水平,** 表示0.05的显著水平,* 表示0.1的显著水平。

第四节 控股股东道德风险的市场评价

一、Fama-French(1998)价值评估模型

前文中的分析表明,控股股东对现金资产的偏好是出于其利益侵占

动机,而不是为了把握有利的投资机会为公司创造价值。控股股东的策略以自身利益最大化为基础,损害了中小股东的利益,外部投资者对公司现金(变动)价值的评估将会较低。近年来国内外学者在公司现金价值效应的研究方面取得重大进展,在很大程度上得益于 Fama and French(1998a)开创的价值评估方法。

Fama and French(1998)模型分为水平模型和变动模型,分别被应用于分析公司(超额)现金水平和现金变动的价值效应。此方法本质上是一种长期事件研究法,是在控制公司盈利能力、投资、融资以及研发支出等因素对公司价值影响的基础上,考察公司现金持有变化带来的市场反应,进而衡量控股股东现金决策变化这一事件对公司产生的价值效应。国内学者在分析中国公司现金价值效应时,一般采用水平模型(如沈艺峰等,2008;顾乃康和孙进军,2008)。我们考察的是控股股东道德风险导致融资约束的情况下公司现金的变动策略①,所以采用了 Faulkender and Wang(2006)提出的变动模型分析公司持有现金的价值效应。模型的具体形式如下:

$$r_{i,t} - R_{i,t}^B = \gamma_0 + \gamma_1 \Delta C_{i,t} + \gamma_2 \Delta E_{i,t} + \gamma_3 \Delta NA_{i,t} + \gamma_4 \Delta D_{i,t} + \gamma_5 \Delta I_{i,t} + \gamma_6 NF_{i,t} + \gamma_7 C_{i,t-1} + \sum Industry + \sum Year + \varepsilon_{i,t} \quad (1.15)$$

上述现金变动的价值模型中,被解释变量为公司股票超额回报率($r_{i,t} - R_{i,t}^B$),代表公司价值的变化量,这一指标为公司股票收益率与基准收益率之差。Faulkender and Wang(2006)利用 Fama and French(1992)三因素模型确定基准收益率,但 Masulis et al.(2009)认为这一方法导致变量内生的问题。考虑到三因素模型在中国资本市场的适用性尚

---

① 公司现金价值效应包括公司实际现金水平、超额现金水平以及实际现金水平变动这三个方面的价值效应。Dittmar and Mahrt-Smith(2007)认为没有必要考察超额现金水平变动时的价值效应,因为超额现金水平的变动往往是由于影响公司现金持有水平的因素发生了改变,而这与公司实际现金持有水平的变动是一个意思。

难确定，我们借鉴 Masulis et al. (2009) 的做法，采用行业内平均收益率作为基准收益率的代理变量。

在式(1.15)的右边，除了公司现金持有水平(C)以外，其他的变量都是变化量。现金变动(ΔC)为解释变量，其回归系数(γ_1)即为现金变动的价值效应，这一变量也就是方程(14)检验公司现金—现金流敏感度的被解释变量。Faulkender and Wang(2006)认为现金持有变动会改变公司股价，故利用股票收益率来衡量现金变动价值。净收益的变动(ΔE)用于控制公司盈利能力变化所导致的额外价值效应，非现金资产的变化(ΔNA)用来反映公司投资对公司价值变化的影响，而股利、利息支出和筹资额的变动(ΔD、ΔI、NF)则被用于控制公司融资政策变化对公司价值变化的影响。需要加以说明的是，由于目前我国上市公司研发支出数据难以取得，模型中没有包括研发支出的变化量。

在控股股东道德风险所导致的融资约束下，公司现金持有策略会相应调整，但现金策略的变化还是以控股股东利益最大化为前提的。由于公司控股股东偏好于流动性强的现金资产以实现其侵占动机(Myers and Rajan, 1998)，在终极控股股东两权分离更大的情况下，中小股东的利益会受到严重的损害，市场将会对公司增持现金赋予较低的价值评估，因此提出如下实证研究假说1.2：

假说1.2：在终极控股股东两权分离程度较大的情况下，公司现金价值较低。

二、投资者的价值评估

为了检验假说1.2，我们采用与检验假说1.1相同的数据及处理方法。表1.8定义了现金价值变动检验模型中所采用的主要变量，我们对股票超额收益率以外其他变量都采用市场价值(MV)进行标准化，这与检验假说1.1时对现金变动(ΔC)和现金流(CF)进行标准化的方法相一致。

表1.8　　　　　　　　　　　　变量定义表

序号	符号	变量名称	变量定义
1	$\Delta C_{i,t}$	现金变动	(货币资金年末数+短期投资年末数−货币资金年初数−短期投资年初数)/年初MV，其中MV为公司市场价值
2	$r_{i,t}-R_{i,t}^{B}$	股票超额收益率	为公司股票收益率($r_{i,t}$)和基准收益率($R_{i,t}^{B}$)，其中基准收益率为行业内股票平均收益率
3	$\Delta E_{i,t}$	净收益的变动	t年的息前税后利润与$t-1$年的息前税后利润之差，其中息前税后利润=利润总额−应交所得税+利息支出，用MV标准化
4	$\Delta NA_{i,t}$	非现金资产的变动	t年的非现金资产与$t-1$年的非现金资产之差，用MV标准化
5	$\Delta D_{i,t}$	股利的变动	t年应付股利与$t-1$年应付股利之差，用MV标准化
6	$\Delta I_{i,t}$	利息的变动	t年的财务费用与$t-1$年的财务费用之差，用MV标准化
7	$NF_{i,t}$	筹资额的变动	t年的筹资活动的现金流量净额，用MV标准化
8	$C_{i,t-1}$	现金持有量	货币资金与短期投资之和，用MV标准化

股票超额收益率($r_{i,t}-R_{i,t}^{B}$)为公司股票收益率与基准收益率之差，这一指标被用作公司现金变动价值模型中的被解释变量。我们选取行业内股票平均收益率作为基准收益率，其中行业按中国证监会的分类标准，剔除金融业后分为12个行业，制造业再分为10个行业，共分为21个行业。现金变动价值模型中的控制变量包括净收益的变动(ΔE)、非现金资产的变动(ΔNA)以及股利、利息支出和筹资额的变动(ΔD、ΔI、NF)。此外，现金持有水平(C)也被用作控制变量。

表 1.9 显示，股票超额回报率均值为 -0.018，中位数为 -0.062，表明大部分公司的股票回报率达不到行业平均水平，这符合变量分布的一般规律。表 1.9 中还给出了其他一些变量的描述性统计特征。我们进一步对模型 (1.15) 中所涉及的变量作了相关性检验，发现各变量之间的相关系数均比较低，可以用于回归分析，为了节省篇幅未列示相关性检验结果。

表 1.9　　　　　　　　　　变量描述性统计

符号	平均值	中位数	标准差	最小值	最大值
$\Delta C_{i,t}$	0.0055	0.0011	0.1150	-0.9546	1.0345
$r_{i,t}-R^B_{i,t}$	-0.0176	-0.0617	0.5267	-1.4893	4.5706
$\Delta E_{i,t}$	0.0107	0.0046	0.0976	-0.6568	0.9777
$\Delta NA_{i,t}$	0.1068	0.0601	0.3057	-1.8946	3.6837
$\Delta D_{i,t}$	0.0035	0.000	0.0135	-0.0881	0.1391
$\Delta I_{i,t}$	0.0028	0.0014	0.0097	-0.0977	0.0918
$NF_{i,t}$	0.0111	-0.0080	0.1541	-1.4828	1.1792
$C_{i,t-1}$	0.1865	0.1408	0.1643	0.000	1.2841

表 1.10 列出了利用模型 (15) 回归得到的结果，其中的样本分组方法与前文检验现金—现金流敏感度的分组相同。从表 1.10 的结果可以看到，在终极控股股东两权未分离的情况下，现金变动 (ΔC) 的回归系数为 0.819，表示公司增加持有 1 元现金所导致的价值增量为 0.819 元。即便是两权未分离的公司，其增持 1 元现金的价值也不足 1 元，说明我国上市公司现金持有行为中普遍存在一定的代理问题。我们进一步发现，在终极控股股东两权分离的情况下，公司增持 1 元现金的价值为 0.480 元，低于两权未分离公司增持 1 元现金的价值。而两权分离程度高的公司增持 1 元现金价值仅为 0.351 元，明显低于两权分离程度低的公司增持 1 元现金的价值（为 0.746 元）。表 1.10 中的结果支持了假说

1.2，即在终极控股股东两权分离程度较大的情况下，公司增持现金的价值效应较低。

表 1.10 的结果显示，净收益的变动(ΔE)、非现金资产的变化(ΔNA)都具有正的价值效应，公司融资策略的变化(ΔD、ΔI、NF)以及现金水平(ΔC)也都对公司价值变动产生一定的影响，这些因素变化的价值效应在已有的文献中有大量分析，这里不再赘述。

表 1.10　按两权分离程度分组的现金价值的回归结果

变量	全样本		两权分离样本	
	两权未分离	两权分离	分离程度低	分离程度高
$\Delta C_{i,t}$	0.819***	0.480***	0.746***	0.351*
	(8.600)	(3.586)	(3.881)	(1.853)
$\Delta E_{i,t}$	1.020***	0.584***	0.351*	0.738***
	(7.743)	(4.251)	(1.799)	(3.855)
$\Delta NA_{i,t}$	0.176***	0.372***	0.384***	0.441***
	(4.043)	(6.605)	(6.374)	(5.896)
$\Delta D_{i,t}$	−1.930	−1.184	3.787*	−6.240***
	(−1.428)	(−1.264)	(1.887)	(−3.038)
$\Delta I_{i,t}$	3.784***	2.751**	4.814**	2.752
	(5.012)	(2.305)	(2.558)	(1.591)
$NF_{i,t}$	0.004	−0.161	−0.313**	−0.281
	(0.039)	(−1.367)	(−2.146)	(−1.635)
$C_{i,t-1}$	0.210***	0.293***	0.272**	0.211*
	(2.709)	(3.421)	(2.229)	(1.700)
Adjust-R^2	0.168	0.087	0.119	0.096
N	1688	1494	747	747

注：*** 表示在 0.01 的水平上显著，** 表示在 0.05 的水平上显著，* 表示在 0.1 的水平上显著。

沈艺峰等(2008)的研究表明,终极控股股东两权分离程度越大,其利益侵占动机和对现金资产的偏好越强,结果导致现金持有水平较高而现金价值较低。我们在分析控股股东道德风险加重公司融资约束的基础上,实证检验发现终极控股股东两权分离导致公司具有较高的现金—现金流敏感度并且公司增持现金的价值效应较低,所得到的经验证据与沈艺峰等(2008)的结论相互呼应,形成了对(终极)控股股东利益侵占动机之下公司现金水平、现金变动以及这两者价值效应的完整考察。

在公司现金价值文献中,国外学者对现金变动、(超额)现金水平上的价值效应进行了广泛深入的探讨。基于本章的理论模型,我们着重分析公司现金变动的价值效应。作为稳健性检验的一部分内容,我们也考察了终极控股股东两权分离对公司实际现金水平、行业调整现金水平上的价值效应进行了考察①。结果表明,终极控股股东两权分离程度较大的情况下,公司现金水平上的价值较低。这与沈艺峰等(2008)的结果一致,同时也说明我们关于现金价值效应的检验结果是可靠的。

此外,我们还对各年度的样本分别进行了检验,所得到的结果与前述结果也保持一致,即终极控股股东两权分离程度较大的情况下,公司现金—现金流敏感度较高而现金价值较低。总之,多种稳健性检验及进一步的分析表明,实证研究结果具有很好的稳健性。限于篇幅,稳健性检验结果没有一一列出。

三、进一步的讨论

我们基于控股股东的视角,从控股股东利益侵占动机出发,在Myersand Majluf(1984)的模型框架下,建立了控股股东以自身利益最大化而不顾中小投资者正当利益是否受到损害的融资决策模型。由于控股股东掌握公司的决策权,当公司面临是否为一个投资项目进行融资时,将以控股股东利益的增加为决策依据,而这种决策有可能损害公司原有中

---

① 行业调整现金持有水平是一个超额现金水平的概念。

小股东的利益。外部投资者预期到控股股东侵占公司资源获取控制权利益的道德风险,对公司股票给出低的价值评价,这形成了对公司融资行为的约束。在这样一种背景下,控股股东为了维护自身利益会从公司现金流中积累更多的现金,这意味着公司具有较高的现金—现金流敏感度。由于控股股东的这种现金策略源于其利益侵占动机,外部投资者因此对公司增加持有现金给予较低的价值评估。

随后,我们以终极控股股东控制权/现金流权两权分离程度代表公司控股股东利益侵占动机的强弱,采用2004—2006年中国A股市场上市公司为分析样本,对公司现金—现金流敏感度和公司现金价值进行了检验。检验结果表明,在终极控股股东两权分离程度较大的情况下,公司现金—现金流敏感度较高而现金价值较低。经验证据表明,在控股股东道德风险所导致的融资约束下,公司现金持有策略的变化反映了控股股东的利益侵占动机和对公司流动性资产的偏好。

在公司现金持有策略的文献中,国外学者有的分析现金—现金流敏感度(Almeida et al.,2004)、有的分析现金持有水平(Han and Qiu,2007),而在探讨公司现金价值时一般都同时考察现金变动和现金水平上的价值效应(Faulkender and Wang,2006;Dittmar and Mahrt-Smith,2007),我们发现这些文献中存在这样一个有趣的"悖论":现金—现金流敏感度高的公司(融资约束型公司)现金价值高,而现金水平高的公司现金价值低,现金水平与现金增量上的价值效应是相反的。我们的研究和沈艺峰等(2008)的经验证据均表明,现金—现金流敏感度高的公司与现金水平高的公司所持有的现金价值都较低。

我们认为,这一悖论的产生源于对高现金—现金流敏感度的理论解释存在差异。按照信息不对称理论,对于投资者保护较差、金融市场发展水平较低的公司而言,公司内外部信息传递存在更多的障碍,其融资约束问题更为严重,外部融资成本相对较高。为了避免这种高昂的外部融资成本,控股股东会要求上市公司持有较高的现金资产。而另一方面,在法律制度较差的国家,公司经营风险较大,控股股东出于谨慎动机也会要求上市公司持有较高的现金资产。因而，对于信息不对称导致的融资约束问题而言，公司出于效率投资或者谨慎性需求持有较高的现金资产实质上是控股股东最大化公司价值的正常行为。在这种情况下，现金—现金流敏感度高的公司现金价值应该较大。

然而，从控股股东道德风险角度来讲，公司现金资产的持有是控股股东资产偏好的表现，控股股东倾向于持有更多流动性资产以便于向自身输送利益。在这种情况下，公司现金—现金流敏感度较高是因为投资者对控股股东道德风险的预期，而非信息不对称导致的融资约束。此时，公司持有现金越多表明公司潜在代理问题越严重，投资者对公司现金的价值评估越低。由此可以认为，从(终极)控股股股东资产偏好的角度来讲，现金水平与现金增量上的价值效应是一致的。我们所得到的这种一致性与前述文献中的"悖论"恰好表明，控股股东道德风险所导致的融资约束不同于信息不对称所引起的融资约束。

正因为我们考察控股股东道德风险所导致的融资约束并提出用现金—现金流敏感度来衡量这种融资约束，这令人很容易去考虑这样一个问题：这种融资约束是否可以用投资—现金流敏感度来度量？尽管还存在许多争议，投资—现金流敏感度这一指标已经被普遍用于度量信息不对称所导致的融资约束，同时这一指标也被用于反映管理者代理问题所导致的过度投资。现金—现金流敏感度也被应用于度量融资约束，但在已有的文献中，还没有人将这一指标应用于代理问题的分析。我们用这一指标衡量控股股东的利益侵占动机及其对流动性资产的偏好，所针对的则是控股股东与中小投资者之间的代理问题。实际上，投资—现金流敏感度可被视作公司在固定资产投资上所遭受的约束或所做的过度投资，而现金—现金流敏感度则是公司在流动性现金资产上所遭受的约束或所做的过度投资。需要进一步考虑的是，投资—现金流敏感度与现金—现金流敏感度在反映融资约束或代理冲突上是否具有一致性？遗憾的是，还没有文献探讨这种一致性。

最后，我们的研究引发了对行为公司金融中市场时机理论的思考。

市场时机理论分析股票市场错误定价(mispricing)对公司融资策略的影响，这与 Myers and Majluf(1984)关于公司发行股票的低估(或高估)效应有紧密的联系。市场时机理论观点认为，管理者以股票市场窗口机会选择融资工具，利用市场上暂时出现的低成本融资优势，使现有股东价值最大化。即管理者与公司现有股东利益一致，当公司股价变化对于现有股东而言利益到达最大时选择发行新股，这时被称为最优市场时机。在我们的分析中，公司由控股股东控制，显而易见，对控股股东最为有利的市场时机对并非对中小股东最为有利。在中国这样一个股权结构高度集中而资本市场又尚不完善的国家里，上市公司如何选择最优市场时机是一个值得深入探讨的主题。

第二章 控股股东现金资产偏好

控股股东具有转移公司资源实现利益输送的行为动机,流动性强的现金资产因便于转移而受到控股股东的青睐。控股股东对现金等流动性资产的偏好会导致公司以牺牲投资机会为代价来实现现金资产的积累,进而导致公司投资不足。投资者保护可以有效抑制控股股东的资产转移行为从而缓解控股股东出于囤积现金而造成的投资不足,公司现金持有水平取决于公司投资不足和控股股东资产转移两个方面的净效应。基于我国上市公司股权结构高度集中、资本市场不甚完善的制度背景,本章从控股股东资产偏好的角度构建了一个研究控股股东侵占中小股东利益的分析框架,阐明了控股股东资产转移和投资不足的决策机理。在此基础上,我们实证检验了投资者保护通过约束控股股东的资产转移行为来缓解公司投资不足的具体路径,并进一步考察了投资者保护对公司现金持有水平和现金价值的影响。

第一节 一个简单的模型

一、模型结构

我们通过构建模型对股权集中情况下公司内部代理问题进行探讨,并在此基础上从控股股东资产偏好的角度考察其利益侵占方式以及相应的约束和激励机制。具体来讲,公司控股股东出于资产转移的需要存在对流动性资产的偏好(Myers and Rajan, 1998),以现金形式持有公司资产可以方便日后的转移,这导致公司投资决策偏离最优水平而出现投资不足。在这个过程中,外部治理环境、控股股东现金流权的约束和激励作用表现在促使公司将现金用于投资支出,缓解公司投资不足并对公司现金持有策略产生影响。

如图2.1所示,模型包含两个时点,在 $t=0$ 期控股股东制定决策,在 $t=1$ 期公司获取投资收益。控股股东决策可以进一步分为两步。首先,控股股东决定公司的投资水平。由于对现金资产的偏好,控股股东往往会选择投资不足,投资不足的决策会导致公司持有的现金水平较高;其次,控股股东会对公司资产的处理做出决策。基于对自身利益最大化的追求,控股股东决定对公司现金资产的转移量,资产转移的决策会降低公司的现金持有量。控股股东的两步决策对公司的现金持有具有相反的作用,因此公司实际现金持有水平取决于公司投资不足和控股股东资产转移两个方面的净效应。

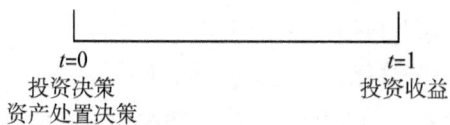

图2.1 控股股东行为决策的模型结构

为便于分析,这里假设在投资选择之后,公司存在两种不同类型的资产:流动资产和固定资产。不同类型的资产在进行转移时的难易程度不一,流动性较高透明性较低的资产容易转移,而流动性较低透明性较高的资产不容易转移,这种差异导致控股股东在配置公司资产的时候存在着一定的偏好。出于资产转移的需要,控股股东对流动性较高而透明性较低的资产,特别是现金资产有着明显的偏好。由此可见,虽然我们把控股股东的决策行为分为两步,但这两步之间是紧密联系的。控股股东第一步的投资决策受到其第二步资产处置决策的影响,两步决策的根本依据在于控股股东利益最大化。

二、模型假设

假设上市公司存在一个控股股东,他在公司中的现金流权为 $\omega \in (0, 1)$。模型分析控股股东在其自身价值最大化的基础上,对公司的投资选择以及现金持有水平进行决策。模型假设叙述如下:

(1) 公司持有的资产总额为 A,且只以现金资产和固定资产这两种形式存在。在公司控股股东和中小股东之间没有代理冲突的情况下,公司资产结构配置比例达到最优。此时,公司现金资产所占比例为 θ,固定资产所占比例为 $(1-\theta)$。为了便于分析,我们不考虑税收和折旧因素的影响。

(2) 保护中小股东利益的法律机制不完善,控股股东可以通过转移公司资产来获取控制权私利,而这会损害小股东的利益。由于以现金形式持有公司资产可以方便日后的转移(Myers and Rajan, 1998),控股股东出于资产转移的动机而产生对流动性资产的偏好。假定控股股东的控制权私利全部来自于对公司现金资产的侵占,且侵占比例为 $s \in [0, 1)$,而控股股东无法直接对固定资产进行转移。

(3) 控股股东在 $t=0$ 期对公司现金资产实施一定的转移。资产转移是有成本的,假定单位资产转移的成本 $c(s, k)$ 为资产转移比例 s 和外部治理环境指标 k 的函数。随着资产转移量的增加,转移的成本会逐渐增大且增速变快,因为较大的转移量更容易被小股东所察觉。另一方面,更加完善的外部治理环境会增大资产转移的成本。因此,c 关于 s 和 k 均为增函数,并且 c 关于 s 的二阶导数大于 0。本节借鉴 La Porta et al. (2002) 的模型中单位转移成本函数的定义形式:$c(s, k) = 1/2 k s^2$。

(4) 控股股东可以通过过度投资将现金资产转换为固定资产,也可以通过投资不足将固定资产转化为现金资产,即可以通过投资行为改变现金资产占总资产的比例,无论是过度投资还是投资不足均会损害公司价值。基于控股股东对流动性资产的偏好,控股股东有投资不足的动机使得公司现金资产比例高于公司价值最大化时的值。假定控股股东在 $t=0$ 期选定投资不足的数额为 UI，则公司的现金资产总额为 $(\theta A+UI)$，固定资产总额为 $((1-\theta)A-UI)$。虽然我们预期控股股东会制定投资不足的投资决策，但模型设定并不要求 UI 一定为正，如果 UI 小于 0，则相对应地表示过度投资的数额。

(5) 经济中不存在不确定性，公司在 $t=1$ 期产生的净现值为 E。假设投资不足所带来的潜在损失的现值为 L，L 为投资不足数额 UI 的增函数，且随着投资不足额的增大，边际损失也越大。参照王英英和潘爱玲（2008）的投资模型，我们假设 $L(UI)=m\times UI^2$，其中 m 为正的常数。如图 2.2 所示，在 $UI>0$ 的区间上，有 $L'(UI)>0$ 且 $L''(UI)>0$。相应地，如果 $UI<0$，即存在过度投资的情况下，潜在损失及其边际损失均随着过度投资的增加而增大。只有当 $UI=0$ 时，投资不足和过度投资均不存在，公司在最优水平上配置现金资产和固定资产的比例。此时潜在损失为 0，公司能获得全部净现值。

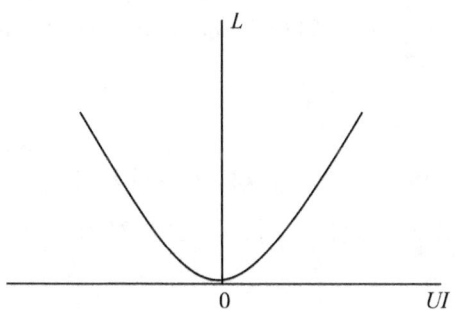

图 2.2　公司投资不足与潜在净现值损失

三、模型求解分析

在公司只存在一个控股股东的前提假设下，控股股东实际掌握公司的控制权，并从自身价值最大化角度出发制定投资支出和资产转移量的决策。决策完成后，控股股东的总收益由三部分构成：第一，控股股东通过侵占公司现金资产获取一部分资产转移收益，并付出相应的成本；第二，控股股东从公司剩余资产中得到的与现金流权相对应的收益；第三，控股股东从公司投资收益现值中得到的与现金流权相对应的收益。因此，在 $t=0$ 时，控股股东收益 P 可以表示为投资不足决策 UI 和资产转移决策 s 的函数：

$$P(s, UI) = [s-c(s,k)](\theta A + UI) + \omega[A - s(\theta A + UI)] + \omega[E - L(UI)] \quad (2.1)$$

其中，θ、A、E 均可看作常量。给定投资不足水平 UI，$(\theta A + UI)$ 表示控股股东投资决策后、资产处置决策前公司的现金资产水平，$[E-L(UI)]$ 则代表公司实际投资收益的现值。根据模型假设，将资产转移成本函数 $c(s,k)$ 和潜在损失函数 $L(UI)$ 的具体形式代入(2.1)式，得到：

$$P(s, UI) = \left(s - \frac{1}{2}k s^2\right)(\theta A + UI) + \omega[A - s(\theta A + UI)] + \omega(E - m UI^2) \quad (2.2)$$

考虑给定资产转移比例 s 的情形，控股股东通过选择投资不足水平 UI 以达到自身利益的最大化。用 $P(s, UI)$ 对 UI 分别求一阶偏导和二阶偏导：

$$\frac{\partial P}{\partial UI} = \left(s - \frac{1}{2}k s^2\right) - \omega s - 2m\omega UI \quad (2.3)$$

$$\frac{\partial^2 P}{\partial UI^2} = -2m\omega < 0 \quad (2.4)$$

由于控股股东总收益 P 关于投资不足水平 UI 的二阶偏导小于0，

因此在 UI 的定义域上为凹函数，当且仅当一阶偏导 $\left(\dfrac{\partial P}{\partial UI}\right)=0$ 时取得极大值。因此，

$$\dfrac{\partial P}{\partial UI}=0 \Rightarrow UI^{*}=\dfrac{s-\dfrac{1}{2}ks^{2}-\omega s}{2m\omega} \qquad (2.5)$$

如果 $s=0$，即控股股东选择不对公司资产进行转移，此时其自身利益最大化与公司价值最大化的目标重合，则控股股东选择的最优投资不足数额为 $UI^{*}=0$。换言之，如果控股股东的侵占动机不存在，那么公司将在最优水平上对资产结构进行配置，投资效率达到最大，公司能获得全部投资收益。

如果 $s>0$，即控股股东具有一定的侵占动机，那么控股股东的投资决策可能会偏离最优投资水平。具体而言，控股股东有动机通过制定投资不足的决策提高公司的现金资产数额以便实施资产转移。用最优投资不足数量 UI^{*} 对资产转移量 s 求一阶偏导：

$$\dfrac{\partial\ UI^{*}}{\partial\ s}=\dfrac{1-ks-\omega}{2m\omega}\begin{cases}>0, & s<(1-\omega)/k \\ =0, & s=(1-\omega)/k \\ <0, & s>(1-\omega)/k\end{cases} \qquad (2.6)$$

(2.6)式的结果可以绘制成如图 2.3 所示的函数图像。当 $s<s^{*}$ 时，投资不足的水平随着资产转移量的增加而增大，并在 $s^{*}=(1-\omega)/k$ 处取得最大值。与 $s=0$ 的情形相对比，我们可以得出结论：控股股东资产转移的动机及对现金资产的偏好直接导致公司投资不足，当侵占比例给定且在一定范围内 ($s<s^{*}$) 时，资产转移比例的提高加剧了投资不足的程度。

接下来考虑资产转移比例 s 内生的情形。在控股股东实际决策的过

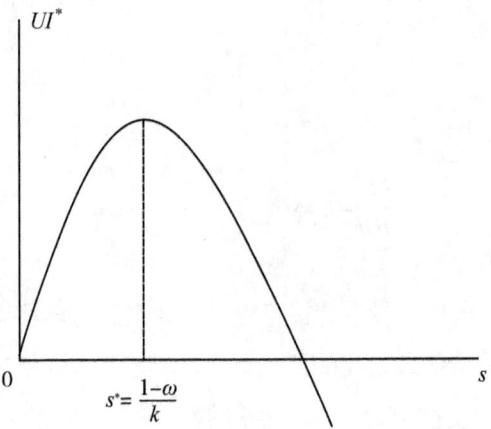

图 2.3 控股股东侵占动机与最优投资决策

程中，侵占比例并非是外生给定的，而是与投资不足水平一样，由控股股东根据自身利益最大化来进行选择。用 $P(s,UI)$ 对 s 分别求一阶偏导和二阶偏导，并求对 s，UI 的二阶偏导数：

$$\frac{\partial P}{\partial s}=(1-ks-\omega)(\theta A+UI) \tag{2.7}$$

$$\frac{\partial^2 P}{\partial s^2}=-k(\theta A+UI) \tag{2.8}$$

$$\frac{\partial^2 P}{\partial s \partial UI}=1-ks-\omega \tag{2.9}$$

由(2.3)式和(2.7)式，分别令 $\left(\dfrac{\partial P}{\partial UI}\right)=0$ 和 $\left(\dfrac{\partial P}{\partial s}\right)=0$ 可得驻点：

$$s^*=\frac{1-\omega}{k} \tag{2.10}$$

$$UI^* = \frac{(1-\omega)^2}{4km\omega} \quad (2.11)$$

同时，由(2.4)式、(2.8)式和(2.9)式可得在驻点(s^*, UI^*)处，

$$\left(\frac{\partial^2 P}{\partial s \partial UI}\right)^2 - \frac{\partial^2 P}{\partial s^2} \times \frac{\partial^2 P}{\partial UI^2}\bigg|_{s^*, UI^*} = -2km\omega(\theta A + UI^*) < 0,$$

$$\frac{\partial^2 P}{\partial s^2}\bigg|_{s^*, UI^*} < 0, \frac{\partial^2 P}{\partial UI^2}\bigg|_{s^*, UI^*} < 0$$

因此控股股东总收益函数$P(s, UI)$在(s^*, UI^*)处取得极大值。由于该极大值点为内点解且唯一，故(2.10)式和(2.11)式实际上给出了控股股东利益最大化的最优解。此时，控股股东选择投资不足的数额$UI^* > 0$，表明掌握公司控制权的控股股东为了追求自身价值最大化，总是倾向于制定投资不足的投资决策来增加公司的现金资产，以通过资产转移获取更多的控制权收益。

在得出控股股东的最优决策之后，我们进一步分析外部治理环境和现金流权对投资不足和资产转移比例的影响。我们根据(2.10)式和(2.11)式将s^*、UI^*分别改写为$s^*(k, \omega)$、$UI^*(k, \omega)$的形式，用$s^*(k, \omega)$分别对k和ω求一阶偏导数可得：

$$\frac{\partial s^*}{\partial k} = -\frac{1-\omega}{k^2} < 0 \quad (2.12)$$

$$\frac{\partial s^*}{\partial \omega} = -\frac{1}{k} < 0 \quad (2.13)$$

外部治理环境k发挥着对控股股东侵占行为的约束作用。公司外部

治理机制越完善，控股股东从公司内部转移资产的风险和成本就越高，因此对侵占公司现金资产的比例就越低。当 k 趋近于 0 时，控股股东几乎能够以零成本对公司资产进行转移，此时控股股东倾向于不再进行投资，而是侵占公司全部现金资产，并放弃所有与自身现金流权相对应的索取权。

现金流权 ω 则作为一种激励机制，减弱了控股股东的侵占动机。控股股东的现金流权越大，资产转移收益在其总收益中所占比例就越小，因此与中小股东的利益目标就越一致。在 $\omega=1$ 的极端情形下，公司为控股股东一人所有。控股股东的利益目标与公司价值最大化的目标完全一致，当然也就不存在对公司资产的侵占（因为转移公司资产仍然是有成本的）。

用 $UI^*(k, \omega)$ 分别对 k 和 ω 求一阶偏导数可得：

$$\frac{\partial UI^*}{\partial k} = -\frac{(1-\omega)^2}{4k^2 m\omega} < 0 \qquad (2.14)$$

$$\frac{\partial UI^*}{\partial \omega} = \frac{\omega^2 - 1}{4km\omega^2} < 0 \qquad (2.15)$$

控股股东选择的投资不足水平随着 k 和 ω 的增大而降低。然而，(2.12)式和(2.13)式表明资产转移比例 s^* 也受到 k 和 ω 的影响，同时决定着控股股东的投资选择。那么，这种通过改变资产转移比例的间接效应会对投资不足水平产生多大的影响呢？我们回到(2.5)式，假定 ω 外生给定，将 UI^* 改写成 $UI^*(u(k), v(k))$，其中 $u(k) = s^*(k, \omega)$，$v(k) = k$，根据链式法则：

$$\frac{dUI^*}{dk} = \frac{\partial UI^*}{\partial u} \times \frac{du}{dk} + \frac{\partial UI^*}{\partial v} \times \frac{dv}{dk} = \frac{\partial UI^*}{\partial s^*} \times \frac{\partial s^*}{\partial k} + \frac{\partial UI^*}{\partial v} \times \frac{dv}{dk}$$

由(2.6)式可知，

$$\frac{\partial UI^*}{\partial s^*} = \frac{1-k\,s^* - \omega}{2m\omega} = 0, \text{其中} s^* = \frac{1-\omega}{k}$$

因此，

$$\frac{dUI^*(u(k),v(k))}{dk} = \frac{\partial UI^*}{\partial v} \times \frac{dv}{dk} \quad (2.16)$$

同理，假定 k 外生给定时，将 UI^* 改写成 $UI^*(p(\omega), q(\omega))$，其中 $p(\omega) = s^*(k, \omega)$，$q(\omega) = \omega$，容易得到

$$\frac{d\,UI^*(p(\omega),q(\omega))}{d\omega} = \frac{\partial UI^*}{\partial q} \times \frac{dq}{d\omega} \quad (2.17)$$

(2.16)式和(2.17)式的结果表明，在控股股东的最优决策点 (s^*, UI^*) 附近，k 和 ω 的微小变化所引起的资产转移比例变动不会对投资不足水平产生影响，外部治理环境的约束作用和现金流权的激励作用则直接导致了控股股东投资不足水平的下降。

下面我们对公司的现金持有量进行分析。控股股东在 $t=0$ 期对投资不足水平和资产转移比例进行决策，为了追求自身利益最大化，其最优选择总是 (s^*, UI^*)。因此，决策实施后公司的实际现金持有量为：

$$H_0(s^*,\ UI^*) = (1-s^*)(\theta A + UI^*) \quad (2.18)$$

可以看出，公司的实际现金持有量受到控股股东两步决策的影响，第一步的投资不足决策使得现金持有量增加，而第二步的资产转移又降低了公司的现金资产。为了考察外部治理环境和现金流权对现金持有量的作用机制，我们将结合(2.12)式—(2.15)式的结论考虑投资不足和资产转移各自对现金持有的影响。

为了便于分析，我们对(2.18)式两边分别取自然对数：

$$\ln H_0 = \ln(1-s^*) + \ln(\theta A + UI^*) \tag{2.19}$$

由于$\ln H_0$是实际现金持有量H_0的正单调变换,因此外部治理环境k和现金流权ω对$\ln H_0$的影响即可反映投资者保护对公司现金资产的作用机制。用$\ln H_0$对k和ω分别求一阶偏导数得:

$$\frac{\partial \ln H_0}{\partial k} = \frac{1}{1-s^*} \times \left(-\frac{\partial s^*}{\partial k}\right) + \frac{1}{\theta A + UI^*} \times \left(\frac{\partial UI^*}{\partial k}\right) \tag{2.20}$$

$$\frac{\partial \ln H_0}{\partial \omega} = \frac{1}{1-s^*} \times \left(-\frac{\partial s^*}{\partial \omega}\right) + \frac{1}{\theta A + UI^*} \times \left(\frac{\partial UI^*}{\partial \omega}\right) \tag{2.21}$$

在(2.20)式和(2.21)式中,右边第一项表示外部治理环境(现金流权)通过作用于资产转移对现金持有量造成的影响,该项为正,意味着较好的外部治理环境(较高的现金流权)有助于抑制控制人的资产转移动机,使得公司的现金持有量较高;第二项表示外部治理环境(现金流权)通过作用于投资不足对现金持有量造成的影响,该项为负,意味着较好的外部治理环境(较高的现金流权)有助于缓解公司投资不足的行为,使得公司的现金持有量较低。而最终外部治理环境(现金流权)对现金持有量的影响是正是负取决于这两项哪一项的影响更大。如果后者大于前者,则外部治理环境(现金流权)与现金持有量负相关;反之,则正相关。

第二节 控股股东投资不足动机

一、投资不足的动机分析

Jensen and Meckling(1976)指出,公司管理者的利益并不总是与股东利益相一致的，这种利益分化往往会使管理者以股东利益为代价追求自身利益最大化。Jensen(1986)进一步提出自由现金流假说，认为公司自由现金流往往被用于增加管理者的在职消费和额外津贴，并且，管理者出于"帝国建设"的动机，更加倾向于将公司大量的自由现金流用于过度投资，以增加其所控制的公司资产规模。

需要加以说明的是，Jensen and Meckling(1976)、Jensen(1986)等的分析都是以股权高度分散的公司治理结构为背景，所探讨的是公司管理者和股东之间的代理冲突，而公司股东之间不存在差异。近年来，越来越多的学者认识到公司股东之间同质的假定并不符合实际，公司大、小股东之间的利益目标存在巨大差异。从理论上讲，相对集中的股权可以缓解搭便车的问题，大股东愿意并能够监督公司的管理者，缓解管理者的代理问题。但现实中，控股股东为了自己的利益可能没有起到监督管理者的作用，相反还可能侵占小股东的利益，导致公司更为严重的治理问题。

Myers and Rajan(1998)分析指出，公司实际控制人的资产转移行为与资产的流动性有关，以现金形式持有公司资产可以方便日后的转移。Pinkowitz et al. (2003)也指出，与固定资产相比，流动性资产使控股股东更容易侵占中小投资者利益以获取个人收益，因此控股股东偏好于流动性强的现金资产。流动性偏好使得控股股东倾向于在公司内部持有较高现金，并且拒绝将其以股利形式发放出去。由于控股股东掌握着公司的实际控制权，他能够通过看似正常的经营活动将公司资产转换成现金持有，并使用各种手段对这些现金资产进行侵占而不被中小股东所发觉。比如，控股股东可以将公司资产折价出售给自己的亲属以达到窃取公司利益的目的，现金、无记名债券等高流动性资产与固定资产相比更容易转移。

控股股东基于资产转移动机而存在对流动性资产的偏好可以从Johnson et al. (2000)中关于大股东隧道行为的一个例子看出。在这个案例中，法国公司 Flambo 作为比利时公司 Barro 的控股股东，被其他少数股股东控告非法转移了 Barro 的资产。在原告的控告中，控股股东强迫公司以过高的价格购买控股股东发行的新股并长期占用大量公司账户的资金。实际上，无论是通过股权融资还是资金占用的方式，控股股东转移公司资产均是通过侵占流动性资产实现的。固定资产如土地、房屋等的转移行为更容易被中小投资者追踪和取证，相对于侵占流动性资产如现金、无记名债券而言风险和成本都大得多，因此自利的控股股东在对公司实施侵占行为的过程中，往往更加偏好于现金资产。基于这种偏好，控股股东甚至会利用自己在公司内部的权力，通过投资不足的投资决策人为增加现金资产的存量。

我国资本市场发展相对滞后，控股股东与中小股东之间的代理问题显得尤为突出。控股股东利用资金占用、关联交易等方式谋取控制权私利的行为时有发生，并导致上市公司在一定程度上呈现出非效率投资的现象。在股权集中的情况下，控股股东的资产转移动机对公司投资决策会产生不同的影响。具体而言，控股股东选择在公司内留存大量流动性强的现金资产以方便用于直接转移而非投资，资产转移所产生的控制权收益则为控股股东独享。无论控股股东通过何种方式侵占上市公司的利益，上市公司是否有足够的现金通常是控股股东能否实现其控制权私利的重要前提。相比于固定资产而言，控股股东更容易通过侵占现金等流动资产的形式增加自身财富。因此，控股股东更加偏好现金资产并且具有囤积现金资产的显著动机。控股股东对现金资产的偏好容易导致公司大幅增加对现金资产的投资而减少投资于 NPV 大于零的项目。控股股东所具有的利益侵占动机和流动性资产偏好，将使得公司的投资水平低于公司正常运营情况下的最优投资水平，从而导致公司出现投资不足。

为了验证控股股东现金资产偏好对公司投资不足的影响，我们通过收集相关数据进行分析，所选择的样本为 2001—2005 年沪深两市上市公司。公司基本财务数据来源于万得（Wind）资讯，由于部分指标使用了滞后及超前变量，财务数据还包括上市公司 1999、2000 及 2006 年的数据。投资者保护数据来自樊纲等（2007）所编制的《中国市场化指数——各地区市场化相对进程 2006 年报告》，该报告提供了从 2001 年度到 2005 年度的相关数据。我们选取了公司所在地区法律环境制度指标来衡量外部投资者保护（Protection）；用现金流权 ω（即第一大股东的持股比例）作为内部投资者保护指标。样本采集时剔除了金融行业公司，同时也剔除了资不抵债等财务状况异常的公司，并根据样本数据分布的前 1%、后 99% 位置的数据对异常值公司数据进行了处理。在此基础上，进一步剔除了财务数据资料不全的公司，最后得到的样本共有 5140 个观察值。

我们首先利用上述样本估计出公司适度投资水平，并将其与公司实际投资水平进行比较，分别得到投资不足和过度投资的子样本，在此基础上比较两样本公司特征的差异。估计公司适度投资水平的模型来自 Hubbard（1998），模型的具体形式如下：

$$INV_t = \alpha_0 + \alpha_1 Leverage_{t-1} + \alpha_2 Size_{t-1} + \alpha_3 Cash_{t-1} + \alpha_4 Growth_{t-1} + \alpha_5 Returns_{t-1} + \alpha_6 Age_{t-1} + \alpha_7 INV_{t-1} + \sum Year + \sum Industry + \varepsilon$$

(2.22)

模型（2.22）中的被解释变量为当年的投资支出（INV_t），即当年现金流量表中"购建固定资产、无形资产和其他长期资产所支付的现金"，采用非现金资产标准化。被解释变量形式均为 X_{t-1}（表示前一年的数据），其中，$Leverage_{t-1}$ 表示前一年的资产负债率，为负债与总资产的比率；$Size_{t-1}$ 为前一年公司总资产的自然对数；$Cash_{t-1}$ 为前一年年末货币资金与短期投资之和，用非现金资产标准化；$Growth_{t-1}$ 用前一年的三年期主营业务收入增长率来表示；$Returns_{t-1}$ 为前一年 5 月到当年 4 月经市场调整后的、以月度计算的股票年度回报率；Age_{t-1} 为公司上市年龄；INV_{t-1} 为前一年公司的投资支出，同样用非现金资产标准化。模型中还包括年度（Year）和行业（Industry）控制变量。回归残差 ε 代表公司异常投资，正、负值分别表示过度投资和投资不足。

需要加以说明的是，这里对投资支出和现金持有量等变量进行标准化时采用了非现金资产（net assets）而不是总资产，这主要是为了与后文中现金持有水平、现金价值模型所涉及的变量保持一致，因为在公司现金持有行为的文献中，对变量进行标准化一般采用不包含现金资产的总资产（即非现金资产＝总资产－现金资产）。但实际上，无论采用总资产还是非现金资产进行标准化，都不影响我们结果。

模型回归中各个变量回归系数的符号均与 Richardson（2006）中的结果一致，限于篇幅，回归结果没有列出。根据测度适度投资模型的回归结果，我们得到每个公司的适度投资水平，将其与当年公司的实际投资支出相减后，得到过度投资的样本为 1912 个，投资不足的样本为 3228 个。王茂林等（2014）指出相比于过度投资问题，我国上市公司的投资不足的问题相对更加严重，我们的结果支持了这一观点。表 2.1 给出了投资不足和过度投资样本中一些变量的基本特征。

表 2.1 描述性统计

变量	投资不足			过度投资		
	样本量	均值	中位数	样本量	均值	中位数
Cash	3228	0.2204	0.1564	1912	0.1835	0.1417
Growth	3228	0.8587	0.4701	1912	1.0217	0.6684
Leverage	3228	0.4851	0.4941	1912	0.4956	0.5024
Size	3228	21.1462	21.0649	1912	21.2783	21.2135
Age	3228	5.0657	5.0000	1912	5.1454	5.0000

从表中可以看出，投资不足样本和过度投资样本在公司规模、负债比率以及上市年龄等方面的差异并不显著。然而，投资不足样本中的现金持有量（Cash）的均值和中位数均显著高于过度投资样本，这表明那些投资不足的公司持有较高水平的现金，公司在固定资产和现金资产上的资金配置呈现一种此高彼低的关系。这一结果在一定程度上揭示了控

股股东投资决策的行为动机,控股股东可能会为了增加公司的现金持有量从而选择投资不足。

二、投资者保护与公司投资不足

如前所述,从自身利益最大化角度出发的控股股东在进行投资支出和资产转移的决策时,公司投资不足的数额将随着外部治理环境的完善和其现金流权的增加而减少。公司控股股东出于资产转移的需要存在对流动性资产的偏好,以现金形式持有公司资产可以方便日后的转移,这导致公司投资决策偏离最优水平而出现投资不足。在这个过程中,投资者保护机制表现在促使公司将现金用于投资支出,缓解公司投资不足。据此我们提出如下假说:

假说2.1:公司投资不足的数额随着外部治理环境的完善而减少。

假说2.2:公司投资不足的数额随着控股股东现金流权的增加而减少。

我们通过检验投资者保护对公司投资不足的影响,分析投资者保护作用下公司控股股东的资产偏好和资产转移动机。以2001—2005年中国上市公司中投资不足样本为分析对象,我们考察外部投资者保护和控股股东现金流权对公司投资不足的影响,所采用的基本模型如下:

$$UI_t = \alpha_0 + \alpha_1 Protection_t + \alpha_2 FCF_t + \sum Year + \sum Industry + \varepsilon \quad (2.23)$$

模型(2.23)中,被解释变量UI_t为投资不足,即模型(2.22)回归结果中投资不足样本残差的绝对值。采用绝对值是为了便于数据处理和理解,这样UI_t越大就表明投资不足越严重。投资者保护($Protection_t$)为解释变量,所选取的指标为公司所在地区法律环境制度指数(樊纲等,2007)。根据程仲鸣等(2008)的研究,我们选择自由现金流(FCF_t)、年份($Year$)和行业($Industry$)等作为控制变量,其中,自由现金流等于经营现金流量减折旧、摊销和当年预期投资之后的余额与非现金资产之比,而当年预期投资为所估算的适度投资水平。

表 2.2　　　　投资者保护影响公司投资不足的回归结果

变量	(1)	(2)	(3)	(4)	(5)
(Constant)	0.034*** (14.278)	0.025*** (9.829)	0.028*** (10.013)	0.031*** (11.490)	0.025*** (7.938)
Protection	−0.001** (−2.413)		−0.001** (−2.614)		
ω		0.0001*** (3.018)	0.0001*** (3.182)	0.003* (1.707)	0.005** (2.383)
FCF	−0.142*** (−23.154)	−0.143*** (−23.396)	−0.142*** (−23.255)	−0.100*** (−13.493)	−0.198*** (−19.739)
Adjusted-R^2	0.230	0.230	0.230	0.216	0.256
N	3228	3228	3228	1614	1614

注:回归(1)、(2)中分别用法律环境制度和现金流权对投资不足做了回归检验。回归(3)同时考察了法律环境制度和现金流权对投资不足的影响。回归(4)、(5)分别按投资者保护高低分组,考察了不同情况下现金流权对投资不足的影响。括号内为 t 值,*,** 和 *** 分别表示在 0.10,0.05,0.01 水平上显著。

表 2.2 的第一栏给出了基本模型(2.23)的回归结果。结果显示,代表外部投资者保护程度的地区法律环境制度指数与公司投资不足在 5% 的置信水平上显著负相关,即公司投资不足的数额随着外部治理环境的完善而减少,较好的外部投资者保护具有缓解公司投资不足的作用,表明公司控股股东对流动性资产的偏好动机在一定程度上受到外部制度环境的约束。这一结果与我们假说 2.1 是一致的。我们还发现,自由现金流与投资不足显著负相关,自由现金流越多,投资不足的程度越弱,公司越不易出现投资不足的现象,这与辛清泉等(2007)、张功富

(2007)以及程仲鸣等(2008)的结果是一致的。为了节省篇幅，年份(Year)和行业(Industry)控制变量的回归系数在表2中没有列出。

在表2.2的第二栏中，我们采用控股股东现金流权(ω)作为解释变量，考察其对公司投资不足的影响。在模型分析中，我们认为公司控股股东现金流权具有激励作用，有利于保障中小股东的利益，公司投资不足的数额会随着控股股东现金流权的增加而下降。但表2.2第二栏中的结果显示，控股股东现金流权对公司投资不足产生显著正的影响，这意味着控股股东现金流权越高则公司投资不足越严重，与我们的假说2.2不一致。导致这一结果的原因可能是对于股权结构高度集中的中国上市公司而言，控股股东现金流权作为公司内部的激励效应指标本身可能存在问题。实际上，控股股东现金流权越高，其他股东的制衡能力就越弱，控股股东很容易就能够对公司实施控制。在这样一种情况下，较高的现金流权成为控股股东侵占中小股东利益的基础，其结果是控股股东对流动性资产的偏好更加强烈，公司投资不足更为严重。

表2.2第三栏中同时考察了外部投资者保护和控股股东现金流权对公司投资不足的影响。我们看到，二者的回归系数与分别单独回归时的结果保持一致，表明外部制度环境所提供的投资者保护抑制了控股股东利益侵占动机并在一定程度上缓解了公司投资不足，而控股股东较高的现金流权加剧公司投资不足。

如果控股股东现金流权对应着一定的控制权并加剧公司投资不足，那么这种效应在外部投资者保护较好的地区应该受到抑制。在表2.2的第四栏和第五栏中，我们将投资不足样本进一步按投资者保护的中位数分为高低两组，结果显示，投资者保护好时(第四栏)控股股东现金流权的系数为0.003、在10%的水平上显著，而投资者保护差时(第五栏)该系数为0.005、且在5%水平上显著。这表明较好的投资者保护的确抑制了与现金流权相对应的控制权的作用。

控股股东对流动性资产的偏好源于控股股东与中小股东之间的代理冲突，这种偏好对公司投资决策产生影响。上述研究结果表明，外部投资者保护发挥了积极的作用，能够缓解公司投资不足。在我们的分析中，控股股东通过侵占、转移公司现金资产获取控制权私利。但实际上，控股股东通过实施项目投资也往往能够获取控制权私利。Almeida and Wolfenzon（2006）分析控股股东代理问题时指出，由于只能按照现金流权比例进行分配，公司控股股东倾向于不进行分配，而是更愿意将资金留在公司内部控制使用，如进行项目投资等。如何在同时考虑从现金资产和投资中获取控制权私利的情况下分析控股股东的行为动机，值得在将来的研究中进一步深入探讨。

第三节　控股股东资产转移动机

一、资产转移的动机分析

Johnson et al.（2000）最先使用"隧道效应(tunneling)"一词来反映公司控制人转移公司资产、利润获取私有收益的行为。控股股东隧道行为是现代公司中存在的普遍现象，不仅存在于发展中国家的股票市场，而且存在于欧美发达的证券市场。即使是资本市场监管最为严厉、信息披露较完善的市场，也可能出现少数利益群体利用隧道行为来损害中小投资者利益的现象。新兴市场国家的公司股权结构普遍较为集中，金字塔控制现象更是屡见不鲜。在控股股东主导的公司治理结构下，控股股东与管理者成为公司的内部人，小股东成为公司的外部人，两者之间存在着信息不对称，控股股东相比于中小投资者掌握着更多有关公司实际经营情况的信息。当法治不健全、大股东的控制权缺乏监督和制约时，控股股东在公司内部的权力和行为决策往往很难受到约束。在控股股东与中小股东的代理冲突下，控股股东很可能牺牲小股东的利益来实现控制权私人利益。

国内外学者对控股股东自利行为的研究发现，公司控股股东一般通过关联交易、资金占用和非效率投资来获取控制权私利。学者们对我国上市公司的关联交易行为进行了较为深入的研究，如原红旗（1998）研究了在我国早期的关联交易信息披露中存在着较多问题，例如对何为关联方有着不同理解、对关联方信息披露不全、对何为关联交易有着不同理解、关联交易信息披露不全，从而导致了上市公司经营自主性受到限制、增加了上市公司财务风险、盈利能力下降等不良影响。余明桂和夏新平（2004）探讨了控股股东是否通过关联交易行为侵占公司资源，发现相比于没有控股股东控制的上市公司，有控股股东控制的上市公司更容易出现关联交易行为；相比于控股股东不担任公司高管的公司，控股股东担任高管的公司更容易出现关联交易行为；控股股东持股比例越高，公司越容易出现关联交易行为。王力军（2006）通过我国民营上市公司的数据直接探讨了金字塔股权结构下公司的关联交易及其对公司价值的影响，发现民营上市公司的控股股东通过关联交易来侵占中小股东利益。

学者们对我国上市公司资金占用情况也进行了大量研究，这些研究分析了控股股东将资金占用作为利益输送的工具、资金占用的危害、如何降低资金占用等问题。姜国华和岳衡（2005）研究了控股股东资金占用的经济后果，发现上市公司未来盈利能力与控股股东资金占用呈显著的负相关关系，说明控股股东资金占用对上市公司存在显著的负面影响。周中胜（2006）认为我国上市公司集中的股权结构导致控股股东与中小股东之间的代理问题，控股股东采用资金占用的方式侵害其他股东利益，审计师能在一定程度上对控股股东的资金占用做出反应，抑制控股股东侵占行为。雷光勇和刘慧龙（2007）研究发现，资金占用是控股股东进行利益输送的重要方式，控股股东资金占用的规模越大，上市公司能够用于改善经营的资金越少，公司进行负向盈余管理的幅度将越大。

在股权高度集中的上市公司中，控股股东对流动性资产偏好的原因在于可以通过转移流动性资产获得控制权私利。控股股东可以采取多种形式实施资产转移行为，既有偷窃或欺诈等非法手段，也包括许多合法的方式，如侵占企业成长机会、对控股股东有利的转移定价、企业资产按非市场价格转移、用企业资产作为抵押的贷款担保、稀释少数股东股权等。从本质上讲，控股股东对上市公司资产进行转移的动机来源于控制股东与中小股东之间的代理问题以及信息不对称。在我国，上市公司治理机制和外部法律机制作为约束控股股东行为的手段难以发挥应有的效力，导致控股股东能够以较低的风险和成本损害中小股东利益并获取控制权私利。相对于固定资产而言，流动性较高的现金资产更容易被控股股东以各种形式(特别是合法的形式)从公司转移出去变成个人利益。因此，为了缓解控股股东代理问题，制约控股股东对公司的掏空行为，除了要增强上市公司治理效率和完善各项法律法规之外，还要加强对上市公司的流动性资产尤其是现金资产的监管。

二、投资者保护与公司现金持有

公司现金持有水平取决于控股股东投资支出和资产转移两步决策的净效应。投资者保护机制一方面促使公司将现金用于投资支出，缓解公司投资不足，这会导致公司现金持有量下降；而另一方面通过约束了控股股东的侵占动机，限制公司资产向控股股东的转移，从而会提高现金持有量。由此提出两组对立的假说：

假说 2.3a：公司的现金持有量随着公司所处外部治理环境的完善而增加。

假说 2.3b：公司的现金持有量随着公司所处外部治理环境的完善而减少。

假说 2.4a：公司的现金持有量随着控股股东现金流权的增加而增加。

假说 2.4b：公司的现金持有量随着控股股东现金流权的增加而减少。

Opler et al(1999)指出影响公司现金持有量的基本财务特征因素包括现金流量、财务杠杆、投资机会、投资支出、净营运资金、现金股利以及公司规模等。我们在考察投资者保护与控股股东现金流权对公司现金持有水平的影响时，也对公司基本财务特征进行了控制，所采用的基本模型如下：

$$Cash_t = \alpha_0 + \alpha_1 Protection_t + \alpha_2 Size_t + \alpha_3 Growth_t + \alpha_4 CF_t + \alpha_5 NWC_t +$$
$$\alpha_6 INV_t + \alpha_7 Leverage_t + \alpha_8 D_t + \sum Year + \sum Industry + \varepsilon$$
(2.24)

模型(2.24)中被解释变量$Cash_t$为当年年末的现金持有量，解释变量为投资者保护$Protection_t$。Opler et al(1999)模型中的变量被用作控制变量，其中，现金流CF_t为年末净利润与折旧之和，净营运资金NWC_t为流动资产减去流动负债再减去货币资金和短期投资，D_t为当年支付的股利，这三个变量以及被解释变量$Cash_t$均用当年年末非现金资产标准化。模型(2.24)中其他几个变量在模型(2.22)中已经进行了定义。但需要加以说明的是，模型(2.22)是采用前一期数据对公司当期适度投资水平进行测度，并据此分出投资不足样本和过度投资样本；而模型(2.24)是用于考察投资不足样本的现金持有水平，被解释变量、解释变量以及控制变量所采用的是同一期数据。

表2.3　　　　投资者保护影响现金持有量的回归结果

变量	(1)	(2)	(3)	(4)	(5)
(Constant)	0.484***	0.474***	0.497***	0.671***	0.306***
	(6.232)	(6.096)	(6.357)	(5.959)	(2.725)
Protection	0.003***		0.003***		
	(2.675)		(2.665)		
ω		0.0003	0.0003	0.004	0.031
		(1.544)	(1.527)	(0.139)	(1.148)

续表

变量	(1)	(2)	(3)	(4)	(5)
$Size$	-0.002	-0.002	-0.004	-0.012**	0.006
	(-0.632)	(-0.411)	(-0.943)	(-2.179)	(1.168)
$Growth$	0.007***	0.007***	0.007***	0.003	0.012***
	(3.012)	(3.041)	(3.055)	(0.952)	(3.757)
CF	0.368***	0.367***	0.364***	0.483***	0.255***
	(8.757)	(8.730)	(8.654)	(7.206)	(4.900)
NWC	-0.378***	-0.382***	-0.379***	-0.396***	-0.368***
	(-22.086)	(-22.345)	(-22.110)	(-16.158)	(-15.465)
INV	0.005	-0.005	0.007	0.175	-0.139
	(0.067)	(0.060)	(0.088)	(1.412)	(1.360)
$Leverage$	-0.492***	-0.495***	-0.490***	-0.459***	-0.515***
	(-21.061)	(-21.163)	(-20.914)	(-13.801)	(-15.501)
D	1.341***	1.324***	1.321***	1.662***	1.067***
	(5.360)	(5.281)	(5.273)	(4.283)	(3.351)
$Adjust\text{-}R^2$	0.308	0.307	0.308	0.309	0.292
N	3228	3228	3228	1614	1614

注：回归(1)、(2)中分别用法律环境制度和现金流权对现金持有量做了回归检验。回归(3)同时考察了法律环境制度和现金流权对现金持有量的影响。回归(4)、(5)分别按投资者保护高低分组，考察了不同情况下现金流权对公司现金持有量的影响。括号内为 t 值，*，** 和 *** 分别表示在 0.10，0.05，0.01 水平上显著。

表 2.3 第一栏列出了利用模型(2.24)的回归结果。结果显示，法律制度环境指数(外部投资者保护指标)与现金持有量显著正相关，表明公司现金持有水平随着外部投资者保护程度的增加而增加，这与假说 2.3a 的预测是一致的。结合表 2.2 中的结果我们可以认为，较好的外

部治理环境一方面抑制了控股股东对流动性资产的偏好、使得公司投资不足得以缓解，另一方面，外部治理环境的改善也有效防范了控股股东对公司现金资产的转移和滥用。尽管投资不足的缓解降低公司现金持有水平，但外部投资者保护对抑制控股股东资产转移动机起到了重大作用，公司现金持有量因此而处在较高水平。表2.3 中现金流、投资机会、负债杠杆等基本财务特征变量也都对公司现金持有水平产生影响，已有的研究（Opler et al, 1999; Dittmar and Mahrt-Smith, 2007）对这些因素的影响进行了广泛而又深入地探讨，这里不再一一赘述。

表2.3 第二栏中给出了控股股东现金流权影响公司现金持有量的回归结果：二者之间存在正相关关系，但是并不显著。这表明控股股东现金流权较高时，公司的现金持有水平较高，与假说2.4a 的预测一致。第三栏给出了外部治理环境和控股股东现金流权同时影响公司现金持有量时的回归结果：外部投资者保护与现金持有量显著正相关，现金流权与现金持有量正相关但不显著。这与将二者分别单独回归时的结果一致。

尽管控股股东现金流权与外部投资者保护都对公司现金持有水平产生正的影响，但我们认为二者的作用机理是不一样的。外部投资者保护因为抑制了控股股东对现金资产的转移和滥用而使得公司现金水平较高，而控股股东较高的现金流权则是因为加剧了公司投资不足而对现金持有水平产生正的影响。

表2.3 的第四栏、五栏中按外部投资者保护指标对样本进行了分组。尽管并不显著，但结果显示投资者保护好的情况下（第四栏）控股股东现金流权 ω 的系数要较小一些。结合表2.2 中第四、五栏中的结果，我们认为现金流权是控股股东控制权的代理变量，即现金流权越高，控股股东的侵占动机也越强烈，在外部投资者保护较好的情况下，控股股东的利益侵占动机的得到抑制，导致公司现金持有水平增加的效应相对要弱一些。

三、投资者保护与公司现金价值

在前面的分析中,我们发现投资者保护能够减轻公司控股股东与中小股东之间的利益冲突并抑制控股股东对流动性资产的偏好,从而缓解公司投资不足,并且,在外部投资者保护较好的情况下,控股股东转移和滥用现金资产受到约束。而较高的现金流权对应着较高的控制权,成为控股股东侵占中小股东利益的基础。现金流权的增加会增强控股股东对流动性资产的偏好,加剧公司投资不足。

实际上,无论投资者保护是抑制了控股股东偏好流动性资产的动机,还是减少了控股股东的滥用现金行为,都表明较好的投资者保护发挥了积极的作用,控股股东与中小投资者之间的代理问题得以减轻,外部投资者应该会对公司所持有的现金予以较高的价值评估。而控股股东较高的现金流权增强了其对公司的控制能力,结果导致控股股东与中小股东之间更加严重的利益冲突,公司所持有的现金将具有较低的市场价值。由此提出如下假说:

假说2.5:外部投资者保护越好,现金价值越高。

假说2.6:控股股东现金流权越越高,现金价值越低。

下面我们通过检验公司现金的价值效应来进一步分析控股股东的利益侵占动机。我们采用了法律制度环境指数对分析样本(投资不足样本)进行分组,当法律制度环境指数大于中位数时,则为投资者保护好的样本组,反之则为投资者保护差的样本组。同样的道理,另外按控股股东现金流权对分析样本进行了现金流权高、低的分组。在样本分组的基础上,我们采用如下的模型对公司现金价值进行分层检验:

$$\begin{aligned}MV_t = &\alpha_0 + \alpha_1 Cash_t + \alpha_2 E_t + \alpha_3 dE_t + \alpha_4 dE_{t+1} + \alpha_5 D_t + \alpha_6 dD_t \\ &+ \alpha_7 dD_{t+1} + \alpha_8 I_t + \alpha_9 dI_t + \alpha_{10} dI_{t+1} + \alpha_{11} dNA_t + \alpha_{12} dNA_{t+1} \\ &+ \alpha_{13} dMV_{t+1} + \sum Year + \sum Industry + \varepsilon\end{aligned} \quad (2.25)$$

模型(2.25)中，被解释变量为公司价值(MV_t)，为总负债与流通股市值和非流通股市值之和除以当年年末非现金资产，其中，非流通股市值为每股非现金资产与非流通股股数的乘积，负债价值则按照账面价值计算；解释变量为现金持有量($Cash_t$)，采用非现金资产标准化。E、D和I分别为净收益、股利支付和利息支出水平，并分别引入了这三个指标的实际变化量(dX_t)和预期变化量(dX_{t+1})作为控制变量，水平变量和变化量都采用当年年末非现金资产标准化。进一步地，采用非现金资产的实际增长和预期增长(dNA_t和dNA_{t+1})来反映公司投资对公司价值的影响，并控制了预期公司价值增长(dMV_{t+1})因素对公司价值的影响。

表2.4　　投资者保护与现金价值的回归分析结果

变量	投资者保护		现金流权	
	(1)投资者保护好	(2)投资者保护差	(3)现金流权高	(4)现金流权低
(Constant)	1.103***	1.027***	1.096***	1.074***
	(24.899)	(22.863)	(27.049)	(22.448)
Cash	1.522***	1.370***	1.371***	1.572***
	(24.326)	(19.610)	(25.154)	(20.781)
E	0.761***	0.413*	0.829***	0.667***
	(3.201)	(1.903)	(3.820)	(2.896)
dE1	−0.410**	−0.008	−0.683***	0.032
	(−2.310)	(−0.054)	(−4.069)	(0.193)
dE2	0.407**	0.301**	0.196	0.507***
	(2.413)	(2.379)	(1.358)	(3.545)
D	−2.759	1.861	−1.566*	0.478
	(−2.588)	(1.478)	(−1.745)	(0.334)
dD1	1.832	0.377	1.407	1.948
	(1.634)	(0.297)	(1.588)	(1.219)

续表

变量	投资者保护		现金流权	
	(1)投资者保护好	(2)投资者保护差	(3)现金流权高	(4)现金流权低
$dD2$	0.887	1.303	0.433	3.567***
	(1.081)	(1.344)	(0.657)	(2.963)
I	-3.840***	4.831***	-1.568	0.485
	(-2.999)	(4.235)	(-1.340)	(0.393)
$dI1$	3.442*	-8.439***	0.983	-3.081*
	(1.938)	(-5.407)	(0.607)	(-1.841)
$dI2$	-3.385*	-1.181	-1.306	-2.807
	(-1.837)	(-0.781)	(-0.864)	(-1.615)
$dNA1$	-0.296***	-0.153**	-0.218***	-0.285***
	(-4.446)	(-2.097)	(-3.513)	(-3.921)
$dNA2$	0.440***	0.378***	0.415***	0.359***
	(7.794)	(6.362)	(8.186)	(5.794)
$dMV2$	-0.306***	-0.311***	-0.234***	-0.365***
	(-10.082)	(-10.339)	(-8.824)	(-11.141)
$Adjust\text{-}R^2$	0.521	0.514	0.561	0.499
N	1614	1614	1614	1614

注：括号内为 t 值，*，** 和 *** 分别表示在 0.10，0.05，0.01 水平上显著。

表 2.4 给出了利用模型 (2.25) 的回归结果。第一、二栏中的结果显示，在外部投资者保护较好地区的公司其平均现金价值为 1.522 元，在外部投资者保护较差地区的公司所持有现金的平均价值为 1.370 元。这一结果表明较好的投资者保护通过缓解控股股东投资不足和资产转移的代理问题，提高了公司的现金价值，这一结果与假说 2.5 是一致的。

表 2.4 第三、四栏中的结果表明，控股股东现金流权较高的公司其单位现金价值为 1.371 元，而控股股东现金流权较低的公司所持有现金的价值为 1.572 元，即控股股东现金流权较高的公司所持有现金的价值

较低,支持了假说 2.6。前面我们已经指出,控股股东现金流权在一定程度上也是其控制权的代理变量,较高的现金流权成为控股股东侵占中小股东利益的基础,加剧公司投资不足,公司所持有的现金因此而具有较低价值。这与前面的检验结果保持了一致。

为确保结果和结论的可靠、可信,我们从以下三个方面进行了稳健性检验:第一,在测度公司适度投资水平以及分析公司现金水平的影响因素时,采用托宾 Q 作为公司投资机会的代理变量,得到的结果与前文中汇报的结果并无差异;第二,采用行业调整的公司现金持有水平代替公司实际现金持有水平,同样发现投资者保护和控股股东现金流权的影响为正;第三,采用樊纲等(2007)编制的市场中介组织的发育和法律环境制度、中介组织的发育、会计师人数以及对生产者合法权益的保护作为投资者保护的代理变量,也得到相同的结果。此外,我们对各年度的样本分别检验,所得到的结果与前述结果也保持一致。由此可以认为,我们实证检验结果是稳健可靠的。限于篇幅,稳健性检验的结果没有列出。

控股股东倾向于在公司内部保有现金而少进行投资,外部投资者保护则对控股股东的这种行为动机产生影响。控股股东可以对公司进行严格的控制,有能力在公司内部积累现金谋取控制权私利,其结果是公司现金持有量增加、投资不足严重。我们研究发现,外部投资者保护在约束控股股东代理问题中发挥着积极作用,能够减少控股股东对公司现金资产的滥用,其结果是在提高公司现金持有水平的同时,公司所持有的现金也被投资者赋予了较高的价值评估。我国属于典型的股权高度集中的资本市场,上市公司的股东大会很容易成为控股股东的"一言堂",中小股东的意见和利益往往被置于不顾。由于流动资产的流动性强的特点使其便于控股股东的资产转移,因此,制约和缓解控股股东代理问题需要加强对上市公司流动资金尤其是现金资产以及投资项目的监管。与此同时,上市公司内部治理机制完善将有助于缓解控股股东的资产转移动机。

第三章 控股股东现金股利决策

La Porta et al.(2000a)关于结果模型和替代模型的分析指出,公司发放现金股利既可能是治理环境良好的结果,也可能是约束代理问题的治理机制。学术界基于结果模型和替代模型进行了大量探讨,所得结论存在较大争议。我国上市公司股权结构高度集中,控股股东代理问题是公司治理的核心问题。控股股东侵占动机较大时,公司投资者偏好于较高的股利支付以约束控股股东自利行为,这种情况下现金股利的价值效应较大。本章首先基于控股股东视角研究了公司现金股利政策,然后对控股股东代理问题作用下的现金股利价值效应进行考察,探讨了替代模型在我国资本市场的适用性。进一步地,本章还对处于不同生命周期阶段的公司所呈现的股利特征进行了研究,并考察了在成长型公司和成熟型公司中现金股利对投资效率的影响。

第一节 控股股东与现金股利

一、结果模型与替代模型

现金股利作为一种治理机制能够减少公司自由现金流、降低代理成本,代理问题越严重的公司应该发放越多的现金股利。然而,较多的现金股利也可能是管理者在完善的公司治理机制下被迫做出的财务选择,这意味着代理成本越小的公司支付的现金股利越多。

学者们围绕公司代理问题与现金股利的关系进行了大量研究，所得结论不尽相同。La Porta et al. (2000a)提出关于公司治理与现金股利关系的结果模型和替代模型，结果模型指出在投资者保护较好的情况下中小股东能够获得更多的现金股利，而替代模型分析的是在投资者保护较弱的情况下公司倾向于支付更多的现金股利以保持良好的声誉。他们发现治理机制越完善的公司发放的现金股利越多，验证了股利结果模型。Bae et al. (2012)基于跨国样本数据实证研究发现，当管理者的利益侵占动机较强时，较好的投资者法律保护能迫使公司发放较多的现金股利。O'Connor(2013)以 21 个发展中国家的样本公司为研究对象，发现治理结构较好的公司倾向于通过支付较多的现金股利来避免公司自由现金流被管理者肆意挥霍，同样验证了结果模型的适用性。

与此同时，也有一些学者的研究结果支持了股利替代模型，认为股利支付率与公司治理质量之间不存在正相关关系。Faccio et al. (2001)在研究东亚地区的股利支付率与公司治理之间的关系时发现，治理结构越差的公司分配的现金股利反而越多。他们认为东亚地区的投资者保护水平普遍较低，投资者对公司代理问题较为警惕，治理结构差的公司需要采取高股利政策来消除投资者顾虑。这实际上与替代模型的观点一致，治理结构好的公司能够更合理地利用公司资源，即使股利支付水平较低，投资者也很少将其理解为利益侵占行为。Abdullah et al. (2012)在考察上市公司的股利时序特征时发现，相比于治理结构较差的公司，治理机制完善的公司在面临好的投资机会时减少股利支付的可能性更大。Isakov and Weisskopf(2015)进一步指出，即便拥有大量的自由现金流，治理质量好的公司也可能采取低股利政策以避免外部融资的高成本问题。

在我国上市公司股权结构较为集中的情况下，公司代理问题主要存在于控股股东与中小股东之间，探讨控股股东与中小股东之间的利益冲突如何影响公司股利决策具有重要意义。控股股东可以凭借控制权获取不与投资者共享的私有收益，进而导致利益侵占效应。同时，股票价格上涨带来的财富增加也激励控股股东合理使用控制权，产生利益协同效应。控股股东在寻求自身利益最大化的过程中会权衡各种利益实现方式的收益与成本，具体表现为利益协同还是利益侵占与其持股比例有关。

当控股股东持股比例较低时，控股股东掏空公司资源获取独享收益的成本较小，侵占中小股东利益的动机较强，公司代理成本较大。理性的投资者会对控股股东的掏空行为形成预期，并将低现金股利视为自身利益受到侵占的表现，因而希望公司支付较多现金股利。同时，公司为了以较低的成本满足潜在的融资需求，需要建立一种保证投资者利益不被侵占的信誉机制，这种信誉的建立对代理风险较高的公司而言具有更为重要的意义(Gomes，2000)。支付现金股利减少了公司自由现金流，能向投资者传递公司代理问题减小的信息并导致公司权益资本成本下降，成为控股股东获取声誉效应的重要途径(魏锋，2012)。随着持股比例的增加，控股股东对公司的控制力逐渐提高，能够更方便地采取隧道行为攫取私有收益，外部投资者会更加关注来自于控股股东的掠夺风险，公司支付现金股利降低代理成本的必要性增大。因此，为了树立良好的公司形象并吸引更多潜在投资者，在较低的持股水平上，随着控股股东持股比例的增加，公司需要支付的现金股利更多。

然而，当控股股东持股比例达到一定程度后，控股股东和中小股东都希望通过长期投资获得公司价值增长带来的收益，所有股东利益趋于一致。并且，在控股股东持股比例较高的情况下，一旦公司面临经营丑闻或者陷入财务困境，控股股东容易成为关注的焦点，可能承担更多的连带责任和蒙受更大的损失。这导致控股股东侵占中小股东利益的成本加大，使得控股股东主要表现出利益协同效应。在此基础上，持股比例的提高将进一步激励控股股东更合理地利用公司资源，这可能导致控股股东减少股利支付而留存更多收益以满足将来的发展。同时，由于公司代理冲突逐渐缓和，投资者担心自身利益受到侵占的顾虑减小，公司发放现金股利控制代理成本的必要性降低。所以，在持股比例较高的情况下，控股股东更倾向于发放较少的现金股利以支持公司未来投资促进公司价值的提升。Michaely and Roberts(2012)的研究表明,当控股股东持股比例较高时,控股股东的侵占意愿减弱,公司支付的现金股利反而较少。综上所述,我们提出如下假说:

假说 3.1:在控股股东持股比例较低时,股利支付率随着控股股东持股比例的增加而增加;当控股股东持股比例达到一定程度后,股利支付率随着控股股东持股比例的增加而减少。

二、现金股利决策

为考察控股股东持股比例对公司现金股利支付的影响,我们以 2006—2013 年沪深 A 股主板上市公司为研究样本进行实证检验。样本筛选规则如下:(1)剔除相应财务数据缺失的公司;(2)因为金融行业负债的特殊性,将其剔除;(3)剔除 ST 和资产小于负债的公司;(4)由于我们考虑的主要是正常派现公司的股利政策和股利价值,故剔除了每股收益为负以及现金股利支付率大于 1 的公司;(5)剔除第一大股东持股比例小于 5% 的公司,这类公司股权结构相对分散,控股股东对公司的股利政策影响较小(Aoki,2014)。主要变量定义如下表所示:

表 3.1 变 量 定 义

变量名称	变量符号	变量定义
股利支付率	Div_t	每股现金股利与每股收益之比
控股股东持股比例	Top_t	第一大股东持股数量与股本总数之比
总资产净利润率	ROA_t	净利润与资产总额之比
资产负债率	Lev_t	负债总额与资产总额之比
公司规模	$Size_t$	资产总额的对数值
销售收入增长率	SGR_t	本期销售收入增长额与上期销售收入之比
自由现金流	FCF_t	净利润+利息费用−营运资本追加−资本性支出

表 3.2 汇报了主要变量特征，可以看到，股利支付率平均值为 23%，中位数为 13.9%，表明上市公司支付较低现金股利的现象比较普遍，也初步反映出控股股东运用现金股利掏空公司资源的可能性较小。而最大的股利支付率接近 100%，体现出不同公司之间的现金股利分配出现了两极分化现象。此外，我国股权结构较为集中，控股股东持股比例平均达到 36.5%，但是不同公司的控股股东持股比例存在较大区别。控股股东持股比例的分布不均为控股股东在公司治理方面显示出区间效应提供了可能，在不同持股比例情况下，控股股东表现出利益侵占还是利益协同可能出现差异。

表 3.2　　　　　　　　描述性统计

变量	N	平均数	中位数	标准差	最小值	最大值
Div	6611	0.226	0.139	0.262	0.000	0.996
Top	6611	0.365	0.345	0.157	0.050	0.894
ROA	6611	0.048	0.036	0.052	0.000	1.756
Lev	6611	0.513	0.528	0.185	0.009	1.000
$Size$	6611	21.960	21.840	1.213	19.070	25.880
SGR	6611	0.243	0.144	0.556	−0.986	3.810
FCF	6611	−0.001	0.012	0.119	−1.638	2.049

我们运用 Tobit 模型考察控股股东持股比例对公司股利政策的影响，回归方程如(3.1)式所示。其中，Top_t^2 为控股股东持股比例的平方项，β_1、β_2 代表股利支付率对控股股东持股比例的敏感性，根据假说 H3.1 的分析，我们预期 β_1 为正、β_2 为负。$\beta_3 \sim \beta_7$ 为控制变量系数，β_0、ξ_t 分别为模型常数和残差项，$year$ 和 $industry$ 分别为年度和行业虚拟变量。

$$Div_t = \beta_0 + \beta_1 Top_t + \beta_2 Top_t^2 + \beta_3 ROA_t + \beta_4 Lev_t + \beta_5 Size_t \\ + \beta_6 SGR_t + \beta_7 FCF_t + year + industry + \xi_1 \quad (3.1)$$

表3.3汇报了股利支付率与控股股东持股比例之间的实证检验结果。为了考察持股比例高低不同情况下控股股东对公司股利政策的影响是否存在差异，表3.3中列（1）、列（2）以控股股东持股比例中位数为分组标准进行分段回归，表3.3中列（3）、列（4）选择控股股东持股比例平均数为分组标准进行分段回归，表3.3中列（5）以全样本为研究对象，通过在回归方程中引入Top_t^2考察股利支付率与控股股东持股比例之间的非线性关系。表3.3中列（1）、列（3）中Top_t的系数显著为正，表3.3中列（2）、列（4）中Top_t的系数并不显著，表明在持股比例高低不同的情况下，控股股东对公司股利政策的影响存在差异。控股股东持股比例较低的公司有运用现金股利减少代理冲突的需要，股利支付率与控股股东持股比例成正比。而控股股东持股比例较高时，控股股东的利益协同效应占主导地位，公司发放现金股利的必要性较低，控股股东持股比例的提高并不能导致股利支付率的增加。表3.3中列（5）利用全样本回归并考虑股利支付率与控股股东持股比例之间的非线性关系后，Top_t^2项系数显著为负。这说明当上市公司控股股东持股比例较高时，现金股利支付率会随着控股股东持股比例的增加而减少，与假说3.1的分析一致。表3.3中列（5）的回归结果并不支持现金股利的"隧道假说"，说明控股股东并未将现金股利作为掏空的方式。因为，若现金股利代表了控股股东的利益输送，现金股利支付率将与控股股东收益正相关，那么控股股东持股比例越高的公司中，持股比例的提升将会更加显著加大股利支付率。整体而言，SGR_t的系数显著为负，FCF_t的系数显著为正，这与自由现金流假说的预期一致。因此，公司发放现金股利更多的是降低代理成本而不是控股股东进行利益输送。

表 3.3　　控股股东持股比例与公司现金股利支付

变量	按照中位数分组		按照平均数分组		全样本回归
	(1)持股比例低	(2)持股比例高	(3)持股比例低	(4)持股比例高	(5)
Top_t	0.511***	0.073	0.441***	0.068	0.645***
	(6.513)	(1.632)	(6.210)	(1.405)	(6.677)
Top_t^2					-0.612***
					(-5.329)
ROA_t	0.859***	0.581***	0.849***	0.548***	0.732***
	(6.145)	(4.743)	(6.293)	(4.356)	(7.993)
Lev_t	-0.513***	-0.390***	-0.487***	-0.403***	-0.439***
	(-14.873)	(-12.754)	(-14.907)	(-12.633)	(-19.455)
$Size_t$	0.123***	0.065***	0.117***	0.065***	0.086***
	(22.387)	(16.630)	(22.445)	(16.381)	(27.195)
SGR_t	-0.039***	-0.044***	-0.037***	-0.045***	-0.041***
	(-3.917)	(-6.351)	(-3.896)	(-6.431)	(-7.143)
FCF_t	0.100**	0.167***	0.107**	0.165***	0.136***
	(2.074)	(3.763)	(2.303)	(3.596)	(4.191)
Constant	-2.487***	-0.932***	-2.348***	-0.935***	-1.620***
	(-20.919)	(-11.160)	(-20.793)	(-10.953)	(-22.666)
Year	控制	控制	控制	控制	控制
Industry	控制	控制	控制	控制	控制
Pseudo R^2	0.235	0.223	0.231	0.226	0.228
N	4,184	4,184	4,480	3,888	8,368

注：括号内为回归系数的 t 值，***、**、* 分别表示在1%、5%和10%水平上显著。

第二节　股利决策的价值效应

一、现金股利价值

尽管实证研究结果表明现金股利是降低公司代理成本的治理机制，但在考察公司治理因素的影响时，仅从股利支付水平的角度并不足以判断代理问题与现金股利之间是符合结果模型还是替代模型。学者们对于现金股利发放多究竟是因为公司治理好还是源于公司治理差仍存在争议，需要进一步结合现金股利价值来加以分析。

在现金股利价值方面，学者们重点比较了代理问题严重程度不同的公司发放现金股利对公司价值的贡献差异。Pinkowitz et al.（2006）比较了公司治理水平与现金股利价值之间的关系，研究结果表明在投资者保护水平较低的情况下发放现金股利带来的价值效应更高。Kalcheva and Lins（2007）研究发现，只有当管理者拥有较强的控制权而投资者保护较弱时，公司发放现金股利才可以提高公司价值，在其他情况下现金股利的发放与公司价值无关。Haw et al.（2011）的研究结果表明，投资者保护越完善，现金股利增加导致的公司价值增加越小，这意味着在投资者保护较好的情况下市场对现金股利的价值评估较低。López-Iturriage and Rodríguez-Sanz（2013）分析指出，成长性较低的公司中管理者与股东之间的代理冲突更大，发放现金股利能够提高公司价值，而成长性较高的公司中管理者与股东的利益更为一致，现金股利引发的投资不足将导致公司价值降低。Koussis et al.（2017）进一步认为，现金股利的价值效应与债务代理问题有关，盈利能力低、收入波动性大的公司为了保护股东利益倾向于支付较高的现金股利。

如前所述，现金股利作为一种替代性的公司治理机制之能够降低公司代理成本。然而，不同公司与代理风险有关的因素存在系统性差异，这不仅影响公司运用现金股利降低代理成本的必要性，也导致现金股利的治理意义与现金股利价值效应不同。在较低的持股水平上，控股股东进行利益输送的意愿较强，主要表现出利益侵占效应。减少当期现金股利而增加留存收益虽然能够避免支付股利税，但是在考虑公司代理冲突后，留存收益作为"一鸟在林"更有可能被控股股东用于过度投资，在将来转换成现实的高股利或者资本利得的不确定性较大，投资者出于对控股股东损害公司价值的担忧更加偏好当期的"一鸟在手"。相反，发放现金股利加速了公司自由现金流的流出，减少了控股股东可以操控的用来满足自身私利的公司资源，能够起到有效的治理作用，进而产生较高的价值效应。由于控股股东持股比例较低时，随着持股比例的提高，控股股东的侵占能力变大，现金股利的治理意义不断加强，投资者对公司现金股利给予的价值评估较高。

当持股比例达到一定程度后，控股股东重视公司长期发展的利益激励较大，会更有效地介入公司经营决策，主要产生利益协同效应，并且这种协同效应随着控股股东持股比例的提高而增强。此时，由于公司代理冲突逐渐缓和，公司资源被滥用的可能性降低，现金股利的治理意义减小，分配股利的边际收益下降。另一方面，现金股利发放将迫使公司进行更多外部融资，增加公司筹资成本。并且，现金股利具有税收劣势，在公司代理问题冲突较小的情况下，投资者可能更加偏好资本利得来延迟缴纳所得税，因而并不希望公司支付较多现金股利，这进一步增加了发放现金股利的增量成本，导致现金股利价值效应降低。Alzahrani and Lasfer(2012)发现，只有在控股股东的利益侵占意愿较强时，投资者才会欢迎公司发放现金股利。因此，相比于控股股东利益侵占动机强的公司，当控股股东表现为利益协同时，现金股利的价值效应较小。综上所述，我们提出如下假说：

假说 3.2：相比于控股股东持股比例较高的公司，控股股东持股比例较低时，现金股利的价值效应较大。

为了考察上市公司控股股东持股比例对公司现金股利价值效应的影响，本节首先对现金股利的价值进行测度，然后与第一大股东持股比例进行回归分析，主要变量定义见表 3.4：

表 3.4 变 量 定 义

变量名称	变量符号	变量定义
t 期市场价值	V_t	总股数×股价+负债合计本期期末值
t 期现金股利	D_t	t 期每股现金股利×股本总数
t 期息税前利润	E_t	t 期净利润+本期财务费用+本期所得税费用
t 期息税前利润变化量	dE_t	t 期息税前利润-$t-1$ 期息税前利润
$t+1$ 息税前利润变化量	dE_{t+1}	$t+1$ 期息税前利润-t 期息税前利润
t 期资产变动	dA_t	t 期资产账面价值-$t-1$ 期资产账面价值
$t+1$ 期资产变动	dA_{t+1}	$t+1$ 期资产账面价值-t 期资产账面价值
t 期利息	I_t	t 期财务费用
t 期利息的变动	dI_t	t 期财务费用-$t-1$ 期财务费用
$t+1$ 期利息变动	dI_{t+1}	$t+1$ 期财务费用-t 期财务费用
t 期现金股利的变动	dD_t	t 期现金股利-$t-1$ 期现金股利
$t+1$ 期现金股利的变动	dD_{t+1}	$t+1$ 期现金股利-t 期现金股利
$t+1$ 期市场价值的变动	dV_{t+1}	$t+1$ 期市场价值-t 期市场价值

注：测度现金股利价值时，用公司 t 期资产账面价值对所有变量进行标准化处理。

表 3.5 展示了主要变量特征，可以发现，公司市场价值均值为 1.858，标准差为 1.125，这表明不同公司间市场价值存在较大差异。此外，现金股利中位数远小于平均数，这说明样本中较多公司倾向于不发放现金股利或发放较低水平的现金股利。

表 3.5　　　　　　　　　　描述性统计

变量	N	平均数	中位数	标准差	最小值	最大值
V_t	6611	1.858	1.504	1.125	0.012	15.110
E_t	6611	0.048	0.036	0.052	0.000	1.756
dE_t	6611	0.017	0.007	0.077	-2.319	2.727
dE_{t+1}	6611	-0.002	0.002	0.059	-1.657	0.533
dA_t	6611	0.117	0.102	0.166	-0.519	0.840
dA_{t+1}	6611	0.159	0.105	0.264	-0.300	2.557
I_t	6611	0.011	0.010	0.011	-0.038	0.150
dI_t	6611	0.001	0.001	0.008	-0.237	0.059
dI_{t+1}	6611	0.001	0.001	0.008	-0.141	0.124
D_t	6611	0.013	0.005	0.021	0.000	0.203
dD_t	6611	-0.001	0.000	0.030	-1.627	0.192
dD_{t+1}	6611	0.007	0.000	0.378	-0.132	30.720
dV_{t+1}	6611	0.313	0.152	1.193	-8.085	11.260

根据 Fama and French(1998a)的价值回归模型,我们采用(3.2)式对现金股利价值进行测度。D_t 的系数 λ_9 反映了公司发放现金股利的价值效应,其他系数表示控制变量对于公司价值(V_t)的影响系数,λ_0、ξ_2 分别为模型常数和残差。

$$\begin{aligned} V_t = & \lambda_0 + \lambda_1 E_t + \lambda_2 dE_t + \lambda_3 dE_{t+1} + \lambda_4 dA_t + \lambda_5 dA_{t+1} \\ & + \lambda_6 dI_t + \lambda_7 dI_{t+1} + \lambda_9 D_t + \lambda_{10} dD_t + \lambda_{11} dD_{t+1} \\ & + \lambda_{12} dV_{t+1} + year + industry + \xi_2 \end{aligned} \quad (3.2)$$

表 3.6 汇报了在控股股东持股比例不同情况下的现金股利价值。表 3.6 中列(1)中 D_t 的回归系数为 11.527,表 3.6 中列(2)中 D_t 的回归系数为 4.484。结果表明,控股股东持股比例较低的公司发放的现金股利

更受投资者欢迎,现金股利的价值效应更大;而控股股东持股比例较高时的利益协同效应更为突出,现金股利的价值效应较小,这与假说 3.2 的分析一致。此外,表 3.6 中列(1) E_t 的系数为 2.266,列(2) E_t 的系数为 8.632,表明在控股股东持股比例较高的情况下,控股股东主要表现为利益协同效应,公司盈余被侵占的可能性较小,投资者给予公司盈余的价值评估较高。以上结果进一步验证了当控股股东持股比例较低时,控股股东主要对中小股东进行利益侵占,投资者对控股股东的利益掠夺风险更为警惕;而控股股东持股比例较高时,控股股东与中小股东之间主要表现为利益协同,投资者对公司代理风险关注较少。表 3.6 中列(3)、列(4)的结果与表 3.6 中列(1)、列(2)一致,这里不再赘述。

表 3.6　控股股东持股比例与公司现金股利价值

变量	按照中位数分组		按照平均数分组	
	(1)持股比例低	(2)持股比例高	(3)持股比例低	(4)持股比例高
E_t	2.266***	8.632***	2.365***	8.756***
	(8.736)	(22.471)	(9.386)	(22.216)
dE_t	0.569*	1.935***	0.507*	1.893***
	(1.845)	(5.150)	(1.694)	(4.857)
dE_{t+1}	-2.253***	3.641***	-2.186***	3.694***
	(-4.718)	(8.969)	(-4.759)	(8.732)
dA_t	-0.655***	-0.614***	-0.653***	-0.594***
	(-4.215)	(-5.729)	(-4.403)	(-5.348)
dA_{t+1}	0.909***	0.524***	0.894***	0.535***
	(10.017)	(7.837)	(10.345)	(7.664)
I_t	-11.108***	-20.637***	-11.372***	-20.333***
	(-5.204)	(-10.697)	(-5.597)	(-9.924)
dI_t	-35.385***	-12.889***	-34.283***	-13.030***
	(-15.379)	(-4.665)	(-15.525)	(-4.387)

续表

变量	按照中位数分组		按照平均数分组	
	(1)持股比例低	(2)持股比例高	(3)持股比例低	(4)持股比例高
dI_{t+1}	−27.559***	−15.488***	−28.868***	−13.454***
	(−9.748)	(−5.969)	(−10.631)	(−4.974)
D_t	11.527***	4.484***	11.284***	4.795***
	(5.746)	(3.148)	(5.905)	(3.267)
dD_t	−1.842	−1.451	−2.006	−1.322
	(−0.713)	(−1.029)	(−0.817)	(−0.911)
dD_{t+1}	5.165***	3.143***	5.215***	3.292***
	(12.482)	(2.898)	(12.873)	(2.943)
dV_{t+1}	0.064***	−0.112***	0.060***	−0.112***
	(3.827)	(−7.708)	(3.753)	(−7.458)
Constant	1.418***	1.487***	1.465***	1.430***
	(6.872)	(9.285)	(7.312)	(8.726)
Adj. R^2	0.376	0.457	0.373	0.462
N	4,184	4,184	4,480	3,888

注：括号内为回归系数的 t 值，***、**、* 分别表示在 1％、5％和 10％水平上显著。

二、现金股利的治理作用

学者们关于公司代理问题与现金股利之间关系的研究存在较大争议，其主要观点分别支持了结果模型和替代模型。我们在对以往研究进行总结评述的基础上，考察了控股股东持股比例对公司股利政策的影响，并进一步结合现金股利的价值效应进行分析。在控股股东持股比例较低的公司中，控股股东侵占公司利益的成本较低，侵占能力随其持股比例的提高而增强。而在持股比例达到一定程度后，控股股东与中小股东之间的协同效应占据主导地位，中小股东利益受到侵占的可能性较低。我们研究发现，当控股股东持股比例较低时，股利支付率随着控股股东持股比例的增加而增加，同时发放现金股利的价值效应较大；而当控股股东持股比例较高时，股利支付率与控股股东持股比例之间不再具有显著的正相关关系，并且现金股利的价值效应较小。上述结果表明，当治理环境较差时公司倾向于多发放股利，其目的是为了约束代理问题，现金股利发挥着替代性治理作用。因此，我们认为股利替代模型对我国上市公司的股利分配行为具有更强的解释力。

我国上市公司股权结构具有高度集中的特点，控股股东具有较强的动机实施利益侵占，但公司内部缺少有效的监督制衡机制约束控股股东行为，现有的法律法规也难以对控股股东自利行为进行有效的规范，中小投资者利益难以得到有效保障。自2001年以来，我国证监会颁布了一系列政策文件对股利分配行为进行规范，将再融资资格与股利分配水平相挂钩。在缺少有效内部制衡机制和外部监督机制的情况下，股利监管政策的实施发挥着替代性治理机制的作用，强化了对盈利能力较强但股利分配意愿较弱公司的监管力度，避免这类公司留存过多的利润引发自由现金流滥用的问题，进而缓解了控股股东与中小投资者之间的代理冲突。在证监会股利监管政策的引导下，我国上市公司股利支付水平显著提高，中小股东利益得到一定保障。然而，这种半强制政策在为公司引入外部治理机制的同时，也可能带来一定的负面效果。李常青等（2010）研究发现，半强制股利政策的实施给再融资需求强烈的成长性公司带来了负面市场反应，并且未对本该进行高比例分红的成熟型公司形成有效约束。

随着生命周期理论的发展，学者们意识到公司所处的成长阶段也会影响现金股利的治理效应。证监会于2013年进一步提出根据公司所处的成长阶段按不同比例强制分红，这标志着我国股利监管由半强制股利政策走向了强制股利政策，也体现了监管部门将企业生命周期纳入政策制定参考的股利监管理念。成熟型公司往往具有较多的自由现金流，容易出现内部人侵占公司资源的情况，此时发放现金股利能够通过减少自由现金流而降低公司的代理成本。而成长性公司的自由现金流较少，发放现金股利缓解代理冲突的作用较为有限，反而可能导致放弃一些有价值的投资项目。杨汉明（2008）、李常青和彭锋（2009）分析指出，成长性公司派发现金股利会导致其价值下降，成熟型公司支付现金股利则有利于公司价值提升，这意味着我国上市公司应基于自身生命周期采取差异化的股利政策。

强制性股利监管政策在发挥对成熟型公司代理问题治理作用的同时，也一定程度上考虑到了快速增长期的公司的资金需求，对成长性公司的股利支付率要求相对较低。然而，这一政策的局限性在于未明确定义如何区分公司的成长阶段从而弱化了政策执行力，而且对成长性公司强制现金分红比例要求可能会加剧投资不足。为了更为深入地理解股利生命周期特征及差异化股利政策发挥的效果，我们需要考察处于不同生命周期阶段企业的现金股利政策对投资效率的影响，这对我国股利监管政策的进一步完善具有重要现实意义。

第三节　股利决策与投资效率

一、股利生命周期特征

Miller and Modigliani（1961）研究指出，股利政策和投资决策在完美资本市场中相互独立。然而在现实中，信息不对称使得外部投资者降低对公司股权的认购价格，公司外部融资成本将高于内部融资成本，减少发放股利有助于减轻融资约束公司的投资不足问题（Myers and Majluf，1984），而成熟型公司自由现金流较为充裕，发放股利则能够缓解管理者因追求个人私利而进行的过度投资（Jensen，1986）。融资约束假说和自由现金流假说基于两种视角探讨了现实世界中公司股利政策和投资效率之间的关系，两种假说在分析不同生命周期特征的公司时得到了统一。成长性公司投资机会较多而可支配的现金流较少,低股利政策能够将资金投向更多有价值的投资项目,从而有助于减轻其投资不足;成熟型公司投资机会有限而拥有大量自由现金流,低股利政策使得公司面临严重的代理问题,从而加剧其过度投资。

Fama and French(2001)发现在 1978—1999 年美国发放股利的公司所占百分比发生了骤降,他们指出这是由于这一期间内出现了很多不发放股利的盈利水平低、成长性高的小公司,而实际上那些高盈利、低成长的大公司是愿意发放股利的。在此基础上,Grullon et al.(2002)认为支付股利的增加反映了公司由成长性公司向成熟型公司的转变。DeAngelo et al.(2006)发现美国上市公司留存收益股权比越大,公司的股利支付率越高,这表明相较于成长性公司而言,成熟型公司股利发放水平更高。Denis and Osobov(2008)的研究同样支持了股利生命周期理论,他们通过对六个国家上市公司的股利决策进行研究发现,各国实际发放股利总额并没有下降,而是主要集中于盈利水平较高的成熟型公司。Hauser(2012)进一步验证了公司的股利生命周期特征,研究结果表明年轻企业由于拥有较多投资机会因而股利支付意愿较低,成熟型企业投资机会较为有限而更倾向于支付股利。

为了改变证券市场成立早期我国上市公司分红意识淡薄与分红水平过低的现状,2001 年以来我国证监会出台了一系列旨在规范上市公司分红行为的政策法规。证监会于 2013 年颁布《上市公司监管指引第 3 号——上市公司现金分红》,强制要求上市公司发放现金股利。在此之前,监管机构规定不满足股利分配要求的公司没有资格进行再融资,而新的政策则要求公司应根据其所处的生命周期阶段按不同比例支付股利。李常青等(2010)将再融资资格与股利分配水平相挂钩的政策界定为半强制政策,其研究结果表明对于有再融资需求而自由现金流较少的成长性公司而言,这种半强制政策存在诸多局限性。与这种半强制政策所存在的局限性相比,新的监管政策允许成长性公司按照其成长阶段派发现金股利,这对于成长性公司缓解融资约束进而提升其投资效率具有重要意义。对于成熟型公司而言，半强制政策无法对再融资需求较小而自由现金流充裕的成熟型公司的分红进行有效约束，而现行监管政策要求成熟型公司的现金分红比例按有无重大资金支出安排分别达到40%和80%，从而进一步依据投资机会对成熟型公司做出区分。上述政策变迁展现出监管部门在制定股利监管政策的过程中充分考虑了生命周期的影响，彰显了股利生命周期理论在现实应用中的重要地位。

为检验我国上市公司股利生命周期特征，本节分别从股利支付水平和股利支付意愿两个方面进行了研究。我们首先按照留存收益资产比 (*RE/TE*) 把所有公司分成五组，对每一样本组求出发放股利公司占分组中公司总数的比例并计算平均的股利支付水平，所得结果如表 3.7 所示：

表 3.7　　***RE/TE* 分组统计下的企业现金股利支付**

	RE/TE 的取值区间				
	<-0.1	-0.1~0.1	0.1~0.3	0.3~0.5	≥0.5
支付股利的样本占比	0.38%	12.41%	61.51%	73.70%	66.00%
平均股利支付率	0	14.61%	46.77%	34.58%	24.24%
支付股利公司的平均股利支付率	23.32%	117.72%	76.04%	46.93%	36.72%
支付股利的样本数	4	125	2400	2191	629
总样本	1048	1007	3902	2973	953

从表 3.7 中可以发现，发放股利公司占公司总数的比例与留存收益资产比正相关。留存收益资产比低于 -0.1 的分组内发放股利公司比例仅为 0.38%；留存收益资产比增到 0.1 以上时，发放股利公司比例超过 60%。但平均股利支付率并不完全与留存收益资产比正相关，无论是否区分股利支付行为，平均股利支付率都表现出先上升、后下降的态势。

我们借鉴 Fama and French(2001)的方法构建 Logit 模型，实证检验公司生命周期对于股利支付倾向(Div)的影响。其中，M/B 表示股票市场价值与账面价值之比，$Cash$ 表示公司货币资金与总资产的比值，回归模型如下所示：

$$\ln\left(\frac{p}{1-p}\right) = \alpha + \beta_1 \left(\frac{RE}{TE}\right)_{i,t} + \beta_2 ROA_{i,t} + \beta_3 (M/B)_{i,t} + \beta_4 Cash_{i,t} + \beta_5 Size_{i,t} \quad (3.3)$$

从表 3.8 中可以看到，留存收益股权比(RE/TE)的系数显著为正，表明公司股利支付意愿受到公司成熟度的影响，成熟型公司发放现金股利的意愿比成长性公司更强烈。此外，公司规模($Size$)、现金持有量($Cash$)、资产收益率(ROA)的系数均显著为正，这意味着公司的规模、现金持有水平以及盈利水平将显著影响公司支付股利的倾向，与成熟型公司股利支付意愿结果相一致，表明我国上市公司股利支付意愿具有明显的生命周期特征。

表 3.8　　　　　　　现金股利支付意愿 Logit 回归结果

	Constant	RE/TE	ROA	M/B	Cash	Size	Pseudo R^2	Obs.
系数	-17.615*** (-21.80)	0.070*** (3.27)	6.334*** (9.56)	-0.008 (-0.24)	1.628*** (5.01)	0.779*** (21.84)	0.17	9883

注：括号内为回归系数的 z 值，*** 表示在1%的水平上显著。

二、成长性公司股利决策与投资效率

大多数国内外学者的研究认为，成长性公司由于增长机会较多倾向于少发现金股利。Dhrymes and Kurz(1967)研究发现，相比成熟产业(如公共事业行业公司)新兴产业更不愿支付现金股利。Jensen(1976)分析了公司成长机会与现金股利支付水平之间的关系，发现成长机会越多的公司现金股利支付水平越低。Rozeff(1982)、Smith and Watts(1992)以及 Dempsey and Laber(1992)等也通过研究得到了类似的结论。20世纪八九十年代，美国资本市场上呈现出"股利消失"的现象，发放现金股利的公司占总数的比例大幅下降。Fama and French(2001)认为这是因为市场上新增了大量高成长性、低盈利的公司，与成长性低、盈利水平高的大公司不同，这些公司更倾向于不支付现金股利。

成长性公司往往发展潜力较大，需要不断扩张外部市场，提高市场占有率。虽然较高的销售增长带来了大量的现金流入，但同时公司的高速扩张也需要高额的资本支出，因此公司内部资金往往处于短缺状态。另外，处于成长阶段的公司经营风险较大，信息不对称问题严重，难以从外部较筹集到资金，外部融资约束程度较高。这类公司需要放弃部分净现值为正的投资项目才能保证股利派发，所以普遍存在着投资不足现象。

成长性公司用留存利润进行投资能够避免外部融资的高成本问题，不分配股利带来的收益大于成本。为了长远发展，成长性公司会减少发放现金股利以留存足够的内部现金流应对未来投资和生产经营的需要。杨汉明(2008)研究了不同成熟度公司中现金股利对公司价值的影响，发现成熟度较低的公司发放现金股利会对公司价值产生负面效果，这类公司不发放现金股利而将利润留存用于再投资能够提升公司价值和投资效率。另外，我国上市公司存在一股独大的问题，控股股东可能利用现金股利攫取控制权私利以此侵犯中小股东利益，因此成长性公司过度派现可能会加剧控股股东掏空行为对公司价值的影响，使得成长性公司在面临投资机会时由于资金紧张而投资不足。因此，我们提出如下假说：

假说 3.3：成长性上市公司不发放现金股利有助于缓解投资不足。

本节以 2006—2013 年沪深 A 股上市公司为初始样本，首先借鉴 Richardson(2006)的方法测度样本的投资水平，再利用(3.4)式考察现金股利对成熟型公司过度投资行为的影响：

$$Under\_Inv_{i,t} = \alpha + \beta_1 D_{i,t} + \beta_2 FCF_{i,t} + \beta_3 FCF_{i,t} \times D_{i,t} + \beta_4 \Delta Cash_{i,t}$$
$$+ \beta_5 Size_{i,t} + \beta_6 MAT_{i,t} + \beta_7 AGR_{i,t} + \beta_8 Lev_{i,t} \times FCF_{i,t} \quad (3.4)$$
$$+ \sum Year + \sum Industry + \varepsilon$$

在上式中，投资不足（$Under\_Inv$）为被解释变量，现金股利决策（D）为解释变量，在后续研究中，本节采用现金股利支付率（DR）和是否支付现金股利（Div）共同衡量股利决策。我们在模型（3.4）中加入了自由现金流（FCF）和现金股利与自由现金流的交乘项，从而控制非效率投资程度与自由现金流之间存在密切联系。考虑到投资支出受公司现金持有量的影响，本节对现金持有变化量（$\Delta Cash$）予以控制。Jensen（1986）指出对于约束自由现金流导致的投资非效率股利和债务具有替代效应，所以我们还采用交乘项 $Lev \times FCF$ 作为控制变量。此外，由于投资不足和过度投资企业在总资产增长率（AGR）、债务期限结构（MAT）以及规模（$Size$）上存在显著差异，我们在模型（3.4）中对这些变量进行控制。主要变量特征如表 3.9 所示：

表 3.9　基于生命周期与投资效率分组的描述性统计

变量	投资不足的成长性公司			过度投资的成熟型公司		
	均值	中位数	方差	均值	中位数	方差
Div	0.056	0	0.230	0.688	1	0.464
DR	0.063	0	0.450	0.397	0.204	1.062
FCF	0.003	0.018	0.167	0.068	0.093	0.155
Lev	0.560	0.582	0.214	0.465	0.483	0.182
$\Delta Cash$	0.007	0.002	0.098	-0.005	-0.001	0.087
$Size$	21.016	20.916	1.111	21.808	21.647	1.137
MAT	0.101	0.015	0.163	0.174	9.107	0.196
AGR	0.043	-0.007	0.496	0.195	0.143	0.252
$Obs.$	1289			2778		

从表3.9可以看到,与过度投资的成熟型公司相比,投资不足的成长性公司拥有更高的资产负债率和现金持有量增量,但也具有自由现金流较少、公司规模较小、债务期限结构较短、总资产增长率较低的特点。

表3.10中,列(1)、列(2)分别汇报了现金股利虚拟变量(Div)和现金股利支付率(DR)与投资效率的回归结果。尽管现金股利支付率(DR)的系数不显著,但公司是否发放股利的系数显著为正,这表明成长性公司不发放股利有利于减轻其投资不足问题。由表3.10我们还可以看到,$\Delta Cash$ 的系数均显著为正,意味着公司投资不足程度与其当期现金增量呈现正相关关系。$Lev \times FCF$ 的系数显著为负,表明债务的增加会减轻成长性公司投资不足的问题。此外,$Size$ 的系数均显著为负,这意味规模较小的成长性公司存在较严重的投资不足问题。

表3.10 成长性公司现金股利与投资效率回归分析

变量	(1)	(2)
Constant	0.125*** (3.97)	0.120*** (3.84)
Div	0.007** (2.14)	
DR		0.001 (0.32)
FCF	0.007 (0.40)	0.012 (0.68)
$Div \times FCF$	0.045* (1.67)	
$DR \times FCF$		0.017 (0.83)

续表

变量	(1)	(2)
$\triangle Cash$	0.034***	0.034***
	(2.76)	(2.76)
$Size$	-0.004***	-0.004***
	(-3.43)	(-3.33)
MAT	0.008	0.008
	(0.95)	(0.98)
AGR	-0.003	-0.003
	(-1.20)	(-1.28)
Lev	0.002	0.001
	(0.37)	(0.17)
$Lev\times FCF$	-0.071**	-0.076***
	(-2.43)	(-2.60)
R^2	0.0714	0.0689
$Obs.$	1289	

注：括号内为回归系数的 t 值，***、**、* 分别表示在 1%、5% 和 10% 水平上显著。

三、成熟型公司股利决策与投资效率

企业生命周期理论认为，处于生命周期成熟阶段的公司具有盈利能力较强、经营稳定、投资支出较少等特点，因此拥有较为充裕的营运资金。Fama and French(2001)、DeAngelo et al.(2006)等研究发现，成熟型公司由于经营稳定、投资机会较少和盈利能力较强等原因，往往集聚了大量自由现金流，倾向于增加现金股利的发放。

公司股东和管理者之间可能存在委托代理问题，管理者出于自利动机可能会利用公司多余的自由现金流进行过度投资(Jensen，1986)。

Conyon and Murphy(2000)在研究中指出管理者的薪酬通常与其管理规模正相关，而企业生命周期理论指出当公司进入成熟期后，公司的收益较为稳定同时投资支出减少，不断累积的净利润使得成熟型公司内部存在大量自由现金流，此时管理者利用自由现金流进行过度投资的欲望更加强烈，代理问题更加严重。因此当成熟型公司采取低股利支付政策时，可能并不代表这类公司存在较强的融资约束，反而从侧面说明这类公司存在严重的委托代理问题，现金流被过多地投入到净现值为负的项目中，管理者的过度投资行为损害了股东的利益。

因此对于成熟型公司而言，发放现金股利不仅是回报股东的方式，还是治理内部自由现金流过多导致的管理者代理问题的重要手段。成熟型公司自由现金流充裕，公司内部存在严重的委托代理问题，这类公司发放现金股利能够抑制非效率投资行为，提升公司价值。相比于成长性公司，成熟型公司发放现金股利的意愿会更加强烈。另外发放现金股利还会促使成熟型公司在外部市场寻求融资，这种情况下外部市场监管的介入能够对管理者的行为形成监督，在一定程度上缓解管理者和股东之间的代理冲突，抑制管理者非效率投资。

但是，公司增加股利发放并不一定是为了保护中小投资者利益，也可能是为了最大化控股股东个人利益(Lambrecht and Myers，2017)。尽管控股股东持股比例提高导致公司股利支付率增加，从而对公司过度投资起到一定的治理作用，但是控股股东发放现金股利可能只是用来麻痹中小投资者的手段。相比于成长性公司，成熟型公司由于营利性更强且投资机会较少，内部现金流则更加充裕，其进行无效率投资的动机更为强烈。Gugler(2003)指出在股利分配增加的情况下，公司过度投资水平依然增加。原因在于虽然公司表面上提高了股利分配水平，但是相对现金流水平的提升而言，公司的股利支付并未达到最优水平。我国成熟型公司的盈利水平较高，控股股东代理问题抑制了成熟型公司提高股利支付水平的意愿，公司留存利润被控股股东用于过度投资的可能性增加，进而使得现金股利对成熟型公司过度投资行为的抑制作用减小。根据以上分析我们提出如下假说：

假说 3.4：成熟型上市公司发放现金股利有助于约束过度投资，控股股东代理问题会削弱现金股利对过度投资的抑制作用。

我们借鉴 Richardson(2006) 的方法测度样本的投资水平，再利用(3.5)式考察现金股利对成熟型公司过度投资行为($Over\_Inv$)的影响：

$$Over\_Inv_{i,t} = \alpha + \beta_1 D_{i,t} + \beta_2 FCF_{i,t} + \beta_3 FCF_{i,t} \times D_{i,t} + \beta_4 \Delta Cash_{i,t}$$
$$+ \beta_5 Size_{i,t} + \beta_6 MAT_{i,t} + \beta_7 AGR_{i,t} + \beta_8 Lev_{i,t} \times FCF_{i,t} \quad (3.5)$$
$$+ \sum Year + \sum Industry + \varepsilon$$

表 3.11 中，列(1)、列(2)汇报了在过度投资的成熟型公司样本中投资效率受股利派发影响的回归结果。可以看到，公司投资效率与现金股利支付率没有明显关系，不过发放现金股利明显对投资效率有正向影响。这表明成熟型公司能通过派发股利提高投资效率，与本节前文分析一致。并且自由现金流(FCF)的系数显著为正，同时交乘项 $Div \times FCF$ 与公司投资水平负相关，这意味着成熟型公司支付股利能够缓解对自由现金流引起的过度投资问题。此外 $\Delta Cash$ 的系数均显著为负，这说明公司过度投资程度与其现金增量呈现负相关关系。MAT 的系数显著为正，表明长期债务所占比例越高公司过度投资程度越大，因此缩短债务期限将能够约束过度投资行为。AGR 的系数为正，表明资产规模扩张较快的公司过度投资问题较严重。Lev 的系数为负，意味着成熟型公司债务的增加有助于抑制其过度投资行为。

表 3.11　成熟型公司现金股利与投资效率回归分析

变量	(1)	(2)
Constant	0.083***	0.085***
	(4.05)	(4.14)

续表

变量	(1)	(2)
Div	-0.013*	
	(-1.59)	
DR		0.000
		(0.27)
FCF	0.028***	0.030**
	(1.79)	(2.06)
$Div \times FCF$	-0.052**	
	(-1.96)	
$DR \times FCF$		-0.001
		(-0.23)
$\triangle Cash$	-0.106***	-0.106***
	(-8.59)	(-8.61)
$Size$	-0.003***	-0.003***
	(-3.11)	(-3.32)
MAT	0.054***	0.054***
	(10.91)	(10.88)
AGR	0.061***	0.061***
	(17.11)	(17.14)
Lev	-0.024***	-0.023***
	(-4.00)	(-3.97)
$Lev \times FCF$	0.012	0.013
	(0.39)	(0.42)
R^2	0.1812	0.1811
$Obs.$	2778	

注：括号内为回归系数的 t 值，***、**、* 分别表示在1%、5%和10%水平上显著。

进一步地，本节利用(3.6)式考察控股股东代理问题影响下现金股利对成熟型企业过度投资抑制作用的变化，其中 RE/TAGroup 描述了样本分组的情况，当样本公司属于成熟型公司时 RE/TAGroup 取1，样本公司属于成长性公司时 RE/TAGroup 取0。

$$Over\_inv_{i,t} = \beta_0 + \beta_1 FCF_{i,t} + \beta_2 DR_{i,t} \times FCF_{i,t} + \beta_3 DR_{i,t} \\ \times Top_{i,t} \times FCF_{i,t} + \beta_4 DR_{i,t} \times Top_{i,t} \times FCF_{i,t} \\ \times RETAGroup + \sum Control + \varepsilon \quad (3.6)$$

表3.12第(1)列中 DR×FCF 明显与投资水平负相关，说明公司投资效率能通过派发现金股利来提高。第(2)列中 DR×Top×FCF 的系数显著为负，这是由于控股股东需要利用现金股利减少中小投资者对公司代理问题的关注，从而促进了公司的股利发放，强化了现金股利对公司过度投资行为的促进作用。第(3)列中 DR×Top×FCF×RE/TAGroup 的系数显著为正，表明现金股利对过度投资的抑制作用在控股股东持股比例较高的成熟型公司中反而降低，这是由于控股股东持股比例上升的同时，控股股东的自利动机增强，使得成熟型公司进一步提高股利支付水平的意愿降低，公司相对来说留存了更多收益，导致成熟型公司的过度投资水平反而增加，进而削弱了现金股利对控股股东过度投资行为的约束作用，这与假说3.4的分析一致。

表3.12 控股股东持股比例与现金股利对过度投资的抑制作用

变量	(1)	(2)	(3)
FCF	0.0957***	0.0980***	0.0841***
	(3.9568)	(4.0552)	(3.3610)
DR×FCF	−0.0722**	0.2204**	0.2494**
	(−2.0435)	(2.2545)	(2.5280)

续表

变量	(1)	(2)	(3)
DR×Top×FCF		-0.5671***	-0.7630***
		(-3.2097)	(-3.8422)
DR×Top×FCF×RE/TAGroup			0.2363**
			(2.1575)
AGR	0.0310***	0.0312***	0.0312***
	(19.3211)	(19.4556)	(19.4220)
Mat	0.0500***	0.0502***	0.0502***
	(14.7548)	(14.8272)	(14.8454)
ΔCash	-0.1181***	-0.1187***	-0.1191***
	(-14.6187)	(-14.7104)	(-14.7622)
Size	-0.0040***	-0.0039***	-0.0039***
	(-7.0975)	(-6.9386)	(-6.9511)
Lev	-0.0101***	-0.0107***	-0.0106***
	(-2.9231)	(-3.1010)	(-3.0785)
Lev×FCF	-0.0518	-0.0577	-0.0332
	(-1.2830)	(-1.4275)	(-0.7914)
Constant	0.1192***	0.1178***	0.1181***
	(9.9082)	(9.7952)	(9.8261)
R^2	0.1511	0.1524	0.1543
Observations	3917	3917	3917

注：括号内为回归系数的 t 值，***、**、* 分别表示在1%、5%和10%水平上显著。

成熟型上市公司发放现金股利有助于约束控股股东过度投资，而成长性公司不发放现金股利更有益于其投资效率的提高，现金股利在不同成长阶段公司中对投资效率作用的差异正反映了现金股利所具有的治理作用。成熟型公司拥有更多的自由现金流，更倾向于通过发放更多现金股利缓解代理冲突。而成长性公司资金滥用现象较少，不愿发放现金股利。现金股利的生命周期特征进一步表明，控股股东自利动机较强、中小股东利益受到侵占可能性较大的公司发放现金股利的必要性更强，现金股利提高公司治理水平促进价值提升的作用也更大，而对于控股股东协同效应更为凸显的公司发放现金股利不但无法发挥治理作用，反而会成为控股股东实施利益侵占的手段。本章的研究论证了现金股利约束控股股东代理问题的治理作用，验证了股利替代模型在我国的适用性。监管部门仍然需要不断完善上市公司股利政策指引，重视现金股利的治理作用，结合控股股东代理问题和公司成长阶段进一步制定更为科学化的股利监管政策。

第四章 公司资本结构的动态调整

根据资本结构静态权衡理论，公司在对负债的税盾效应与财务困境成本进行权衡后选择一个目标资本结构以实现公司价值最大化。但公司向目标资本结构调整时面临一定的调整成本，导致公司实际资本结构往往无法在当期内调整至目标值。近年来学者们研究发现，代理成本是影响公司资本结构动态调整的一个重要因素。对于我国上市公司而言，股权集中度会通过影响控股股东代理问题进而影响资本结构调整速度。公司发放现金股利作为公司治理的替代机制，也会通过约束公司代理问题从而对资本结构调整速度产生影响。本章首先基于资本结构权衡理论分析了资本结构调整收益与成本对调整过程的影响，然后在 Flannery and Rangan(2006)的模型基础上考察了股权集中度对资本结构调整速度的影响，并基于股权集中度对资本结构调整的非对称性影响进一步探讨了不同股权集中股情况下现金股利对资本结构动态调整的影响。

第一节 资本结构调整的收益与成本

一、收益与成本的权衡

Modigliani and Miller(1958)指出，在完美资本市场环境下，公司提高债务水平所带来的好处会被权益资本成本的上升所抵消。因此，债务融资或股权融资并不影响公司的总价值，公司资本结构与公司价值无关。随着研究的深入，学者们逐步放松完美资本市场假设条件，在 Modigliani and Miller(1958)的分析框架中进一步考虑税收和破产成本的影响，并指出公司在进行资本结构决策的过程中存在对收益与成本的权衡。

由于利息在税前支付，当企业存在税收时，债务对于企业具有节税效应。利用债务资本的主要好处是公司所得税的节约，通常称为税盾或节税收益(tax shield)。Modigliani and Miller(1963)在无税模型中引入企业所得税，发现对于同一企业而言有财务杠杆时企业的价值会超过无杠杆时的企业价值，当完全负债时企业价值最大。De Angelo and Masulis(1980)认为，企业所得税率的提高会导致公司税后债务资本成本降低，进而使得企业"债务税盾"的价值成比例地增加，即企业所得税率的提高将导致债务发行动机增加。同时，他们还发现当税法导致企业可使用的"非债务税盾"减少时，企业会倾向于增加"债务税盾"，进而保证税盾的总体水平相对不变。Givoly et al.(1992)研究美国1986年税制改革时企业税率对债务水平的影响，发现企业所得税与企业债务水平显著正相关，进一步表明债务的税盾效应会降低公司的债务资本成本。Dhaliwal et al.(2014)利用33个国家21年的上市公司数据进行实证研究，发现公司税会减轻与财务杠杆相关的风险溢价，这表明债务具有税盾效应。

国内学者围绕债务的税盾效应也开展了广泛研究，张波涛等(2008)基于决策者"敏感性递减"心理研究公司资本结构对税率的敏感性发现，当企业所得税率提高时，负债水平高、规模小、息税前利润低的企业负债水平的提高幅度更大。这说明资本结构决策受"敏感性递减"心理的影响，所得税费用高时决策者会低估边际负债所节省的所得税。王跃堂等(2010)发现2007年企业所得税改革税率变低的企业明显降低了债务水平，而税率变高的企业明显地提高了债务水平。朱凯和俞伟峰(2010)结合我国分税制财政体制分析控股股东性质对债务税盾效应的影响，认为控股股东性质会影响其利税分离程度，进而影响债务融资的净税盾价值。实证研究结果表明，利税分离程度高的民营控股公司负债最高，利税分离程度最低的中央国企负债率最低，地方国企负债率居于两者之间，并且随着公司所得税税率的提高，民营企业和地方国企债务融资水平显著上升。

按照 Modigliani and Miller(1963) 的观点，考虑到债务的税盾效应，公司应该采用100%的资产负债率。这一论断显然与实际不符，当公司负债率过高时可能会陷入财务困境甚至遭受破产。Baxter(1967)进一步考虑破产成本的影响，发现企业过度负债会导致破产成本上升，从而提高公司资本成本并降低公司价值。一般而言，破产成本包括直接成本(direct cost)和间接成本(indirect cost)。直接破产成本是指法律、会计和其他专业服务的费用、债务和组织重组的成本等，而间接破产成本包括因销售减少、投入品成本增加、关键员工流失、管理者时间和努力的损失等原因造成的利润下降等。Altman(1984)发现企业陷入破产前三年的破产成本达到公司价值的11%~17%，其中直接破产成本相当于公司价值的4%~10%，间接破产成本大约为公司价值的6%~11%。Opler and Titman(1994)以行业下滑阶段的公司为样本为样本进行研究，发现高杠杆企业相对于低杠杆企业在行业下滑时业绩更差，这说明资本结构较高的企业破产成本更大。Andrade and Kaplan(1998)从市场角度估计了公司财务困境成本，发现直接破产成本与间接破产成本之和约占公司价值的10%~20%。

国内学者也针对我国上市公司破产成本展开研究，如吕长江和韩慧博(2004)采用非预期业绩损失作为间接财务困境成本的估计指标，发现我国上市公司的间接财务困境成本五年累计大约占企业总价值的25%~36.5%，这表明我国上市公司的间接困境成本比较高。他们进一步研究了财务困境企业的业绩变化，发现企业陷入财务困境后经营业绩下滑，并且负债越高的企业在困境期间损失更大。章之旺和吴世农(2005)考察行业处于经济困境时高杠杆组企业与低杠杆组企业的业绩差异，结果表明最高杠杆的两组公司销售增长率比最低杠杆的两组公司要低9%，而主营业务利润增长率要低3.2%。因此，当出现行业经济下滑时，选择高杠杆的公司将丧失更大的市场份额和利润，这在一定程度上也支持资本结构高的企业财务困境成本更大的结论。他们进一步指出，对于财务困境的研究不应仅仅定位于财务困境企业，任何企业只要有负债，财务困境的潜在压力或大或小总会存在。

公司在权衡债务的节税效应与破产成本后对资本结构进行调整，当负债的边际收益与边际成本相等时的负债率即为目标资本结构，此时公司价值达到最大化，这一观点被称为"权衡理论"。在资本结构静态权衡理论的分析框架中，公司在单一时期中权衡负债的税盾效应与预期破产成本，从而确立满足公司价值最大化的目标资本结构（Kraus and Litzenberger，1973；Bradley et al.，1984）。Graham and Harvey（2001）以392份对上市公司首席财务官的问卷调查结果显示，首席财务官们认同资本结构静态权衡理论的观点。

尽管资本结构静态权衡理论在学术界和业界都获得较为普遍的支持，但该理论依然受到严峻的挑战。首先，按照静态权衡理论的观点，盈利能力较强的企业陷入财务危机的可能性越小，其破产成本相应越小，这类企业增加负债融资不仅可以实现较大的税盾效应，而且有利于降低过度投资的代理成本，因此盈利能力与资本结构应呈负相关。但大多数实证研究表明，盈利能力越强的企业资本结构反而越低（Titman and Wessels，1988；Booth et al.，2001）。其次，静态权衡理论认为，企业面临高额税收负担时应选择较高的资本结构，从而充分利用债务的节税效应。但是一些学者对企业税收与资本结构之间的关系进行实证研究发现，高税收负担的企业在利用债务融资时存在保守主义倾向（Brennan and Schwartz，1984，Graham，2000）。再次，依照静态权衡理论，企业存在目标资本结构，并且目标资本结构是债务的边际收益与边际成本权衡的结果。然而，现实中观察到的企业资本结构更接近于市场时机选择的结果，这表明股票市场时机是企业资本结构选择的主要影响因素，企业融资不存在向目标资本结构自动调整的过程（Baker and Wurgler，2002）。

二、资本结构的动态权衡

静态权衡理论的分析框架直观地描述了资本结构决策中应考虑的因素，但却难以解释实际当中观察到的公司资本结构选择。现实中公司是在连续时期内进行财务决策，资本结构调整成本的存在使得公司不是一次就将资本结构调整至目标水平，公司资本结构往往偏离目标值。为了克服静态权衡理论的局限性，学者们尝试通过构建跨期的、连续时间的动态融资模型对传统单期模型进行扩展。

Fischer et al.(1989)首先将静态权衡理论动态化，分析指出调整成本的存在使得公司目标资本结构在短期内出现偏离而在长期内趋于均值回复(mean reversion)。学者们的研究进一步表明，税收、交易成本以及宏观经济环境等因素影响公司资本结构调整成本，公司自身规模、成长性以及财务状况也对资本结构调整成本和调整速度产生影响。Fama and French(2002)分析指出只有当资本结构调整的边际成本小于调整的边际收益时，公司才会考虑向目标资本结构趋近。Leary and Roberts(2005)分析指出，资本结构调整成本由固定成本和可变成本组成并受到公司层面因素以及各种外部环境变量的共同影响。Flannery and Rangan(2006)采用局部调整模型对公司资本结构调整速度进行研究，发现调整成本的存在使得公司资本结构以低于1的速度向其目标值调整。Drobetz et al.(2006)研究发现，公司规模越大、成长性越高、偏离目标资本结构程度越大时资本结构调整速度越快。Öztekin and Flannery(2012)指出一个国家的制度因素对公司资本结构调整成本产生重要影响，好的制度建设能够降低资本结构调整成本从而加快资本结构调整速度。Kim et al.(2015)认为在宏观经济状况运行良好的情况下公司调整资本结构比较容易，资本结构调整速度较快。Rashid(2016)进一步分析指出，公司层面风险和宏观经济风险越低则公司面临的调整成本越小，资本结构向目标值调整的速度越快。

随着动态权衡理论研究的深入，公司资本结构调整的路径得到了更好的刻画，但基于调整成本的理论模型仍不能解释现实中的一些现象，如公司负债率远低于目标资本结构估计值的"低杠杆之谜"。进一步地，学者们在动态权衡理论中引入代理成本，研究发现自利的管理者不会为了股东财富最大化而进行资本结构调整，管理者与股东之间的代理冲突是资本结构动态权衡理论中需要考虑的重要因素。Morellec（2004）认为管理者与股东之间的代理冲突能够解释观察到的债务保守问题，因为债务的引入降低管理者的自主裁量权，管理者出于自身利益最大化而偏好于保持较低的资本结构。Morellec et al.（2012）进一步指出，在分析资本结构调整行为时忽略管理者代理问题大大低估了资本结构调整成本，他们构建了一个动态权衡模型来考察管理者代理问题对资本结构调整的影响。模型中，公司面临税收、调整成本以及清算成本，管理者持有一定比例的股权并攫取部分自由现金流作为个人私利。Morellec et al.（2012）在模型校准的基础上对公司资本结构进行数值模拟，研究发现管理者代理成本是资本结构调整中最重要的影响因素，管理者自利偏好下的主观动机比交易成本对资本结构调整的影响更大，但公司治理机制能够在一定程度上约束管理者侵占行为从而优化管理者资本结构决策。Chang et al.（2014）对公司治理与资本结构调整速度之间的关系进行研究，发现过度债务和债务不足公司向目标资本结构调整的速度都取决于公司治理水平，好的公司治理能够约束管理者的自利行为并降低管理者代理问题对资本结构调整成本的影响。

在股权结构较为集中的情况下，管理者由控股股东任命并代表控股股东利益进行决策，控股股东与中小股东之间的代理冲突成为影响公司资本结构调整的重要因素控股股东为实现利益侵占可能偏离公司价值最大化方向进行资本结构调整。Kasbi（2009）认为，公司股权集中时控股股东对财务决策具有较强的控制权，从而能够对资本结构调整行为产生影响，控股股东为了避免控制权被稀释一般不倾向于大量发行股票来调整资本结构。并且，控股股东投资于公司的单一化风险超过中小投资者，为了避免单一投资组合的破产风险，控股股东倾向于公司采用低杠杆从而保持一定的负债能力。Kasbi(2009)以西欧五国上市公司为样本研究发现，股权集中度对公司资本结构调整成本和目标资本结构产生影响，股权集中度较高的公司调整资本结构的速度较慢。我国上市公司股权集中度较高，控股股东代理问题是公司面临的主要代理问题，学者们从不同角度分析了控股股东代理问题在公司资本结构调整中发挥的作用。张鸣和郭思永(2009)研究认为，控股股东倾向于通过定向增发获取财富，因而会不断向下调整公司资本结构。苏坤和张君瑞(2012)却发现，债务融资增加了控股股东可支配的资源却不会稀释其控制权，因此控股股东存在向上调整公司资本结构的动机。

第二节　股权集中度与资本结构动态调整

一、资本结构调整的方向

资本结构静态权衡理论认为公司存在一个最优的目标资本结构，当企业将其实际资本结构调整至该目标值时实现价值最大化，然而，Fischer et al.(1989)却发现资本结构调整成本的存在使公司很难一次就将其资本结构调整至目标值，而会根据其面临的成本来决定何时进行调整是最有利的。许多学者通过构建跨期、连续时间的公司动态融资模型来扩展传统的单期静态理论，研究发现公司存在一个目标资本结构或区间，并不断向其调整(Frank and Groyal, 2004; Lemmon et al., 2008)。Drobetz et al.(2015)更进一步提出公司关于是否进行资本结构调整的决策取决于其采取行动付出的成本与不行动而保持偏离状态下付出的成本，其中公司偏离目标资本结构的成本即为其调整至目标值所能获取的收益，公司只有在调整资本结构付出的成本小于其获得的收益时才会选择调整其资本结构。

过度负债的公司面临较大的破产风险，向下调整资本结构能够使公司的资本结构回归到理想状态，避免不必要的风险，从而获得资本结构调整收益。然而现实中公司调整资本结构却面临一定的成本，当其下调的成本小于能够减少的破产风险时，公司会向下调整其资本结构，否则公司宁愿处于一种次优的资本结构状态。因此，过度负债的公司会在调整资本结构的成本与收益之间不断进行权衡，以低于 1 的速度向目标资本结构趋近。同样地，债务不足的公司提高资本结构能够获得更多的债务税盾，当其资本结构向上调整的成本小于能够获得的税盾时，公司会向上调整其资本结构，否则公司宁愿处于一种次优的资本结构状态。因此，债务不足的公司会在上调资本结构的成本与新增税盾之间不断进行权衡，最终以低于 1 的速度向目标资本结构逐步调整。由此，我们提出如下实证研究假说：

假说 4.1：过度负债的公司会逐步降低其资本结构，而债务不足的公司会逐步提高其资本结构。

为了检验不同负债水平的公司资本结构调整行为的差异，我们选取 2005—2013 年沪深两市 A 股上市公司为样本进行考察。由于公司目标资本结构的估计方程中需要用到滞后一期的数据，因此我们还搜集了 2004 年的公司财务数据，所有数据均来源于国泰安数据库。我们对样本进行如下筛选：第一，剔除样本期间内数据缺失的公司；第二，剔除金融行业公司；第三，剔除 ST 公司、资产小于负债的公司。经过一系列处理，我们最终得到的样本包含 9360 个观测值。

我们选取资产负债率来代表资本结构(LEV)，考虑到其他变量多采用除以账面总资产的方式标准化，我们将上市公司账面资本结构作为主要研究对象，同时选取公司的市值杠杆(ML)进行稳健性检验。在测算公司目标资本结构时，我们选择公司的市值账面值比率(MB)、息税前利润($EBIT$)、规模($SIZE$)、资产结构($STRU$)、非债务税盾($NDTS$)、流动性(LIQ)作为自变量，并根据证监会行业分类标准，选择其所属行业资本结构中值(IND_M)来控制行业因素。当测算出来的公司目标资本结构低于其实际值时，将公司定义为过度负债；当测算出来的目标资本结构高于其实际值时，则公司为债务不足。主要变量定义如表 4.1

所示:

表 4.1　　　　　　　　　　变量定义表

变量符号	变量名称	变量定义
LEV	资本结构	账面负债/账面总资产
MB	市值账面值比率	(账面负债+股份市场价值)/账面总资产
EBIT	息税前利润	息税前利润/账面总资产
SIZE	规模	账面总资产的自然对数
STRU	资产结构	固定资产总额/账面总资产
NDTS	非债务税盾	折旧/账面总资产
LIQ	流动性	流动资产/流动负债
IND_M	行业资本结构中值	所处行业中资本结构的中值

表 4.2 描述了总样本、过度负债公司及债务不足公司的主要变量特征，可以看出，债务不足公司比过度负债公司具有更高的市值账面值比、盈利能力和流动性，而过度负债公司则具有更大规模的负债与更多的固定资产。

表 4.2　　　　　　　　　　描述性统计

变量	总样本		过度负债		债务不足	
	均值	标准差	均值	标准差	均值	标准差
LEV	0.5101	0.1881	0.6397	0.1184	0.3635	0.1380
MB	1.7020	1.2559	1.5379	1.1089	1.8875	1.3806
EBIT	0.0534	0.0768	0.0459	0.0605	0.0618	0.0910
SIZE	21.6587	1.1549	21.8398	1.1936	21.4540	1.0734
STRU	0.2771	0.1836	0.2864	0.1930	0.2667	0.1719
NDTS	0.0241	0.0168	0.0243	0.0175	0.0239	0.0159
LIQ	1.6581	3.0074	1.2046	0.9918	2.1708	4.2029
IND_M	0.5192	0.0564	0.5277	0.0606	0.5096	0.0493

根据已有研究(Flannery and Rangan，2006)，我们选用资本结构局部调整模型来刻画公司的资本结构调整行为，见(4.1)式：

$$LEV_{i,t} - LEV_{i,t-1} = \lambda (LEV_{i,t}^* - LEV_{i,t-1}) + \delta_{i,t} \qquad (4.1)$$

其中，$LEV_{i,t}$为代表性公司i第t期的资本结构，$LEV_{i,t}^*$为公司i第t期的目标资本结构，λ度量了公司每年的资本结构调整速度。具体言之，$\lambda > 0$对于过度负债公司意味着资本结构向下调整，而对于债务不足公司意味着资本结构向上调整，且λ越大表明资本结构向下或向上调整的速度越快。模型(4.1)中，由于目标资本结构$LEV_{i,t}^*$不可观测，因此我们选取代理变量来估计公司的目标资本结构，将其表示为：

$$LEV_t^* = \beta X_{t-1} \qquad (4.2)$$

(4.2)式中，向量X包括影响公司i第t年目标资本结构的一系列公司特征变量，向量β为各变量的系数。将(4.1)式带入(4.2)式，得到本节最终的资本结构局部调整模型，见(4.3)式：

$$LEV_{i,t} = (\lambda \beta) X_{i,t-1} + (1 - \lambda) LEV_{i,t-1} + \delta_{i,t} \qquad (4.3)$$

表4.3汇报了资本结构局部调整模型的回归结果。在总样本中，$LEV_{i,t-1}$的系数显著为正，说明样本区间内我国上市公司资本结构以每年41.19%(=1-58.81%)的速度向目标值调整。对过度负债与债务不足样本的回归结果可知，两类公司资本结构调整速度都为正，表明过度负债公司资本结构向下调整，而债务不足公司资本结构向上调整，这与本节假说4.1相一致。

进一步地，过度债务公司以每年42.53%(=1-57.47%)的速度向下调整至目标值，债务不足公司以每年51.99%(=1-48.01%)的速度向上调整至目标值,表明当资本结构调整方向不同时,调整速度存在差异。这一结果与王正位等(2007)的分析相一致,由于我国股票市场的摩擦程度高于银行贷款市场的摩擦程度,公司向下调整资本结构的成本要大于向上调整的成本,因此过度负债公司向下调整资本结构的速度要小于债务不足公司向上调整的速度。

表 4.3 过度负债公司与债务不足公司资本结构调整检验结果

	总样本	过度负债	债务不足
$LEV_{i,t-1}$	0.5881***	0.5747***	0.4801***
	(61.36)	(58.90)	(44.98)
$MB_{i,t-1}$	−0.0038***	0.0008	−0.0061***
	(−4.60)	(0.94)	(−7.01)
$EBIT_{i,t-1}$	−0.0830***	−0.1311***	−0.0558**
	(−5.88)	(−8.55)	(−3.98)
$SIZE_{i,t-1}$	0.0087***	−0.0002	0.0182***
	(4.96)	(−0.14)	(7.72)
$STRU_{i,t-1}$	−0.0082	−0.0357***	0.0032
	(−0.72)	(−3.48)	(0.24)
$NDTS_{i,t-1}$	−0.5754***	−0.0713	−0.6964**
	(−4.68)	(−0.65)	(−4.72)
$LIQ_{i,t-1}$	0.0001	0.0024**	0.0004
	(0.25)	(2.14)	(1.58)
$IND\_M_{i,t-1}$	0.0032	−0.1030*	−01080*
	(−0.07)	(−2.73)	(−1.86)
Adjusted-R^2	0.399	0.586	0.442
N	9360	4967	4393

注:括号内为回归系数的 t 值,***、**、* 分别表示在1%、5%和10%水平上显著。

我们还选取公司的市值杠杆作为资本结构的代理变量进行稳健性检验，结果如表4.4所示。从表中可以看出，总样本以每年平均59.50%（=1−40.50%）的速度向目标资本结构调整，其中过度负债公司的调整速度为85.34%（=1−14.66%），债务不足公司调整速度为83.30%（=1−16.70），与表4.3列示的结果基本一致。

表4.4 过度负债公司与债务不足公司资本结构调整的稳健性检验

	总样本	过度负债	债务不足
$LEV_{i,t-1}$	0.4050***	0.1466***	0.1670***
	(32.90)	(9.31)	(44.98)
$MB_{i,t-1}$	0.0023***	−0.0161***	−0.0047***
	(1.39)	(−6.75)	(−3.70)
$EBIT_{i,t-1}$	−0.1336***	−0.3742***	−0.1486**
	(−5.79)	(−9.89)	(−9.41)
$SIZE_{i,t-1}$	0.0422***	0.0411***	0.0532***
	(15.08)	(12.22)	(20.32)
$STRU_{i,t-1}$	0.0121	0.0596***	0.0323**
	(0.64)	(2.41)	(2.14)
$NDTS_{i,t-1}$	−1.5404***	−2.3500***	−1.4480**
	(−7.55)	(−9.05)	(−8.54)
$LIQ_{i,t-1}$	−0.0007	−0.0016**	−0.0014**
	(−1.29)	(−2.20)	(−2.21)
$IND\_M_{i,t-1}$	−0.0808	−0.1084	0.0541
	(−1.08)	(−1.18)	(0.85)
Adjusted-R^2	0.595	0.229	0.549
N	9360	4241	5119

注：括号内为回归系数的t值，***、**、*分别表示在1%、5%和10%水平上显著。

二、股权集中度的影响

为了研究股权集中对资本结构动态调整的影响,我们对 Flannery and Rangan(2006)的局部调整模型进行拓展。局部调整模型假定公司的资本结构决策风格具有一致性,每个公司都会将资本结构向目标值调整以提升公司价值,目标资本结构是公司基于自身特征决策的结果。已有研究指出,股权集中度会对公司资目标资本结构和资本结构调整行为产生影响(Kasbi,2009)。因此,我们采用第一大股东持股比例(CR)衡量公司股权集中度,并引入目标资本结构的决定方程(4.4)式中:

$$LEV^*_{i,t+1} = \gamma CR_{i,t} + \beta X_{i,t} + \upsilon_{1i,t+1} \qquad (4.4)$$

由于目标资本结构 $LEV^*_{i,t+1}$ 无法直接观测,我们利用局部调整模型(4.5)式进行变换:

$$LEV_{i,t+1} - LEV_{i,t} = \sigma(LEV^*_{i,t+1} - LEV_{i,t}) + \upsilon_{2i,t+1} \qquad (4.5)$$

(4.5)式的左边($LEV_{i,t+1} - LEV_{i,t}$)是资本结构的实际变化,右边($LEV^*_{i,t+1} - LEV_{i,t}$)是公司向目标资本结构调整的差距。$\sigma$ 为资本结构调整速度,公司往往不是将资本结构一次调整至目标值,因此 σ 取值在 0 到 1 之间。

将(4.4)式代入(4.5)式,得到可估计的(4.6)式:

$$LEV_{i,t+1} = \sigma\gamma CR_{i,t} + \sigma\beta X_{i,t} + (1-\sigma)LEV_{i,t} + \upsilon_{3i,t+1} \qquad (4.6)$$

(4.6)式中,σ 越大,表示公司以越快的速度向目标资本结构调整。γ 反映了股权集中度(CR)对目标资本结构的影响。股权集中通过约束代理问题对目标资本结构产生影响,同时影响资本结构动态调整成本,

从而导致 σ 的差异。为了研究股权集中度(CR)对 σ 的影响，我们将 (4.6)式变形为(4.7)式：

$$\sigma = \frac{LEV_{i,t+1} - LEV_{i,t} - v_{3i,t+1}}{\gamma CR_{i,t} + \beta X_{i,t} - LEV_{i,t}} \quad (4.7)$$

进一步地，我们以求偏导的方式将 σ 对 $CR_{i,t}$ 的敏感性表示出来，见(4.8)式：

$$\frac{\partial \sigma}{\partial CR_{i,t}} = \frac{(LEV_{i,t} - LEV_{i,t+1}) \gamma}{(\gamma CR_{i,t} + \beta X_{i,t} - LEV_{i,t})^2} \quad (4.8)$$

(4.8)式表明，股权集中度对资本结构调整速度的影响与($LEV_{i,t}$-$LEV_{i,t+1}$)有关。有学者研究表明，随着股权集中度的提高，控股股东的利益侵占动机减弱，利益协同效应逐渐凸显(吴育辉和吴世农，2011)。此时，通过提高债务水平来抑制代理问题的必要性降低，因此公司的目标资本结构水平下降。根据这一分析，我们在模型分析中假设 $\gamma<0$，即股权集中度的提高对目标资本结构存在负向作用。在这一假设下，模型分析结果显示：当 $LEV_{i,t}$-$LEV_{i,t+1}<0$ 时，$\partial\sigma/\partial CR_{i,t}>0$，股权集中度的提高会加快资本结构向上调整；当 $LEV_{i,t}$-$LEV_{i,t+1}<0$ 时，$\partial\sigma/\partial CR_{i,t}<0$，股权集中度的提高会减慢资本结构向下调整。

资本结构动态权衡理论认为，公司向目标资本结构调整速度的大小取决于其面临的调整成本(Drobetz et al.，2015)。在相同条件下，公司面临的再融资成本越大，其向目标资本结构调整速度越慢。当股权集中度处于较低水平时，控股股东掏空公司获取控制权私利的动机较为强烈，利益侵占效应占据主导地位。债权人预期到控股股东潜在的利益侵占行为，会要求更高的回报以弥补控股股东的违约风险，从而提高了公司向上调整资本结构的成本，资本结构向上调整的速度较慢。另一方面，负债作为一种外部治理机制对控股股东行为形成约束，当控股股东代理问题较为严重时,控股股东倾向于降低负债水平以减少对自身行为的限制,因而向下调整速度较快。

随着股权集中度的提高,控股股东与公司利益趋于一致,利益协同效应凸显。债权人对控股股东代理问题的担忧减弱,所要求的回报也随之降低。在这种情况下,公司向上调整资本结构的成本减小,因此资本结构向上调整的速度加快。而控股股东代理问题得到缓解,资本结构向下调整的速度减慢。根据上述分析,我们提出如下假说:

假说4.2:股权集中对资本结构调整速度的影响是非对称的,随着股权集中度的提高,资本结构向上调整的速度变快,而向下调整的速度变慢。

我们根据方程(4.6)实证检验了股权集中度对资本结构调整速度的影响,表4.5中列(1)、列(2)分别展示了资本结构向上调整和向下调整的样本分组回归结果。可以发现,列(1)中股权集中度(CR)的系数显著为负,表明股权集中会加快资本结构向上调整速度。而列(2)中股权集中度(CR)的系数为负,表明股权集中减慢资本结构向下调整速度,但这一结果不显著。总体来说,表4.5的结果表明,股权集中对于资本结构上、下调整速度的影响是非对称的,这与假说4.2一致。

表4.5 股权集中对资本结构调整速度的影响

变量	向上调整	向下调整
	(1)	(2)
$CR_{i,t}$	−0.036***	−0.015
	(−2.157)	(−0.554)
$LEV_{i,t}$	0.515***	0.342***
	(27.174)	(23.407)
$BM_{i,t}$	0.006	−0.029***
	(1.554)	(−9.254)

续表

变量	向上调整 (1)	向下调整 (2)
$EBIT_{i,t}$	-0.208*** (-3.554)	-0.370*** (-5.806)
$SIZE_{i,t}$	0.023*** (4.765)	0.055*** (11.764)
$NDTS_{i,t}$	-0.034 (-1.063)	-0.131*** (-4.985)
$FA_{i,t}$	-0.412** (-2.314)	0.022 (1.213)
$IND\_M_{i,t}$	0.017 (0.443)	0.094** (2.253)
$Adjusted\text{-}R^2$	0.854	0.673
N	4303	3145

注：括号内为回归系数的 t 值，***、**、* 分别表示在 1%、5% 和 10% 水平上显著。

部分学者研究表明，局部调整模型估计得到的资本结构调整实际包含了两个部分：机械调整部分和主动调整部分（Faulkernder et al., 2012；黄继承和姜付秀，2015）。其中，机械调整是指公司年度经营利润的实现通过影响所有者权益而导致公司资本结构发生机械性的变化；而主动调整是指公司利用资本市场渠道主动地对资本结构进行调整。为了进一步提高结果的可靠性，我们对公司资本结构的主动调整和机械调整进行区分，并将剥离资本结构的机械调整后的结果列示在表 4.6 中，检验结果仍支持假说4.2,这表明我们的结果较为稳健。

表4.6　股权集中对资本结构调整速度影响的稳健性检验

变量	向上调整 (1)	向下调整 (2)
$CR_{i,t}$	-0.021 (-0.643)	-0.131*** (-4.423)
$LEV_{i,t}$	0.536*** (27.173)	0.405*** (25.083)
$BM_{i,t}$	0.008*** (6.594)	-0.027*** (-8.541)
$EBIT_{i,t}$	-0.105 (-1.663)	-0.213*** (-2.974)
$SIZE_{i,t}$	0.006 (1.092)	0.091*** (25.043)
$NDTS_{i,t}$	-0.151*** (-4.143)	-0.019 (-0.773)
$FA_{i,t}$	-0.010 (-0.454)	-0.030 (-1.594)
$IND\_M_{i,t}$	0.048 (1.123)	0.134*** (2.695)
Adjusted-R^2	0.821	0.652
N	4472	2976

注：括号内为回归系数的 t 值，***、**、* 分别表示在1%、5%和10%水平上显著。

第三节　现金股利与资本结构动态调整

一、股权集中度低的公司

La Porta et al.（2000a）提出了关于公司治理与现金股利关系的结果模型和替代模型，结果模型指出在投资者保护较好的情况下中小股东能够从公司获得更多的现金股利，而替代模型分析的是投资者保护较弱情况下现金股利与公司治理之间的替代关系。一些学者对结果模型进行了探讨，如 Adjaoud and Ben-Amar（2010）、Jiraporn et al.（2011）、Michaely and Roberts（2012）等学者研究发现投资者保护越好的公司股利支付率越高。同时，学者们对投资者保护较差的情况下公司治理与现金股利之间的替代关系也进行了深入探讨，如 Campbell and Turner（2011）发现在法律传统比较差的国家，现金股利能够有效提高投资者保护水平；Martins and Novaes（2012）认为，强制现金股利政策约束了控股股东自利性的资产转移行为。上述研究表明，当公司代理问题较为严重时，现金股利可以起到降低代理成本的作用。

在资本结构动态权衡理论的分析框架中，代理成本是影响公司资本结构调整的重要因素。（Morellec et al.，2012）。现金股利作为一种替代性的公司治理机制，能够抑制公司代理冲突，进而对公司资本结构调整产生影响（Abdullah et al.，2012）。有学者研究表明，现金股利与股权集中度之间存在倒 U 型关系（罗琦和吴哲栋，2016），因此在不同股权集中度的公司中现金股利对资本结构调整的作用可能存在差异。当公司股权集中度较低时，控股股东掏空公司资源获取控制权私利的成本较小，侵占中小股东利益的动机较强，控股股东更多地表现出利益侵占效应。在这种情况下，投资者因可能预见到控股股东侵占动机，会要求公司支付高水平的现金股利。因此，现金股利的发放有利于改善公司的治理环境，促使控股股东按照公司价值最大化的目标进行决策，从而促进控股股东更为积极地将资本结构向目标值调整。此外，现金股利的发放减轻了公司内外部的信息不对称问题，控股股东代理问题的缓解有利于降低资本成本，从而加快资本结构调整的速度。由此，我们提出如下实证假说：

假说4.3：在股权集中度较低的公司中，现金股利的发放会加快公司资本结构向目标值调整的速度。

为了检验现金股利对公司资本结构调整速度的影响，我们对本章第二节中所用到的样本做了进一步的处理，剔除财务数据缺失以及异常值样本后得到5030个观测值。由于我国上市公司派发现金股利具有不稳定性，因此我们选择现金股利支付的虚拟变量(DIV)来描述公司的现金股利决策，当公司发放现金股利时DIV取值为1，否则为0。我们还选取上市公司第一大股东持股比例(CR)的样本中值作为划分股权集中度的标准，若公司第一大股东持股比例小于样本中值则将其归为股权集中度较低的样本。最终，我们共获得2514个股权集中度较低的公司样本。表4.7描述了全样本及样本分组的主要变量特征，可以看到，股权集中度较低的公司具有更高的市值账面比和流动性，以及较低的盈利能力、公司规模、固定资产比例。

表4.7　　　　　　　　　　描述性统计

变量	全样本 ($N=5030$)		股权集中度较低 ($N=2514$)		股权集中度较高 ($N=2516$)	
	均值	标准差	均值	标准差	均值	标准差
Lev	0.515	0.194	0.509	0.208	0.521	0.179
MB	1.756	1.108	1.898	1.261	1.614	0.910
$EBITDA$	0.087	0.170	0.073	0.119	0.101	0.208
$SIZE$	21.877	1.240	21.615	1.105	22.139	1.309

续表

变量	全样本 ($N=5030$)		股权集中度较低 ($N=2514$)		股权集中度较高 ($N=2516$)	
	均值	标准差	均值	标准差	均值	标准差
STRU	0.247	0.184	0.235	0.179	0.260	0.189
NDTS	0.025	0.017	0.023	0.015	0.101	0.208
LIQ	1.703	3.421	1.779	2.407	1.628	4.196
IND_M	0.525	0.087	0.522	0.083	0.528	0.091
DIV	0.547	0.498	0.479	0.500	0.615	0.487
CR	36.165	15.474	23.241	6.683	49.080	10.017

我们借鉴 Lambrinoudakis(2016)的研究方法，采用资本结构局部调整模型来研究公司的资本结构动态调整行为，并加入公司股利支付的虚拟变量 DIV，得到(4.9)式。

$$LEV_{i,t} - LEV_{i,t-1} = \alpha + (\lambda + \gamma DIV_t)(LEV^*_{i,t} - LEV_{i,t-1}) + \delta_{i,t} \quad (4.9)$$

在模型(4.9)中，$LEV_{i,t}$ 为代表性公司 i 第 t 期的资本结构。$LEV^*_{i,t}$ 为公司 i 第 t 期的目标资本结构，并根据公式(4.2)进行估计。λ 测度了在不考虑现金股利支付情况下公司每年的资本结构调整速度。γ 测度了现金股利支付对公司资本结构调整速度产生的影响，具体言之，$\gamma>0$ 意味着现金股利的发放加快了公司向目标资本结构调整的速度，而现金股利系数 $\gamma<0$ 则意味着现金股利的发放会减慢公司向目标资本结构调整的速度。我们将估计所得的资本结构目标值及样本数据代入(4.9)式，考察现金股利支付对股权集中度较低公司资本结构调整速度的影响，回归结果如表4.8所示：

表 4.8　现金股利支付对股权集中度较低的公司
资本结构调整速度产生的影响

变量	按中位数划分 (1)	按平均数划分 (2)
$Base(\lambda)$	0.290*** (17.71)	0.297*** (18.57)
$DIV(\gamma)$	0.067*** (2.82)	0.071* (3.10)
$Adjusted\text{-}R^2$	0.196	0.194
N	2514	2744

注：括号内为回归系数的 t 值，***、**、* 分别表示在1%、5%和10%水平上显著。

从表4.8中可以看到，系数 λ 显著为正，这说明公司以年均0.29的速度不断向其目标资本结构调整。现金股利(DIV)的系数 γ 为0.067，且在1%的水平上显著，说明当公司股权集中度较低的时候，现金股利的发放会显著加快其资本结构调整速度。这一结果表明，在股权集中度较低的公司中现金股利能发挥约束控股股东利益侵占的治理作用，抑制代理问题对资本结构调整的影响，从而使资本结构向目标值调整的速度加快，这与假说4.3的分析是一致的。我们还按照第一大股东持股比例均值(36.17%)划分股权集中度进行了稳健性检验，所得结果如表4.8列(2)所示，现金股利(DIV)的系数 γ 依然显著为正，这说明前文所得结论具有一定的稳健性。

我们进一步将股权集中度较低的公司按照过度负债和负债不足进行划分，检验现金股利对向下、向上调整资本结构速度的影响，在(4.9)式的基础上拓展得到下列方程：

$$Lev_{i,t} - Lev_{i,t-1} = \alpha_1 D_{i,t}^{over} + \alpha_2 D_{i,t}^{under} + (\lambda_1 + \gamma_1 Div_t)(Lev_{i,t}^* - Lev_{i,t-1}) D_{i,t}^{over} \quad (4.10)$$
$$+ (\lambda_2 + \gamma_2 Div_t)(Lev_{i,t}^* - Lev_{i,t-1}) D_{i,t}^{under} + \varepsilon_{i,t}$$

其中，D^{over} 是代表公司过度负债的虚拟变量，当测算出来的公司目标资本结构低于其实际值时，D^{over} 取值为 1，否则为 0。D^{under} 为债务不足的虚拟变量，当测算出来的公司目标资本结构高于其实际值时，D^{under} 取值为 1，否则为 0。γ_1 表示的是现金股利的发放对公司向下调整资本结构速度产生的影响，而 γ_2 表示的是现金股利的发放对公司向上调整资本结构速度产生的影响。

(4.10) 式实际上是对 Lambrinoudakis(2016) 所采用模型(4.9)式的拓展，用于考察现金股利支付对公司向上和向下调整资本结构速度产生的影响，采用这一方法需要测算出公司的目标资本结构，然后按照实际资本结构对目标值的偏离方向将公司样本分为过度负债和债务不足两组，在此基础上分别检验现金股利对公司资本结构调整速度的影响。

表 4.9 展示了在股权集中度较低的情况下，现金股利的发放分别对过度负债和负债不足公司资本结构调整速度产生的影响。可以发现，在过度负债的样本中 γ 显著为正，表明现金股利的发放会加快公司向下调整资本结构的速度，这在一定程度上表明现金股利的发放能够缓解中小投资者与控股股东之间的代理冲突，提高公司信息透明度，降低权益资本成本。然而，在债务不足的公司样本中，γ 并不显著，表明现金股利的发放对于公司向上调整资本结构的速度没有显著影响。这反映了现金股利作为负债的替代性治理机制，当现金股利水平较高时，公司利用提高债务水平抑制代理问题的必要性降低。因此从整体上来看，现金股利的发放对资本结构向上调整速度的影响并不显著。此外，我们还按照平均数划分样本进行稳健性检验，实证结果基本与按照中位数划分的结果一致。

表 4.9　现金股利支付对股权集中度较低公司向上、下调整资本结构速度产生的影响

变量	按中位数划分		按平均数划分	
	过度负债（向下调整）	债务不足（向上调整）	过度负债（向下调整）	债务不足（向上调整）
$Base(\lambda)$	0.475***	0.566***	0.407***	0.591***
	(22.05)	(21.31)	(19.85)	(23.71)
$Div(\gamma)$	0.140***	0.007	0.177***	−0.001
	(3.97)	(0.25)	(5.47)	(−0.03)
Adjusted-R^2	0.394		0.389	
N	2514		2744	

注：括号内为回归系数的 t 值，***、**、* 分别表示在 1%、5% 和 10% 水平上显著。

二、股权集中度高的公司

当公司股权集中度较高时，股价上涨带来的财富增加使控股股东与中小股东的利益趋于一致。并且，在控股股东持股比例较高的情况下，一旦公司面临经营丑闻或者陷入财务困境，控股股东必定成为关注的焦点，其将承担更多的连带责任，这导致控股股东侵占中小股东利益的成本加大，使控股股东主要表现出利益协同效应（Michaely and Roberts，2012）。这种情况下，外部投资者对于控股股东掏空行为的担忧降低，公司不需要通过较高的股利支付率来缓解代理冲突。在这种情况下，发放现金股利可能反而成为控股股东获取控制权私利的手段（陈信元等，2003；许文彬和刘猛，2009）。因而控股股东出于利己动机更倾向于偏离目标资本结构，并且以更低的速度向目标资本结构调整。根据上述分析，我们提出如下假说：

假说 4.4：在股权集中度较高的公司中，现金股利的发放会减慢公

司资本结构向目标值调整的速度。

我们将第一大股东持股比例大于全样本中值的公司归为股权集中度较高的样本，最终共获得 2516 个股权集中度较高的公司样本。由表 4.7 中描述性统计可知，与全样本和股权集中度较低的样本相比，股权集中度较高的公司具有更低的市值账面值比和流动性，以及更高的盈利能力、公司规模、固定资产比例和资本结构水平。此外，股权集中度较高公司的股利支付行为也更为频繁，这可能是因为随着股权集中度的提高现金股利成为控股股东利益侵占的手段之一。

我们将估计所得的资本结构目标值及样本数据代入(4.9)式，考察现金股利支付对股权集中度较高公司资本结构调整速度的影响，回归结果如表 4.10 所示：

表 4.10　　现金股利支付对股权集中度较高的公司
资本结构调整速度产生的影响

变量	按中位数划分	按平均数划分
	（1）	（2）
$Base(\lambda)$	0.476***	0.475***
	(24.50)	(23.97)
$DIV(\gamma)$	-0.039*	-0.048*
	(-1.63)	(-1.89)
$Adjusted\text{-}R^2$	0.196	0.194
N	2516	2286

注：括号内为回归系数的 t 值，***、**、* 分别表示在 1%、5% 和 10% 水平上显著。

表 4.10 汇报了现金股利在股权集中度较高样本公司中对资本结构调整速度产生的影响。从列（1）可以看到，系数 λ 显著为正，这说明公司以年均低于 1 的速度不断向其目标资本结构调整。现金股利（DIV）系

数 γ 则显著为负(-0.039)，说明在股权集中度较高的公司中现金股利的发放不但不会加快资本结构向目标值调整的速度，反而会降低调整速度。这可能是因为，在股权集中度较高的公司中控股股东主要表现为利益协同效应，发放现金股利缓解控股股东与中小投资者代理冲突的必要性不大，现金股利的发放有可能成为控股股东利益侵占的手段，因此降低了公司向目标资本结构调整的速度，这与假说 H4.4 的分析一致。此外，稳健性检验结果如表 4.10 列(2)所示，现金股利(DIV)系数显著为负，与列(1)中的结果一致。

  动态权衡理论是现代资本结构理论发展的主要方向之一，随着研究的深入，代理问题作为影响资本结构调整的重要因素被逐渐引入模型和实证分析中。在我国上市公司股权结构集中的情况下，控股股东代理问题会对上市公司的资本结构动态调整产生影响。本章基于上述思想进行实证研究发现，股权集中度对公司资本结构的动态调整产生影响，并且这种影响是非对称的。换句话说，股权集中会加快资本结构向上调整速度，而对向下调整速度的影响不显著。进一步地，我们的研究结果表明，现金股利在我国资本市场上发挥一种替代性的公司治理机制作用，在控股股东代理问题严重时，现金股利的发放能加快公司资本结构向目标值调整的速度。我们的研究为股利替代模型在我国的适用性提供了新的经验证据，这一点对于如何改善我国上市公司资本结构具有重要政策借鉴意义。我们认为，监管部门在引导上市公司的现金股利政策时，不应该仅限于分配活动的结果，更重要的是推动公司现金股利决策与资本结构政策的良性互动，从而更有利于促进公司价值的全面提升。

第五章 控股股东代理问题与权益资本成本

在控股股东代理问题较为严重的情况下，控股股东基于自身利益最大化原则进行的公司决策往往以牺牲中小股东利益为代价，投资者预期到公司代理问题的存在会要求较高的投资回报率，从而导致较高的公司权益资本成本。现金股利作为一种替代性的公司治理机制有助于缓解控股股东代理问题，这使得投资者要求的必要报酬率下降，从而降低公司权益资本成本。本章首先探讨权益资本成本的主要测度方法，并通过GLS模型对我国上市公司权益资本成本进行估计。然后，我们基于中国上市公司股权结构高度集中的特点考察控股股东代理问题与权益资本成本之间的关系。进一步地，我们研究现金股利分配对控股股东代理问题的治理作用及其对权益资本成本的影响。

第一节 权益资本成本的估计

一、估计方法

权益资本成本是指公司从股票市场获得权益资金所需付出的代价，近年来关于权益资本成本的研究成为公司金融领域内的前沿课题，而对权益资本成本估计方法的研究是其中一个重要议题。回顾现有文献，学者们测算权益资本成本的方法主要有两类：一类方法采用已实现的市场收益率作为股票预期收益率的无偏估计,将事后收益作为权益资本成本的代理变量,主要包括资本资产定价模型、套利定价模型和三因素模型等;另一类方法利用公司预期收益的贴现率进行测算,以事前期望回报率作为代理变量,主要包括股利贴现模型与剩余收益贴现模型等。

(一)资本资产定价模型

Sharpe(1964)、Lintner(1965)等在现代投资组合理论的基础上提出资本资产定价模型(CAPM 模型)。CAPM 模型的推导基于一系列严格的假设,如资本市场无摩擦、存在无风险资产、投资者进行单一期间的投资决策、所有资产都可自由交易并能完全分割等。在 CAPM 模型中,非系统性风险可以通过投资组合加以分散,投资者预期收益只与系统性风险相关。因此,投资者预期收益等于无风险利率加上由系统性风险所决定的风险溢价。具体表达式为:

$$R_S = R_F + \beta(R_M - R_F) \tag{5.1}$$

(5.1)式中,R_S 是投资者预期收益率,即为公司权益资本成本。R_F 是无风险利率;β 是公司贝塔系数,衡量个股相对于整个市场的价格波动情况;$R_M - R_F$ 是市场组合的期望收益率与无风险利率之差,即市场风险溢价或超额市场收益率。

CAPM 模型假设投资者完全理性,能够从有效边界选择投资组合,并且资本市场完全有效,不存在交易成本与其他摩擦。然而,这些假设并不符合现实环境,后续学者在放松某些假设后对模型进行了扩展。例如,Brennan(1970)在 CAPM 模型基础上放松"无税收"假设,研究股利所得税率与资本利得税率有差异时对投资者收益影响;Black(1972)认为资本市场不存在无风险资产,推导出考虑无风险资产的收益模型并提出"零贝塔组合"的概念;Mayers(1972)认为存在非市场化资产,并提出了包含不能交易资产的收益模型；Merton(1973)将 CAPM 模型从单一期间模型扩展为连续时间模型等。然而，许多学者并未发现贝塔与资产期望收益之间存在正相关关系，认为市场贝塔不足以解释预期股票收益(Fama and French，1992；Dolde et al.，2012)。但由于 CAPM 模型简单易理解，而且模型中需要的变量可以从公共咨询机构获得，因而在实践中得到广泛运用。Graham and Harves(2001)对美国上市公司 392 名首席财务官进行调研发现，73.5%的受访者都表示通常选用 CAPM 模型测算公司权益资本成本。

(二)套利定价模型

Ross(1976)指出，证券收益率受到收益曲线、投资者信心、通货膨胀、市场预期以及经济周期等宏观因素的影响，并据此提出套利定价模型(APT 模型)。根据 APT 模型，套利行为是市场均衡价格形成的决定因素，真正均衡的市场只在理论和假设中存在，但非均衡市场的大量无风险套利机会将促使市场走向均衡，因此风险资产的均衡收益可用多个因素来进行解释。APT 模型中收益与风险的关系可以表示为：

$$R_S = R_F + (R_1 - R_F)\beta_1 + (R_2 - R_F)\beta_2 + (R_3 - R_F)\beta_3 + \cdots + (R_K - R_F)\beta_K$$

(5.2)

(5.2)式中，R_S 为股票的预期收益率；β_1 代表关于第一个因素的贝塔系数，$R_1 - R_F$ 代表在第一个因素影响下的风险溢价；β_2 代表关于第二个因素的贝塔系数，$R_2 - R_F$ 代表在第二个因素影响下的风险溢价，依此类推。

相比 CAPM 模型只考虑了市场风险，APT 模型根据多个影响因素来共同确定目标股票的收益率水平，属于多因素定价模型。因此，APT 模型更加接近现实的情况，其优点在于假设前提少，适用范围广。Chen(1983)采用 1963—1978 年美国上市公司日收益数据对比 CAPM 模型与 APT 模型，发现 APT 模型相对 CAPM 模型能够解释更多的风险因素，表明 APT 模型相比 CAPM 模型更具合理性。但是，APT 模型在应用中存在明显的局限，该模型虽然确定了资产定价的结构，但没有确定具体风险因素，因此难以在实践中应用。

(三) 三因素模型

在 CAPM 模型提出之后，学术界积累了大量与其相悖的经验证据，学者们发现规模、财务杠杆、账面市值比等因素可以解释 Beta 所未能解释的收益率变动(Bhandari, 1988; Chan et al., 1991)。在此基础上，Fama and French(1992)通过截面检验发现，Beta 对截面的股票收益率解释力相当弱，而规模、账面市值比等因素对截面平均收益率存在显著影响，他们据此提出三因素模型(FFM 模型)。FFM 模型的具体表达式为：

$$E(R_i) - R_f = b_i [E(R_m - R_f)] + s_i E(SMB) + h_i E(HML) \quad (5.3)$$

(5.3)式中，$R_m - R_f$ 为市场组合的超额收益，SMB 为小股票投资组合回报和大型股票投资组合回报的差异，HML 为高账面市值比的股票投资组合回报和低账面市值比的股票投资组合回报的差异。$E(R_m - R_f)$、$E(SMB)$、$E(HML)$ 是相应因素的风险溢价，b_i、s_i、h_i 分别为市场、规模、账面市值比三个风险因子的载荷系数。FFM 模型将影响股票期望收益的众多风险因素归纳为市场、规模和账面市值比三个因素，补充了 CAPM 模型风险因素单一的局限和 APT 模型应用性不强的局限。然而，FFM 模型主要是从经验数据中总结出来，缺乏强有力的理论支撑。而且 Fama and French(1997)的研究结果表明，CAPM 模型和 FFM 模型存在风险溢价难以准确估计的共同问题，难以辨别两个模型孰优孰劣，这在一定程度上表明已实现的事后回报率不能很好地测算权益资本成本。

(四)股利贴现模型

Williams(1938)最早提出了股利贴现模型(DDM 模型)的基本思想,即每股股票价格等于其所有未来股利的现值之和。区别于事后测算方法,DDM 模型采用未来现金流折现为股票当前价值的方法测算权益资本成本,该模型的提出具有重要的理论意义。然而,在现实中对股利做出无限预测并不现实。因此,Gordon(1959)进一步提出 Gordon 增长模型,假定公司股利以固定的年增长率 g 递增,即 $D_1 = D_0(1+g)$,那么每股股价 P_S 就可以被写为:

$$P_S = D_1/(R_S - g) \tag{5.4}$$

将公式变形可以得到股东预期收益率:

$$R_S = D_1/P_S + g \tag{5.5}$$

DDM 模型测算权益资本成本简单明了,易于理解。然而,DDM 模型需要对公司未来股利进行预测,但当期所能观察到的信息有限,难以对未来股利发放情况进行有效估计,这使得 DDM 的应用受到限制(Penman,1992;Claus and Thomas,2001)。Gordon 增长模型虽然提供了一种思路,但是现实上市公司难以符合其股利增长条件,而且如果公司不发放股利或者进行股票回购,使用股利贴现模型测算权益资本成本则相当困难。

(五)剩余收益模型

Ohlson(1991)等根据传统贴现现金流量模型推导出剩余收益模型(RIM 模型),将公司未来盈利能力及其增长率作为测算要素。在剩余收益模型中,股票价值可以表示为账面价值加上未来剩余收益的贴现现值。其中，剩余收益指的是账面收益与股东要求的必要报酬之差，因此公司只有在获得的收益高于权益资本成本时才算真正实现价值创造。RIM 模型基本公式为：

$$P_t = B_t + \sum_{i=1}^{\infty} \frac{RI_{t+i}}{(1+r_e)^i} \qquad (5.6)$$

由于

$$RI_{t+i} = NI_{t+i} - r_e \times B_{t+i-1}, \quad NI_{t+i} = ROE_{t+i} \times B_{t+i-1}$$

因此：

$$\begin{aligned} P_t &= B_t + \sum_{i=1}^{\infty} \frac{E_t[NI_{t+i} - (r_e \times B_{t+i-1})]}{(1+r_e)^i} \\ &= B_t + \sum_{i=1}^{\infty} \frac{E_t[(ROE_{t+i} - r_e) \times B_{t+i-1}]}{(1+r_e)^i} \end{aligned} \qquad (5.7)$$

(5.7)式中，B_t 为 t 期股票的账面价值，RI_{t+i} 表示 $t+i$ 期剩余收益，NI_{t+i} 表示 $t+i$ 期的净利润，ROE_{t+i} 表示 $t+i$ 期净资产收益率，r_e 则为权益资本成本。RIM 模型体现了企业未来收益对价值创造的影响，该模型的提出在学术界引起广泛反响并激发了大量研究。虽然现实生活中会计数据造假、盈余预测可靠性有限等因素可能对模型的适用性造成局限，但 RIM 模型依然在学术界得到广泛应用。

二、GLS 模型的应用

资本资产定价模型、套利定价模型和三因素模型等采用已实现的股票回报来测度期望资产收益，得出的是事后资本成本，而大量的经验证据表明这种事后资本成本并不准确(Fama and French, 1997; Elton,

1999）。Gebhardt et al.（2001）基于"干净盈余"假设，采用期望收益（分析师预测盈余）而不是已实现收益构建剩余收益模型对权益资本成本进行测算，并通过实证检验发现这种方法测算出的权益资本成本相较于资本资产定价模型、因素模型等能够更好地反映公司的风险溢价。从现有文献来看，GLS 方法在国内学术界得到广泛使用（叶康涛和陆正飞，2004；沈艺峰等，2005），而其他模型的使用则相对较少（毛新述等，2012）。

剩余收益模型由传统的贴现现金流量模型推导而来，股票价值表现为当期账面价值加无限期的剩余收益折现。这种无限期折现的方法在实践中难以运用，因此学者们通常会限定一个预测期，并采用长短期预测相结合的方法进行处理。Gebhardt et al.（2001）认为预测期应该不少于 12 期，他们在研究中分别考察了预测期 $T=6$、9、15、18、21 期下的权益资本成本，结果显示与 $T=12$ 期的结果并无显著区别。国内学者大多考察 $T=12$ 或 $T=15$ 期的估计结果，我们采用保守的估计期 $T=12$ 期进行计算，GLS 模型可以表述为：

$$P_t = B_t + \frac{FROE_{t+1} - r_e}{1 + r_e} B_t + \frac{FROE_{t+2} - r_e}{(1+r_e)^2} B_{t+1} + \frac{FROE_{t+3} - r_e}{(1+r_e)^3} B_{t+2} + TV \quad (5.8)$$

其中，

$$TV = \sum_{i=4}^{11} \frac{FROE_{t+i} - r_e}{(1+r_e)^i} B_{t+i-1} + \frac{FROE_{t+12} - r_e}{r_e(1+r_e)^{11}} B_{i+11} \quad (5.9)$$

上式中，$FROE_{t+i}$ 为分析师对公司第 $t+i$ 期净资产收益率的预测值，在实际计算中，Gebhardt et al.（2001）对前三期净资产收益率进行具体预测，第 4 期至第 12 期将分析师预期净资产收益率通过简单的平滑线性回归至行业平均净资产收益水平，这是因为公司难以长期获得行业外的超额回报。由于我国缺乏独立中介机构发布的上市公司盈利预测数据，国内学者在测算中通常采用实际净资产收益率替代前三期分析师预期净资产收益率。

此外，B_t 为第 t 期的期初每股净资产，前三期中的 B_t 和 B_{t+2} 采用 B_{t+1} 的实际报告值向前向后进行调整，三期之后按公式 $B_{t+i} = B_{t+i-1}[1+FROE_{t+i}(1+k)]$ 递推进行计算。考虑到我国上市公司股利政策不稳定，参考现有研究的处理方式，我们将股利支付率 k 取前三期（包含当期在内）的股利支付均值。此外，P_t 为公司 t 期末股票收盘价，TV 为一项终值。在确定上述实际值与预测值后，通过迭代算法计算得出的 r_e 即为 t 期的权益资本成本。

我们选取 2006—2011 年深沪两市 A 股上市公司作为研究样本，所采用的数据来自 CSMAR 和 iFinD 数据库。由于权益资本成本的计算需涉及 $t-2$、$t-1$、t 和 $t+1$、$t+2$ 和 $t+3$ 共六期的统计数据，公司财务数据最终覆盖 2004—2014 年。样本采集依据以下原则进行：第一，依据证监会行业一级分类方法剔除金融类上市公司以及行业类型发生改变的公司；第二，剔除 ST、*ST 等特殊处理或退市的样本；第三，剔除统计数据不全的公司以及部分异常值。最终，我们得到 9664 个非平衡面板观测值。

我们利用 Matlab 求解 GLS 模型得到样本公司在 2006—2011 年的权益资本成本，按年度划分的权益资本成本统计结果如表 5.1 所示。可以看出，2006—2011 年，我国上市公司权益资本成本的均值和中位数分别为 3.61%、2.19%。这一结果与国内众多学者采用 GLS 模型估计权益资本成本得到的结果相近（曾颖和陆正飞，2006；毛新述等，2012），但略高于国外学者的计算所得（Gebhardt et al., 2001；Chen et al., 2011）。究其原因，可能是由于国内资本市场发展尚不完善，我国上市公司股权融资成本普遍高于国外上市公司。此外，不同年度之间权益资本成本存在差异，其中 2008 年我国上市公司权益资本成本相对较高，均值和中位数达到 5% 以上，2006 年与 2011 年权益资本成本均值为

4%~5%，而2007年、2009年和2010年度的权益资本成本较低，均值在3%左右。

表5.1　　　　　　不同年度权益资本成本的统计表

	平均值	中位数	标准差	最小值	最大值	样本数量
2006	0.0485	0.0473	0.0233	0.0000	0.1859	1263
2007	0.0275	0.0255	0.0166	0.0000	0.1737	1372
2008	0.0544	0.0533	0.0236	0.0000	0.2323	1438
2009	0.0310	0.0289	0.0164	0.0000	0.1683	1538
2010	0.0316	0.0288	0.0173	0.0000	0.1509	1881
2011	0.0445	0.0431	0.0200	0.0000	0.2162	2172
全部样本	0.0394	0.0361	0.0219	0.0000	0.2323	9664

我们还按照公司所处行业划分样本，对不同行业公司的平均权益资本成本进行统计。行业分类依据中国证监会发布的《上市公司行业分类指引》，除制造业因行业内差异显著而按二级代码分类外，其余行业按一级代码分类。表5.2显示，采掘业、交通运输业和建筑业公司的权益资本成本较高，均值达到5%以上，农林牧渔业和传播文化业公司的权益资本成本较低，其均值分别为2.24%和2.88%，其余行业权益资本成本的均值为3.2%~4.5%。

表5.2　　　　　　不同行业权益资本成本的统计

行业代码	行业名称	行业平均权益资本成本	样本数量
A	农林牧渔	0.0224	177
B	采掘	0.0549	283
C0	食品饮料	0.0321	398

续表

行业代码	行业名称	行业平均权益资本成本	样本数量
C1	纺织	0.0323	322
C2	木材家具	0.0431	39
C3	造纸印刷	0.0424	157
C4	石化塑胶	0.0350	952
C5	电子	0.0351	501
C6	金属与非金属	0.0440	826
C7	机械	0.0395	1621
C8	医药生物	0.0400	636
C9	其他制造	0.0390	93
D	水电煤气	0.0450	405
E	建筑	0.0507	209
F	交通运输	0.0551	385
G	信息技术	0.0373	630
H	批发零售	0.0389	624
J	房地产	0.0420	687
K	社会服务	0.0340	319
L	传播文化	0.0288	126
M	综合业	0.0300	274

第二节 控股股东代理问题的影响

一、代理成本与权益资本成本

在完美资本市场上，公司不存在代理问题，权益资本成本也与代理问题无关。但是，在现实生活中，公司控股股东、管理者以及中小股东之间的利益并不完全一致，公司存在严重的委托代理问题，并且代理问题会影响外部投资者对公司未来经营风险的预期。Jensen and Meckling（1976）指出，管理者出于自身利益最大化的目的，可能通过过度投资、帝国建设、在职消费等方式损害中小股东利益。管理者机会主义行为会增大公司系统性风险与非系统性风险，同时提高外部投资者的监督成本（Lombardo and Pagano，2002；Garmaise and Liu，2005）。投资者预期到公司代理问题的存在会要求较高的投资回报率，从而提高了公司的权益资本成本。

国外学者的研究成果表明，公司治理越好、代理成本越小，权益资本成本则更低。Bai et al.（2004）以中国上市公司为样本研究发现代理问题严重的公司股价更有可能被低估，表明公司代理成本会影响权益资本成本。Albuquerque and Wang（2008）构建 DSGE 模型分析指出，随着公司决策者与外部投资者之间代理冲突提高，决策者为攫取私利而进行过度投资的倾向更强烈，此时公司受到投资边际效率的冲击加剧，这会增大公司资本积累的波动性，导致权益风险溢价上升。Hu et al.（2015）指出，权益资本成本不仅能够反映传统风险，而且能够反映管理者决策的不确定性后果，因此，公司代理成本越高，权益资本成本将会上升。Chen et al.（2015）在研究公司 CEO 更替与权益资本成本之间的关系时也指出，代理成本是影响权益资本成本传统风险要素之外的重要决定因素。关于代理成本如何影响权益资本成本，现有文献主要从外部投资者承担的监管成本、公司面临的非系统性风险与系统性风险三个方面进行分析。

首先，上市公司代理成本较大时，外部投资者承担较高的监管成本，投资人将会要求更高的监管成本补偿，致使权益资本成本增大。Lombardo and Pagano（2002）构建理论模型指出，外部投资人寻求回报需要支付一定的监管成本，包括搜集管理者侵占的证据的成本以及获取侵占信息后对管理者实施惩罚的成本，投资者会根据支付的监管成本要求相应的回报率。在公司代理成本较大时，管理者实施侵占的成本较小而侵占动机较强，投资者进行监督的必要性增大，这提高了投资者所需支付的额外监管成本，进而提高了权益资本成本。Luo et al.(2015)也指出，公司代理问题严重时中小股东为了防止自身利益受到侵占会增加监管成本，若公司发行新的权益，潜在股东会诉求更高收益以补偿增加的监管成本，因此提高了公司权益资本成本。

其次，公司决策者的机会主义行为会扩大公司的非系统性风险，投资者投资于公司的意愿减弱，导致公司流动性缺乏及股票风险增大，进而使得权益资本成本上升。Merton(1987)指出，如果投资者担心其利益受到侵占而不愿意投资于代理问题严重的公司，则现有股东将会承担更多的异质性风险，从而提高公司权益资本成本。Giannetti and Simonov(2006)发现投资者选择股票时会考虑公司治理的因素，除了与公司内部人联系紧密的投资者之外，其他境内外投资者、机构投资者与个体小投资者都不愿意投资于代理冲突严重的公司。Himmelberg et al.(2004)指出，均衡状态下边际权益资本成本为系统性风险和非系统性风险的加权平均，严重的代理冲突迫使内部人持有更多股票作为减少侵占的承诺，这增加了内部人承担的非系统性风险，也引起权益资本成本提高。

再次，代理问题会提高公司面临的系统性风险，从而使得权益资本成本上升。Garmaise and Liu(2005)构建模型研究管理者与股东之间代理问题对公司投资决策和系统性风险的影响，当管理者掌握投资决策权时，管理者可以获得关于投资项目的私有信息，而当股东掌握投资决策权时，不诚实的管理者会在财务报告中伪造信息或只披露部分信息误导股东的投资决策。因此，信息不对称(管理者拥有信息优势)和代理冲突(不诚实的管理者隐藏私人信息)较严重时，投资决策被扭曲的可能性更大，公司面临的系统性风险随之增大，从而导致权益资本成本上升。Philippon(2006)研究公司治理与商业周期的关系发现，经济繁荣时期股东对管理者过度雇佣和过度投资行为较为容忍，但这种雇佣和投资决策扩大了繁荣并放大了风险，而且这种冲击在代理成本较大的公司表现得更为明显。

国内学者较少从理论上直接分析代理问题影响权益资本成本的机理，但通过实证研究也发现了权益资本成本与代理成本之间存在一定的正相关关系。叶康涛和陆正飞(2004)以资产周转率作为公司代理问题的指标进行实证检验，发现资产周转率与权益资本成本呈负相关，这表明代理问题越大的公司权益资本成本越高。姜付秀等(2008)研究投资者利益保护与权益资本成本的关系，发现公司代理冲突越大、投资者利益保护越差，权益资本成本则会相应更高。蒋琰(2009)指出，投资人如果不能识别上市公司的真正价值，将通过价格保护机制来降低预期代理成本，这将会导致公司承担更高的风险补偿，从而增大权益资本成本。徐星美和李晏墅(2010)以包括中国香港和台湾在内的八个国家和地区为研究对象考察金字塔持股对权益资本成本的影响，发现采用金字塔持股结构的上市公司权益资本成本更高。

从上述文献可知，国外学者主要基于西方发达国家上市公司股权结构分散的背景研究管理者代理问题对权益资本成本的影响。他们通过构建模型理论分析发现，管理者代理问题会增大公司面临的系统性风险、非系统性风险以及监管风险，从而增大权益风险溢价。国内学者主要通过实证研究检验投资者利益保护、金字塔股权结构等因素对权益资本成本的影响，研究结果也表明代理成本与权益资本成本呈正相关。然而，在我国上市公司股权结构高度集中的制度背景下，有必要进一步深入考虑控股股东代理问题对权益资本成本的影响。

二、控股股东视角的假说分析

在 Berle and Means(1932)分散式股权结构范式下，管理者与中小股东之间的利益冲突是公司的主要代理问题，具体表现为管理者通过过度投资、帝国建设、在职消费等方式损害中小股东利益。学者们基于西方发达国家上市公司股权结构分散情况下管理者代理问题框架对公司权益资本成本展开研究，然而，近年来学者们研究发现大部分国家的上市公司股权高度集中，并且控制权普遍集中在控股股东手中。控股股东的出现有利于对管理者实施有效监督，有助于缓解管理者与股东之间的代理冲突，但同时也引起另一类代理问题，即控股股东与中小股东之间的利益冲突。出于自身利益最大化动机，控股股东会通过直接转移公司资产、关联交易、投资于净现值为负的项目等方式侵占中小股东利益。控股股东的这种道德风险行为将产生严重的经济后果，如降低公司价值（Claessens et al.，2002）、导致公司遭受融资约束（Lin et al.，2011a）、增加公司债务成本（Lin et al.，2011b）等。

在公司股权结构集中情况下，控股股东能够通过关联交易、资产转移、股权稀释、贷款担保等"隧道行为"转移公司资源，公司代理问题主要表现为控股股东对中小股东的利益侵占（Johnson et al.，2000）。La Porta（2000a）指出，在上市公司控股股东关联交易和掏空行为严重的国家，法律条文可以有效地抑制控股股东侵占，保护中小投资者利益。Nenova（2003）发现，在投资者法律保护较高的国家，控股股东控制权溢价水平相对较低，而当投资者法律保护较弱时，控股股东掠夺中小股东利益的行为动机十分强烈。Dyck and Zingales（2004）对控股股东控制权私有收益进行了跨国比较，认为在公司股权结构集中程度较高与资本市场发展水平较低的情况下，控股股东攫取控制权私有收益的程度更大。

我国上市公司股权结构高度集中，国内学者围绕这种特殊的股权结构特征对控股股东与中小股东之间的代理问题展开广泛研究，得到了众多有意义的经验证据。余明桂等（2004）、俞红海和徐龙炳（2011）对公司股权集中情况下控股股东侵占以及公司治理机制进行系统回顾，指出我国上市公司控股股东与中小股东之间的代理问题相比管理者代理问题更为严重。余明桂和夏新平（2004）的研究显示，相较于无控股股东控制的公司，有控股股东控制的公司关联交易明显更多。李增泉等（2004）对所有权与控股股东掏空之间的关系进行实证研究，从资金占用的角度论述了我国上市公司控股股东侵占行为。罗琦和胡志强（2011）发现我国上市公司控股股东道德风险严重，投资者会对这一代理风险形成预期,从而加剧公司融资约束。李春红等(2014)使用前沿异质性双边随机边界模型测度我国上市公司过度投资程度,并运用结构方程路径分析双重委托代理问题对过度投资的作用机制和具体效应,发现控股股东利用自由现金流和债务结构加剧过度投资,这种行为严重损害中小股东利益。

控股股东与中小股东之间的利益分化程度可以通过控股股东控制权与现金流权之间的分离度来反映,学者们往往将两权分离度作为上市公司控股股东代理问题大小的指标(Bebchuk et al., 2000; Luo et al., 2015)。两权分离度越高意味着终极控股股东可以用较少的现金流权控制公司,这种收益和损失的不对等使控股股东能够利用关联交易或金字塔结构更轻而易举地转移公司现金流、掠夺公司财产以获取控制权私利,他们从事"隧道"或其他道德风险活动的动机增强,这将损害公司价值和外部投资者利益。一旦外部投资者对两权分离公司控股股东的道德风险行为形成预期,即会提出更丰厚的回报率以弥补其面临的风险,导致公司权益资本成本上升。Albuquerque and Wang(2008)构建DSGE模型研究投资者保护对资产定价的影响,该模型显示,投资者保护较差时控股股东有较强动机进行过度投资以攫取私利,由于受到投资边际效率的冲击,投资水平的提高会引起资本积累波动性增大,从而引起权益风险溢价上升。在极端的情况下,外部投资者会因害怕利益被侵占而不愿意投资于控股股东代理问题严重的公司,这将导致公司流动性缺乏、股票风险增大,现有股东必须承担更多的异质性风险,这也会增加公司的权益资本成本(Giannetti and Simonov, 2006)。

同时,控股股东两权分离往往伴随着更为严重的信息风险(Fan and Wong, 2002; Sanjaya, 2011)。如果控股股东侵占中小股东利益以攫取私有收益的行为被曝光,可能会引起市场监管部门的外部管制。为规避外部市场监督、避免潜在的法律费用和名誉损失,控股股东在两权分离时更倾向于操控财务报告以粉饰其非公司价值最优决策的行为,这将会降低公司信息披露质量,致使中小投资者面临较大的信息风险和估价风险。因此，随着控股股东两权分离程度上升，外部投资者为了防止自身利益被侵占将会增大对控股股东的监督，其所需承担的监督成本随之增大。因此，若两权分离公司发行新股票，外部投资者会要求更高报酬用以补偿增加的监督成本，最终提高权益资本成本。

控股股东控制权与现金流权的分离还会增大公司融资约束问题(Luo et al., 2015)，此时公司投资更加依赖于外部资金，这也会导致公司资本成本上升。在一定程度上，投资者只有在自身权益得到保护时才具有投资意愿，正如 La Porta et al. (2000b) 指出，当投资者权利(如股东的投票权、债权人的重组和清算权)得到监事会有效保障时才愿意为公司进行筹资。Dyck and Zingales (2004) 认为控股股东基于自身利益最大化的行为会降低公司价值，并使得公司为净现值项目为正的投资项目筹集资金的能力受到限制。Fan and Wong (2005) 进一步指出，外部投资者能够预见控股股东的道德风险，因此只愿意以较低的价格购买这些公司的股票。Lin et al. (2011a, 2001b) 的研究表明，控股股东道德风险会增大公司面临的信用风险以及银行的监督成本，因此，控股股东两权分离度越大的公司融资约束更大，并使得公司债务融资成本上升。由此可认为，超额控制权引发的控股股东代理问题会增大公司融资约束，当融资约束公司进行权益融资以满足投资需求时，潜在股东的风险补偿诉求会随之提高，继而增大权益资本成本。根据上述分析，我们提出如下假说：

假说 5.1：其他条件不变时，终极控股股东两权分离程度较大的公司权益资本成本较高。

三、数据及实证检验结果

为了检验控股股东代理问题对公司权益资本成本的影响，我们在前述 2006—2011 年研究样本的基础上，根据终极控股股东两权分离度进一步筛选样本，剔除数据缺失和异常的观测值，样本观测值数量减少为 9000 个。表 5.3 汇总了实证研究中所采用的主要变量，其中权益资本成本采用 GLS 模型计算，终极控股股东两权分离度由控制权与现金流权的比率得到。考虑到公司权益资本成本受到财务因素的影响，我们采用股票贝塔($BETA$)控制系统性风险、股票的异质波动性(IV)控制异质性风险、负债率(LEV)控制财务风险、公司规模($SIZE$)控制规模效应、账面市值比(BM)控制成长机会、总资产收益率(ROA)控制盈利水平以及年股票换手率($TURN$)控制股票流动性。此外，我们在回归中还控制了年度因素和行业因素对权益资本成本的影响。

表5.3 变量定义表

变量符号	变量名称	变量含义
CoE	权益资本成本	由剩余收益折现模型测度
K	终极控股股东两权分离度	终极控股股东控制权与现金流权的比值
KDummy	两权是否分离虚拟变量	两权分离时取1，否则取0
HDummy	两权分离高低虚拟变量	两权分离高时取1，否则取0
BETA	股票贝塔系数	利用CAPM模型，由当期考虑现金红利再投资的日个股回报率对市场收益率进行回归的系数衡量
IV	股票的异质波动性	由CAPM模型估计得到的残差的标准差衡量
LEV	资产负债率	总负债与总资产的比值
SIZE	公司规模	总资产的自然对数
BM	账面市值比	账面价值与资产市值的比值
ROA	总资产收益率	净利润与总资产的比值
TURN	股票流动性	股票年换手率

表5.4列示了主要变量的描述性统计特征。权益资本成本的均值为3.95%、中位数为3.65%，这与国内学者运用 GLS 模型测算的结果近似(王亮亮，2013；罗琦和王悦歌，2015)。终极控股股东控制权与现

金流权分离度的均值为1.43、中位数为1，表明样本公司的终极控股股东在一定程度上呈现出两权分离的状态。我们将终极控股股东两权分离的程度作为反映控股股东代理问题的指标，但需要指出的是，即使控制权和现金流权并未发生分离，控股股东也仍然具有侵占中小股东利益的意愿与行为。BETA的均值为1.08，标准差为0.27，说明不同公司之间风险存在一定差异。

表5.4　　　　　　　　　　描述性统计

变量	平均值	中位数	标准差	最小值	最大值
CoE	0.04	0.04	0.02	0.00	0.16
K	1.43	1.00	1.42	1.00	48.27
KDummy	0.46	0.00	0.50	0.00	1.00
HDummy	0.50	5.66	0.50	0.00	1.00
BETA	1.08	1.09	0.27	−0.96	3.95
IV	0.03	0.03	0.04	0.00	1.73
LEV	0.46	0.48	0.21	0.00	1.00
SIZE	21.64	21.47	1.24	17.47	28.28
BM	0.88	0.63	0.82	0.02	10.33
ROA	0.05	0.04	0.23	−0.73	20.79
TURN	6.47	5.66	3.87	0.03	28.57

表5.5汇报了终极控股股东两权分离不同时权益资本成本均值的单变量分析结果。根据终极控股股东控制权与现金流权是否分离，我们将全样本分为两权未分离样本与两权分离样本，并进一步以两权分离样本的中位数为界将其划分为低两权分离样本和高两权分离样本。可以看出，终极控股股东两权未分离样本组的权益资本成本均值为3.51%，明显低于两权分离样本组的3.92%。此外，低两权分离程度样本组的权益资本成本均值3.78%也显著低于高两权分离样本组的4.06%。以

上结果表明，控股股东代理问题严重的公司权益资本成本更高。

表 5.5　　两权分离程度不同时的权益资本成本

样本	变量	数量	均值	标准差	t 值
两权未分离样本	CoE	4834	0.0351	0.0208	-3.95***
两权分离样本	CoE	4166	0.0392	0.0212	
低两权分离样本	CoE	2083	0.0378	0.0203	-2.07**
高两权分离样本	CoE	2083	0.0406	0.0220	

注：***、**、*分别表示在1%、5%和10%水平上显著。

为考察控股股东代理成本对权益资本成本的影响，我们采用固定效应模型进行回归，结果回归结果汇报在表 5.6 中。两权分离度 K 的系数为正并在 10% 的置信区间上显著，表明控股股东控制权与现金流权分离度较大的公司会面临较高的权益资本成本。我们假设控股股东控制权大于现金流权时两权分离取值 1，否则为 0，以虚拟变量 KDummy 为解释变量的结果表明，KDummy 的系数仍为正并在 1% 的置信区间上显著。此外，我们在两权分离的子样本中假设一个虚拟变量 HDummy，当两权分离度超过中位数时取值 1，否则为 0，回归结果显示 HDummy 系数为正且在 1% 的置信区间内显著。以上结果说明上市公司权益资本成本随着控股股东代理问题的增大而上升，假说 5.1 得到验证。

表 5.6　　多变量回归结果

变量	全样本	全样本	两权分离样本
Constant	-0.0350*** (-9.45)	-0.0355*** (-9.58)	-0.0437*** (-7.60)
K	0.0002* (1.68)		

续表

变量	全样本	全样本	两权分离样本
$KDummy$		0.0009*** (2.94)	
$HDummy$			0.0021*** (4.43)
$BETA$	0.0017*** 2.76	0.0017*** (2.79)	0.0027*** (2.76)
IV	-0.0179*** (-4.70)	-0.0179*** (-4.68)	-0.0072 (-1.31)
LEV	-0.0242*** (-25.38)	-0.0243*** (-25.48)	-0.0219*** (-15.11)
$SIZE$	0.0032*** (19.11)	0.0032*** (19.22)	0.0036*** (13.74)
BM	0.0115*** (41.35)	0.0115*** (41.39)	0.0115*** (26.27)
ROA	0.0001 (0.15)	0.00009 (0.13)	0.0001 (0.07)
$TURN$	-0.0001*** (-3.28)	-0.0001*** (-3.19)	-0.0001* (-1.85)
$Year\ effects$	控制	控制	控制
$Industry\ effects$	控制	控制	控制
$Adjusted\text{-}R^2$	0.50	0.50	0.48
N	9000	9000	4166

注：括号内为回归系数的 t 值，***、**、* 分别表示在1%、5%和10%水平上显著。

考虑到上市公司所有权结构与权益资本成本之间可能存在内生关系，模型外一些变量可能同时影响权益资本成本和两权分离度。为尽量消除内生性的影响，我们借鉴 Lin et al.（2011a，2001b）的研究考察两权分离度的变化对权益资本成本变化的影响。表 5.7 汇报的检验结果显示，ΔK 的系数为正并在 10% 的置信区间内显著。这与前文得到的结果一致，支持控股股东代理问题严重的公司权益资本成本较高的结论。

表 5.7　　　　　　　　稳健性检验结果

变量	(1)	(2)	(3)
Constant	−0.0241*** (−15.74)	−0.0249*** (−16.30)	−0.0152*** (−10.45)
ΔK	0.0002* (2.11)	0.0002* (2.09)	0.0002* (2.09)
$\Delta Beta$	−0.0011 (−1.81)	−0.0011 (−1.57)	0.0001 (1.24)
ΔIV		−0.0123*** (−2.80)	−0.0089** (−2.18)
ΔLEV		−0.0117 (−4.97)	−0.0259*** (−11.28)
$\Delta SIZE$		0.0053*** (7.74)	0.0027*** (4.14)
ΔBM			0.0102*** (29.23)
ΔROA			−0.0250*** (−9.57)
$\Delta TURN$			−0.0002 (−4.14)

续表

变量	(1)	(2)	(3)
Year effects	控制	控制	控制
Industry effects	控制	控制	控制
Adjusted-R^2	0.58	0.58	0.64
N	6727	6727	6727

注：括号内为回归系数的 t 值，***、**、* 分别表示在1%、5%和10%水平上显著。

上市公司代理问题越严重，公司承担的非系统性风险与系统性风险更大，投资者面临的监管成本也更高，这将导致公司权益资本成本增大。因此，控股股东代理问题是影响公司融资决策的重要因素之一，控股股东两权分离程度越大的公司权益资本成本更高。鉴于控股股东代理问题对中国上市公司权益资本成本具有显著影响，政府部门需进一步完善资本市场并加强公司治理，以此减少上市公司控股股东侵占行为并提高公司资源配置效率。

第三节 现金股利与权益资本成本

一、现金股利的影响

Miller and Modigliani（1961）提出的股利无关论指出，在完美资本市场中，股东可以通过自制股利的方式满足自身的现金流需求，公司股利决策与资本成本无关。然而，现实生活中公司经理与股东之间往往存在利益分歧，经理出于自身利益最大化目的存在过度投资、在职消费等显著动机（Jensen and Meckling，1976）。由于管理者代理问题的存在，公司减少股利发放而留存更多收益进行再投资往往并不能带来股价上涨，投资者减少的股利收益难以从资本利得中获得相应补偿，从而使得投资者利益受损(Bleck and Liu, 2007)。投资者考虑到代理问题的存在会索要相应较高的投资回报,这将导致公司权益资本成本上升(Giannetti and Simonov, 2006)。

传统的股利代理理论建立在管理者与股东的委托代理框架基础上,认为公司支付现金股利有利于缓解管理者与股东之间的代理问题。Rozeff(1982)将代理成本引入对股利政策的研究,指出现金股利可以减轻管理者代理成本但会增加外部融资交易成本,公司最优股利政策应使以上两类成本的总值最小。Easterbrook(1984)发现上市公司连续较高的股利政策促使管理者为满足新项目的资金需求而进行外部融资,这会增加资本市场上新股东、新债权人以及中介机构等对管理者行为的审查和监督,从而迫使管理者依照公司价值最大化原则行事。Jensen(1986)指出,公司发放现金股利加速了自由现金流支出,有助于减少管理者的在职消费并阻止管理者将资金投入到净现值为负的项目,从而降低公司代理成本并提高公司价值。

由于公司代理问题对权益资本成本产生显著影响,而现金股利一般被视为减少代理问题的有效工具,因此学术界从管理者代理问题的角度对现金股利与权益资本成本的关系进行了一定探讨。Sinha et al. (2006)研究股利支付对权益资本成本的影响,发现上市公司支付股利能够缓解经理的利益侵占行为,从而减小外部投资者的风险预期并使得权益资本成本下降。Salas(2006)考察公司首次股利公告中股利的信息含量,指出股利并非公司成长机会良好的信号,而是一种减轻管理者代理问题的方式,公司首次股利公告一年后权益资本成本将会下降。

上述学者在研究现金股利与权益资本成本的关系时,大多探讨公司股权结构分散背景下经理的股利决策对权益资本成本的影响。然而,我国上市公司股权结构高度集中,控股股东通过各种"隧道行为"侵占中小股东利益的现象屡见不鲜(Luo et al., 2015)。在这一制度背景下,现金股利缓解控股股东代理问题的公司治理作用受到学者们的广泛关注(张敦力等,2014)。徐寿福和徐龙炳(2015)通过中介效应模型检验发现，现金股利分配可以通过减轻公司代理问题使得公司绩效提高。罗琦和吴哲栋（2016）研究指出，随着控股股东代理问题增大，公司支付现金股利的水平相应提高并且现金股利的价值效应也越显著。

依据 La Porta et al.（2000a）提出的关于现金股利与公司治理的股利替代模型，现金股利可以作为一种公司治理的替代机制起到约束控股股东机会主义行为的作用。具体而言，现金股利分配一方面减少了控股股东可支配的现金流资源，有助于抑制控股股东将公司利润转做个人用途或投资于净现值为负的项目。另一方面，股利支付能够迫使公司在需要资金时更多地依赖外部市场，加强公司后续筹资过程中外部市场对控股股东行为的监督。中国证监会于 2013 年 11 月颁布股利监管政策要求上市公司根据自身所处成长阶段按照不同比例分红，这一强制性股利政策的实施对控股股东利益侵占行为产生明显的抑制作用，对于缓解控股股东代理问题具有重要意义（王国俊和王跃堂，2014）。

如果控股股东基于公司价值最大化原则进行行为决策，则投资者要求的必要报酬率与公司代理问题无关。然而，现实生活中控股股东往往将自身利益凌驾于中小股东之上，中小股东在预期自身利益受到侵占的情况下会提高期望报酬，导致公司权益资本成本增加。当公司代理问题减少时，投资者预期公司代理风险下降将会要求较低的回报率，此时公司权益资本成本相应降低（Giannetti and Simonov，2006；Albuquerqu and Wang，2006）。基于上文的分析，我们认为现金股利分配能够降低公司代理成本并向外界释放代理问题较小的信号，从而使得公司权益资本成本下降。由此，我们提出如下假说：

假说 5.2：其他条件不变时，上市公司的现金股利支付水平与权益资本成本呈负相关。

为考察现金股利对权益资本成本的影响，我们在前述样本的基础上，进一步选取 2006—2011 年深沪两市 A 股发放现金股利的上市公司为研究样本，最终得到 4840 个非平衡面板观测值。考虑到上市公司所处行业、经营状况以及盈利状况不同时派发每股现金股利的差别较大，我们选取现金股利支付率(DIV)这一相对指标衡量公司的现金股利支付水平。由于权益资本成本受到公司财务因素与行业因素的影响，我们控制了股票贝塔(BETA)、股票的异质波动性(IV)、公司负债率(LEV)、公司规模(SIZE)、账面市值比(BM)、总资产收益率(ROA)以及年股票换手率(TURN)。此外，近年来众多学者们研究发现公司信息披露质量较低会导致权益资本成本上升，因此我们还将公司的应计盈余管理程度(ABSDA)作为信息披露质量的指标加以控制。

表 5.8 汇报了主要变量的描述性统计特征。现金股利支付率的均值与中位数分别为 0.40 和 0.29，标准差达到 0.94，表明不同上市公司之间股利支付水平的差异较大。公司贝塔系数的均值和中位数超过 1，说明我国上市公司的系统性风险略高于市场风险。股票换手率的均值和中位数都在 5 左右，说明样本期间我国股市交易较为活跃，年个股交易量约为总流动股本的 5 倍。两权分离指标的均值为 0.45，表明样本公司的终极控股股东在一定程度上呈现出两权分离的状态。此外，各控制变量均值和中值接近，数据整体上基本符合正态分布。

表 5.8　　　　　　　　相关变量描述性统计

变量	均值	标准差	最小值	中位数	最大值	样本数量
CoE	0.04	0.02	0.00	0.04	0.16	4840
DIV	0.40	0.94	0.01	0.29	46.36	4840
BETA	1.09	0.21	0.10	1.10	1.86	4840
IV	0.02	0.01	0.01	0.02	0.27	4840
LEV	0.45	0.20	0.01	0.46	0.96	4840
SIZE	21.97	1.26	19.20	21.77	28.28	4840
BM	0.91	0.81	0.05	0.66	9.05	4840
ROA	0.07	0.05	0.00	0.06	0.63	4840
TURN	5.93	3.78	0.03	5.10	28.57	4840
ABSDA	0.09	0.15	0.00	0.06	4.11	4840
KDummy	0.45	0.50	0.00	0.00	1.00	4840

为了考察现金股利的治理作用及其对权益资本成本的影响,我们采用多元回归方法对权益资本成本与现金股利支付水平进行回归,结果汇报在表5.9中。股利支付率的系数为-0.0012且在1%置信区间内显著,表明现金股利支付水平与权益资本成本之间显著负相关。检验结果支持假说5.2,说明上市公司分配现金股利能够起到缓解代理问题的公司治理作用,从而使得权益资本成本下降。

表5.9 现金股利对权益资本成本的影响

变量	(1)
Constant	0.0113**
	(2.16)
DIV	-0.0012***
	(-5.57)
BETA	0.0017
	(1.62)
IV	-0.0479**
	(-2.47)
LEV	-0.0282***
	(-18.96)
SIZE	0.0009***
	(3.90)
BM	0.0165***
	(46.95)
ROA	-0.0036
	(-0.72)
TURN	-0.0007***
	(-11.58)

续表

变量	(1)
ABSDA	−0.0021
	(−1.43)
Year effects	控制
Industry effects	控制
Adjusted-R^2	0.51
N	4 840

注：括号内为回归系数的 t 值，***、**、* 分别表示在 1%、5% 和 10% 水平上显著。

在稳健性检验中，我们选择 2006—2011 年包括未支付现金股利公司在内的深沪两市 A 股上市公司为样本进行实证检验，结果表明公司现金股利支付率与权益资本成本之间仍然呈负相关关系。考虑到现金股利通过影响控股股东代理问题作用于权益资本成本的过程可能存在滞后性，我们将解释变量和控制变量滞后一期重新检验假说 5.2，所得结果与前文一致。

二、现金股利与控股股东代理问题的交互影响

终极控股股东两权分离意味着其可以用较少的现金流权控制公司，这种成本与收益的不对等使得终极控股股东从事"隧道行为"的动机和能力更强（Johnson et al., 2000; Claessens et al., 2000）。俞红海等（2010）通过构建理论模型和实证检验证实，我国上市公司控股股东存在利用自由现金流进行过度投资的倾向，并且两权分离时终极控股股东的过度投资行为会进一步加剧。冉胜茂和李文洲（2015）发现随着控股股东控制权与现金流权的分离，终极控股股东为攫取控制权私有收益而侵占公司资金的程度更大。可见，相对于两权未分离公司，终极控股股东两权分离时控股股东侵占中小股东利益的问题更严重。

现金股利的治理效应在终极控股股东两权分离与否的情况下存在差异,对权益资本成本的影响也有区别。现金作为流动性最强的资产,是终极控股股东实施资源转移的主要对象。由于两权分离时终极控股股东掏空公司的动机更大,在其他条件一致的情况下现金股利通过减少控股股东可侵占的现金流资源起到抑制控股股东机会主义行为的作用更强。正如粟立钟和谢志华(2013)发现,对于终极控股股东两权分离的公司而言,现金股利作为减少代理问题的方法显得更为必要与有效。因此,相比两权未分离公司,外部投资者将会预期两权分离公司发放现金股利约束控股股东侵占行为的效果更大,从而对两权分离公司要求更低的风险溢价,使其权益资本成本下降的作用更加显著。

如果控股股东的侵占行为被市场识别,很可能招致证券交易所或监管机构的外部干预。为了防止投资者或监管机构掌握控股股东侵占行为,避免外部监督成本、潜在的法律费用和相关名誉损失,两权分离的终极控股股东具有更加强烈的动机操纵财务报告来掩饰其非公司价值最大化的行为决策,公司财务透明度更低(Fan and Wong, 2002)。因此,在终极控股股东两权发生分离的情况下,现金股利分配通过引入更多外部市场监督力量迫使公司提高信息披露质量的作用表现得更为明显。此时,外部投资者面临的信息风险更低,投资者持有公司股票的意愿增强,这有利于提高股票的市场流动性并分散公司的非系统性风险,从而使得两权分离公司权益资本成本下降的程度大于两权未分离公司。

另外,终极控股股东两权分离的上市公司中,一些直接持股的大股东可能隶属于同一终极控股股东并形成一致利益行为人,公司的股权制衡机制并不健全(徐星美和李晏墅,2010)。并且,终极控股股东在两权分离时仅持有相对较少的现金流权,可以将决策风险分散到中小股东身上(Bebchuk et al., 2000)。可见,两权分离的上市公司更加缺乏约束终极控股股东行为的有效机制,现金股利能够在公司治理方面发挥更大的替代作用。因此,相对于两权未分离的上市公司,两权分离公司发放现金股利使得外部投资者承担的监管成本更低,外部投资者将会要求更低的监管成本补偿。综上所述，终极控股股东两权分离的上市公司发放现金股利起到缓解控股股东代理问题的作用更大，使得权益资本成本下降的作用更强烈。由此，我们提出以下假说：

假说5.3：相对于终极控股股东两权未分离的上市公司，终极控股股东两权分离的上市公司发放现金股利使得权益资本成本下降的作用更强烈。

表5.10汇报了上市公司两权分离与否情况下现金股利分配对权益资本成本的影响。第(1)列和第(2)列列示了两权未分离样本组与两权分离样本组的回归结果，股利支付率均与权益资本成本在1%水平上显著负相关，并且两权分离公司发放现金股利使得权益资本成本下降的作用更大。我们进一步在模型(3)中加入现金股利与两权分离虚拟变量的交乘项，以此考察终极控股股东两权分离与否影响现金股利与权益资本成本关系的差异。第(3)列的回归结果显示，交乘项与权益资本成本的系数在1%置信区间内显著为负，表明终极控股控股两权分离时现金股利分配降低权益资本成本的效果更为强烈，这与假说5.3的分析一致。

表5.10　　考虑终极控股股东两权是否分离的回归结果

变量	(1) 两权未分离	(2) 两权分离	(3) 全样本
Constant	0.006 4 (0.94)	0.022 0*** (2.64)	0.010 9** (2.09)
DIV	-0.000 8*** (-3.36)	-0.002 7*** (-5.45)	-0.000 8*** (-3.26)
DIV*KDummy			-0.002 1*** (-3.98)
KDummy			0.001 8*** (3.70)

续表

变量	(1) 两权未分离	(2) 两权分离	(3) 全样本
$BETA$	0.001 1 (0.78)	0.002 3 (1.43)	0.001 6 (1.53)
IV	-0.059 2** (-2.17)	-0.037 5 (-1.37)	-0.046 7** (-2.41)
LEV	-0.031 5*** (-16.05)	-0.025 8*** (-11.07)	-0.028 9*** (-19.32)
$SIZE$	0.001 1*** (3.91)	0.000 5 (1.21)	0.000 9*** (3.98)
BM	0.015 6*** (34.27)	0.017 6*** (32.07)	0.016 5*** (47.01)
ROA	-0.010 9 (-1.54)	0.002 1 (0.29)	-0.006 0 (-1.19)
$TURN$	-0.000 8*** (-8.93)	-0.000 7*** (-7.37)	-0.000 7*** (-11.59)
$ABSDA$	-0.003 0 (-1.34)	-0.002 3 (-1.16)	-0.002 2 (-1.47)
Year effects	控制	控制	控制
Industry effects	控制	控制	控制
Adjusted-R^2	0.53	0.49	0.51
N	2 679	2 161	4 840

注:括号内为回归系数的 t 值,***、**、* 分别表示在1%、5%和10%水平上显著。

在稳健性检验中,我们以中位数为界将终极控股股东两权分离的样本划分为两权分离低与两权分离高两个子样本组进行实证检验，发现现金股利分配降低权益资本成本的作用在两权分离高的公司中表现得更加强烈。此外，我们还将解释变量和控制变量滞后一期重新检验假说5.3，所得结果也支持我们的分析。稳健性检验的结果说明了研究结果的可靠性，但限于篇幅，结果并未列出。

　　上市公司发放现金股利可以缓解控股股东代理问题，降低投资者对上市公司股票回报的潜在要求，进而使得公司权益资本成本下降。进一步地，终极控股股东在控制权和现金流权发生分离时攫取控制权私有收益的动机更加强烈，公司支付现金股利降低权益资本成本的作用效果更为明显。我们从权益资本成本的角度研究现金股利与公司治理机制之间的关系，研究发现在中国资本市场尚不完善、公司治理水平较低的制度背景下公司发放现金股利有利于约束控股股东代理问题，这为股利替代提供了新的经验证据。监管部门可以进一步考虑根据上市公司控股股东特征出台更为科学合理的监管政策，以此充分发挥现金股利约束控股股东机会主义行为的作用。

下篇

控股股东市场择时的视角

第六章 控股股东盈余管理与资本市场效率

在有效的资本市场中，上市公司的会计盈余作为市场的共有信息无法使投资者获得超额收益。但现实中资本市场并不是完全有效的，往往难以对公司盈余管理行为进行有效识别。Sloan(1996)针对上市公司应计利润的错误定价提出"应计异象"的概念，指出资本市场在为股票定价时无法区分盈余构成的质量，这使得投资者可以通过构造投资组合获得超额收益。进一步的研究表明，"应计异象"主要是由于市场对应计利润中可操控性应计利润的错误定价所引起。本章首先介绍从资本市场效率到资本市场异象的理论发展脉络，然后基于"应计异象"相关研究成果对中国上市公司应计利润进行定价检验，在此基础上考察资本市场对控股股东盈余管理行为动机的识别能力，从而对我国资本市场信息效率进行探讨。

第一节 资本市场有效性

一、资本市场效率

资本市场效率是资本市场发展中的核心问题，也是现代微观金融理论长期发展的重要成果，而"有效市场假说"的提出被认为是资本市场效率研究的真正开端。早期关于市场有效性的研究建立在随机游走模型的基础之上,Samuelson(1965)将信息与市场有效性联系起来,标志着市场价格行为的研究从随机游走假说向有效市场假说的转变。Fama(1970)明确提出了有效市场的定义,指出"价格总是完全反应所有可获得信息的市场称为有效市场"。

"有效市场假说"是现代资本市场理论的重要基础,按照信息在股价中反映的程度,可以将资本市场的有效状态划分为弱式有效、半强式有效和强式有效。在弱式有效的资本市场中,投资者无法通过技术分析获得超额收益,这意味着历史信息对投资没有实际意义。在实证检验中,一般通过考察证券价格是否存在时间序列的相关性来判断资本市场是否是弱势有效。Alexander(1961)使用了"过滤法则"检验美国股市的有效性,对股票价格变动的趋势进行分析。具体而言,投资者指定股价波动的上下限,当股票的价格变化突破设置的百分比时,投资者就交易这种股票。如果投资者利用此交易策略持续获得超额收益,则说明市场尚未达到弱式有效。随后,学者们采用序列自相关检验、游程检验、过滤法则、方差比检验、单位根检验等对资本市场是否达到弱势有效进行了大量的检验,取得了丰富的成果。

在达到半强式有效的资本市场中,投资者不仅无法通过技术分析获得超额收益,而且基本分析也是无效的,即投资者无法通过分析当前的公开信息获得超额收益。学者们一般采用"事件研究法"对公开信息能否获得超额收益进行检验,以此来判断资本市场是否达到半强式有效。Fama et al.(1969)研究了纽约交易所1929—1959年进行股票分割的上市公司在"事件"前后股票月收益率的变化,实证检验结果表明,在股票分割消息公布之前股价已经在逐渐上升,投资者可获得超额收益。而在消息公布之后,投资者无法再获得超额收益,由此得出美国股市达到半强式有效的结论。

强式有效的资本市场是证券价格对历史信息、当前公开信息和内幕信息均进行反映,因此强式有效市场的检验主要针对掌握公司内幕的人员、投资分析师等,通过检验他们的交易行为来判断内幕信息能否带来超额收益，进而检验市场是否强式有效。Seyhun(1986)以1975—1981年近60000次内部人买卖交易为样本，研究投资者能否通过解读内部官方经营总结获得股票投资的超额收益。实证检验结果显示，考虑交易成本后，外部投资者根据内部资料制定的投资策略并不能获得超额收益，这一研究成果表明美国股票市场有效性较强。

国内学者对我国资本市场效率进行考察，也取得了一系列有意义的研究成果。陈小悦等(1997)选取沪深两市20种股票指数和1993年以前上市的52只个股作为研究对象，以1991年1月到1996年11月的日收盘价为样本，研究发现深市样本在整个研究期间都符合随机游走模型，说明深市已经达到弱式有效。而沪市1993年后数据样本也符合随机游走模型，说明沪市晚于深市也达到了弱式有效。陈信元和张田余(1999)研究了1997年发生的公司资产重组所引起的市场反应，发现股价存在对资产重组信息的过度反应，表明中国股市未达到半强式有效。姚胜琦等(2006)对公司面临诉讼、仲裁时股票价格的非系统性波动进行了研究，结果显示个股的非系统波动在信息正式披露之前就已经增加，在信息公布之后股价的非系统性波动持续增加，这表明中国股票市场虽未达到半强式有效，但市场的信息传递有效性有所增加。

二、资本市场异象

20世纪80年代以前，经典金融理论以有效资本市场假说为基础，认为公司股票价格能够快速、准确地反映所有信息，任何利用已公开信息的投资策略都不可能获得超额收益，而只能获得与CAPM模型预期相一致的正常收益。根据CAPM模型，股票收益率与表示该资产系统风险大小的β系数成线性关系，理性套利行为使得不存在经系统风险调整过后的超额收益，投资者承担更高的系统风险就应该获得更高的预期收益作为补偿。CAPM模型因其逻辑的简洁性在很长一段时间内一直是资产定价的主要依据，但从20世纪80年代开始，学者们逐渐发现许多与CAPM模型预测不一致的"异象"，如市盈率效应、价值效应、规模效应、杠杆效应等，并尝试做出了一些解释。

Banz(1981)基于美国股票市场数据的研究表明，规模较小的公司通常具有较高的风险溢价，而 CAPM 定价模型并不能对此进行解释。Banz(1981)还发现，规模效应与市值不存在线性关系，这一现象主要存在于规模非常小的公司，并且规模处于平均水平及以上的公司收益率没有很大差异。但 Banz(1981)并未对规模效应的成因进行解释，他认为这既可能是由于公司规模产生的风险溢价，也可能是其他一些与规模相关的因素造成的。

Basu(1983)在实证中发现，低市盈率的股票比高市盈率的股票具有更高的收益率，即美国股票市场存在价值效应。随后，学者们对世界其他股票市场横截面数据进行分析，发现价值效应是普遍存在的(Fama and French,1998b；Bundoo,2008)。Fama and French(1992)发现市盈率对股票收益率具有一定的解释力，他们认为这就是价值效应产生的原因。但 Lakonishok et al.(1994)认为，账面市值比效应是由于投资者对公司基本面过度反应而造成的。Daniel and Titman(1997)也认为规模和账面市值比不是风险因素，而是代表投资者对小规模公司和价值公司的偏好，投资者偏好导致这些特征因素对公司股票收益率产生影响。

Bhandari(1988)则发现，财务杠杆和股票平均收益率之间存在正相关关系，这也被认为是 CAPM 无法解释的"异象"，因为在 CAPM 模型中财务杠杆因素包含在市场 β 内。但 Bhandari(1988)发现，即便是在考虑了 β 和市值效应的模型中，财务杠杆与股票收益率的正相关关系依然显著。

围绕上述"异象"，传统金融学家和行为金融学家展开了激烈的争论。传统金融学家继续尝试用理性定价的思想对"异象"进行解释，而行为金融学家则构造了大量基于信念和偏好的资产定价模型来诠释这些"异象"。Fama and French(1992)指出，市场存在 CAPM 模型没有解释的隐藏风险，如市值、账面价值比、财务杠杆、市盈率等，正是这些风险因素造成了各种市场异象。进一步地，Fama and French(1993)提出多因素模型的分析思路，基于美国股票市场特点，总结出包含市场系统风险、规模效应和价值效应的三因素模型。三因素模型的提出消除了一部分"异象"，并且在各国的实证中得到了很好的应用，受到学者们较为广泛的认同。

第二节 应计异象

一、资本市场对盈余构成的识别

上市公司会计盈余作为市场的共有信息，在有效的资本市场中无法使投资者获得超额收益率。然而，Sloan(1996)首次提出的"应计异象"对这一观点提出了有力的质疑，其研究了股票价格反映应计利润和经营现金流中包含的关于未来公司盈余信息的能力，指出市场无法识别应计利润和经营现金流持续性的差别，从而导致对应计利润的高估和对经营现金流的低估。并且，Sloan(1996)利用这一结论构造出了能够获得11.4%超额收益率的套利组合，进一步证实了市场无法对盈余构成进行有效识别。而后，Collins and Hribar(2000)用同样的方法对美国上市公司季度报告数据进行检验得到了同样的结论。Sloan(1996)、Collins and Hribar(2000)的不足之处在于，他们在证明"应计异象"的存在性后，均没有进一步探讨市场错误应计利润是由于对可操控性应计利润错误定价还是对正常应计错误定价所引起的。

Xie(2001)将美国公司应计利润分为可操控性应计利润和正常应计两部分，同样借鉴Sloan(1996)的方法，研究发现"应计异象"的存在主要是由于市场无法为可操控性应计利润准确定价造成的，以可操控性应计利润为标准构造的套利组合即可以获得超过10%的超额收益率，这证明了市场高估可操控性应计利润的持续性从而导致了错误定价。Polk and Sapienza(2009)指出当管理者通过盈余管理制造了较高的可操控性应计利润时，总应计利润上升，投资者对于公司业绩给予较高评价造成股价高估，反之股价被低估。

但 Kraft et al. (2007)指出，用于预测未来盈余的变量如销售收入、资本支出也可能出现错误定价。他们在实证检验中加入这两个变量及其变动值，结果得出市场并没有高估应计利润，因而无法拒绝市场对应计利润进行理性定价的假设。不过，Kraft et al. (2007)并没有将应计利润分解为可操控性应计利润和正常应计作进一步的讨论。

国内学者对我国资本市场上"应计异象"也进行了一定探讨，并得到一些有意义的结论。如刘云中(2003)研究发现中国上市公司经营现金流和应计利润具有不同的持久性，并且与国外研究结论相同，经营现金流的持久性较强。然而，我国股票市场无法有效地识别这种差异，因而会高估应计利润而低估经营现金流，但根据应计利润构建的套利组合只能获得3.1%的超额收益率。

李远鹏和牛建军(2007)利用1998—2002年A股样本公司研究了中国股票市场的退市监管制度对"应计异象"的影响。在对总样本进行研究时，作者发现应计利润的估值系数仅略高于其预测系数，即中国证券市场并不存在"应计异象"，而构造的套利组合只获得3.2%的超额收益率。但是，作者认为这是由亏损公司的"洗大澡"行为导致的，在剔除亏损样本之后，李远鹏和牛建军(2007)发现应计利润被市场显著高估，以应计利润为标准构造的套利组合获得了超过7%的超额收益率。

同样地，宋云玲和李志文(2009)借鉴Sloan(1996)的研究方法，证实了"应计异象"在我国股票市场的存在性。其将净利润分为应计利润和经营现金流，研究得出在大部分年度中，应计利润的持续性显著低于经营现金流，但是在大部分年度中应计利润的定价系数大于经营现金流，只是差异并不显著。作者还发现，市场在对净利润、经营现金流和应计利润定价时，三者错误定价的方向保持一致，净利润和经营现金流错误定价的程度相差不大，但应计利润和经营现金流的错误定价程度呈现出一种"不对称"——在市场整体高估时对应计利润错误定价的程度更大，而在市场整体低估时对经营现金流错误定价的程度较小。

饶育蕾等(2012)从投资者有限注意角度对"应计异象"进行分析，发现对盈余组成部分关注较高的投资者能对应计利润作出较为合理的定价，而低关注投资者则对应计作出过高定价，并且在不同的市场态势下，高、低关注投资者对应计定价的表现不同。因此，他们认为投资者对盈余和盈余组成部分关注程度的不足能够在一定程度上解释中国的"应计异象"。

二、应计利润的构成

企业财务报表中所报告的净利润由两部分组成，分别是经营活动产生的现金流量净额和应计利润。经营活动产生的现金流量净额影响的是现金的变化，受到会计选择的影响不大；而应计利润产生于会计的权责发生制，为管理者提供了较大的操纵空间。应计利润是由正常应计和可操控性应计利润组成，其中正常应计又称为预期应计利润，而可操控性应计利润是公司出于某种动机而进行操纵的利润。应计利润是净利润中扣除经营活动产生的现金流量净额后的部分，可按(6.1)式计算。

$$ACC_t = Earnings_t - CFO_t \tag{6.1}$$

其中，ACC_t 为公司第 t 期的总应计利润，$Earnings_t$ 为公司第 t 期净利润，CFO_t 为公司第 t 期经营性现金流。

应计利润包括正常应计和操控性应计利润，正常应计通常依据公司历史数据估计所得，不同学者估计正常应计所采用的方法不尽相同，其中最为主要的方法为调整 Jones(1991)模型。首先，依据(6.2)式估计模型参数。

$$\frac{ACC_t}{A_{t-1}} = \theta_1 \left(\frac{1}{A_{t-1}}\right) + \theta_2 \left(\frac{\Delta REV_t}{A_{t-1}}\right) + \theta_3 \left(\frac{PPE_t}{A_{t-1}}\right) + \eta_t \tag{6.2}$$

其中，A_{t-1} 为公司 $t-1$ 期末的总资产；ΔREV_t 为公司第 t 期主营业

务收入与其第 $t-1$ 期主营业务收入的差额；PPE_t 为公司第 t 年固定资产净额；η_t 为模型随机误差项。对该模型进行普通最小二乘回归，得到模型参数后即可计算出正常应计（NDA）。

$$NDA_t = \hat{\theta}_1\left(\frac{1}{A_{t-1}}\right) + \hat{\theta}_2\left(\frac{\Delta REV_t}{A_{t-1}}\right) + \hat{\theta}_3\left(\frac{PPE_t}{A_{t-1}}\right) \qquad (6.3)$$

总应计利润中扣除正常应计部分即为可操控性应计利润（DA_t），具体计算如(6.4)式。

$$DA_t = \frac{ACC_t}{A_{t-1}} - NDA_t \qquad (6.4)$$

借鉴调整的 Jones(1991) 模型，我们计算了 1998—2009 年中国上市公司会计盈余构成。表 6.1 汇报了变量的描述性统计结果，从中可以看出，1998—2009 年间，所有观测值净利润和经营现金流的均值和中值都为正，但总应计利润的均值和中值都为负数，这主要是由于非可操控性应计利润的两个值均为绝对值较大的负数。可操控性应计利润的均值为 0.06，但中值接近于零，说明上市公司通过可操控性应计利润调低净利润时较为谨慎。此外，净利润的标准差小于经营现金流净额和正常应计，而可操控性应计利润的波动性却远大于应计利润并大于净利润。从各盈余构成及净利润波动性的比较可以看出，可操控性应计利润可能发挥着减少应计利润波动、平滑净利润的作用。

表 6.1　　　　　　　会计盈余构成描述性统计

变量	均值	中值	标准差	极小值	极大值
$Earnings_t$	0.040004	0.035661	1.155566	−86.1725	102.8769
CFO_t	0.072461	0.049946	1.300666	−8.5707	151.2161
ACC_t	−0.032461	−0.021800	0.888610	−86.1942	102.8769
DA_t	0.060206	−0.001857	1.185947	−36.1065	151.2161
NDA_t	−0.092667	−0.018855	1.325502	−96.5091	22.6122

Teoh et al.(1998)认为相对于长期应计项目来说，流动应计项目更易被用于盈余管理。这样，可操控性流动应计利润也成为学者们讨论盈余管理时的重要指标。可操控性流动应计利润的估计过程与可操控性应计利润大致一样，首先计算流动应计利润总额(CA)并对模型进行普通最小二乘回归，得到模型参数，接着根据模型参数计算非操控性流动应计利润($NDCA$)，最后从流动应计利润总额(CA)中扣除非操控性流动应计利润($NDCA$)得到操控性流动应计利润(DCA)。相关模型如下：

$$CA = \Delta(流动资产-现金) - \Delta(流动负债-一年内到期的长期负债) \quad (6.5)$$

$$\frac{CA_t}{A_{t-1}} = \theta_1\left(\frac{1}{A_{t-1}}\right) + \theta_2\left(\frac{\Delta REV_t}{A_{t-1}}\right) + \theta_3\left(\frac{PPE_t}{A_{t-1}}\right) + \eta_t \quad (6.6)$$

$$NDCA_t = \hat{\theta}_1\left(\frac{1}{A_{t-1}}\right) + \hat{\theta}_2\left(\frac{\Delta REV_t - \Delta AR_t}{A_{t-1}}\right) + \hat{\theta}_3\left(\frac{PPE_t}{A_{t-1}}\right) \quad (6.7)$$

与(6.3)式不同的是，(6.7)式在计算可操控性流动应计利润时，在主营收入变化量中扣除了应收款项变化量。ΔAR_t为公司应收款项第t期期末余额相对于第$t-1$期期末余额的增加额。

第三节　可操控性应计利润的定价检验

一、Mishkin 检验

Sloan(1996)最早提出"应计异象"的概念并分析指出，无效率的资本市场在为股票定价时无法区分盈余构成的质量。而进一步的研究表明，"应计异象"主要是由于市场对应计利润中可操控性应计利润的错误定价所引起(Xie, 2001)。在检验方法上，学者们普遍采用的是 Mishkin 检验。

Mishkin(1983)提出一种检验宏观经济中理性定价的方法，其认为在有效市场中，一项资产的未来一期超额收益率的期望为零，即：

$$E(R_{t+1}^*) = R_{t+1} - E_m(R_{t+1} \mid I_t) = 0 \tag{6.8}$$

其中，R_{t+1} 为 $t+1$ 期的资产收益率；$E_m(R_{t+1} \mid I_t)$ 为市场根据 t 期已有信息对资产 $t+1$ 期收益率的主观估计值；I_t 表示在 t 期影响资产价值的相关信息。如果市场是有效的，资产超额收益 R_{t+1}^* 只与资产价值相关信息预期外的变动相关，即：

$$R_{t+1}^* = \beta(X_{t+1} - E(X_{t+1} \mid I_t)) + \varepsilon_{t+1} \tag{6.9}$$

其中，β 为价值相关信息反应系数；X_{t+1} 为 $t+1$ 期资产价值相关信息水平；$E(X_{t+1} \mid I_t)$ 为基于 t 期信息对 $t+1$ 期价值相关信息水平的客观预期。在有效的资本市场中：

$$E(X_{t+1} \mid I_t) = E_m(X_{t+1} \mid I_t) \tag{6.10}$$

其中，$E_m(X_{t+1} \mid I_t)$ 为市场根据 t 期已有信息对 $t+1$ 期资产价值相关信息水平的主观估计值。

在会计盈余构成定价的研究中，资产收益率即为上市公司的股票收益率，价值相关信息 X 即为公司的净利润、应计利润、经营现金流、可操控性应计利润或正常应计。以净利润为例，建立 Mishkin 检验模型：

$$Earnings_{t+1} = \alpha_0 + \alpha_1 Earnings_t + \varepsilon_{t+1} \tag{6.11}$$

$$R_{t+1}^* = \gamma + \beta(Earnings_{t+1} - \alpha_0 - \alpha_1^* Earnings_t) + \mu_{t+1} \tag{6.12}$$

上式中，$Earnings_t$ 和 $Earnings_{t+1}$ 分别为 t 期和 $t+1$ 期公司净利润；R_{t+1}^* 为 $t+1$ 期上市公司的股票超额收益率；β 为公司 $t+1$ 期超额收益率对净利润预期外变动的反应系数。(6.11)式为公司净利润的预测方程，是基于 t 期净利润对 $t+1$ 期净利润进行的理性预期，α_1 为赋予 t 期净利润的权重，称为预测系数。(6.12)式为估值方程，α_1^* 为估值系数，反映市场估计 $t+1$ 净利润时主观赋予 t 期净利润的权重。当市场有效时，反映客观预期的预测系数与反映市场主观预期的估值系数相等，即 $\alpha_1 = \alpha_1^*$；估值系数较大时，说明市场高估了净利润，反之则低估了。ε_{t+1} 和 μ_{t+1} 为模型随机误差项。

Sloan(1996)的研究是将净利润分为经营现金流和应计利润两部分，Xie(2001)进一步将净利润分为经营现金流、可操控性应计利润和正常应计三个部分，对应的检验模型为：

$$Earnings_{t+1} = \alpha_0 + \alpha_1 CFO_t + \alpha_2 DA_t + \alpha_3 NDA_t + \varepsilon_{t+1} \qquad (6.13)$$

$$R_{t+1}^* = \gamma + \beta(Earnings_{t+1} - \alpha_0 - \alpha_1^* CFO_t - \alpha_2^* DA_t - \alpha_3^* NDA_t) + \mu_{t+1} \quad (6.14)$$

其中，CFO_t 为经营现金流净额，DA_t 为可操控性应计利润，NDA_t 为非可操控性应计利润。$\alpha_i(i=1,2,3)$ 为预测系数，是基于 t 期经营现金流、可操控性应计利润、正常应计等盈余构成对 $t+1$ 期净利润进行理性预期时赋予 t 期盈余构成的权重；α_i^* 为估值系数，反映市场估计 $t+1$ 净利润时主观赋予 t 期盈余构成的权重。当市场有效时，反映客观预期的预测系数与反映市场主观预期的估值系数相等，即 $\alpha_i = \alpha_i^*$；估值系数较大时，说明市场高估了盈余构成，反之则低估了。

Mishkin 检验的实现需要将(6.13)式和(6.14)式联立进行非线性最小二乘回归，并分两个阶段得到结果。第一阶段，对联立方程不施加任何约束，得到 α_i 和 α_i^* 的估计值；第二阶段对联立方程施加约束来检验预测系数和估值系数的差别是否显著，Mishkin(1983)证明这一目的可通过似然比检验(Likelihood ratio test)达到：

$$LR = 2n \times \ln\left(\frac{SSR^c}{SSR^u}\right)$$

其中，n 为回归模型样本数，SSR^c 为施加约束后回归模型的残差平方和，SSR^u 为未施加约束的模型残差平方和，该统计量服从参数 q 为约束条件个数的卡方分布 $\chi^2(q)$。如果 LR 值大于其临界值时，则拒绝市场为该部分盈余理性定价的原假设，即市场为该盈余部分定价是无效率的。

我们选取1998—2009年中国沪、深两市 A 股上市公司作为研究样本，所采用的数据均来自国泰安研究服务中心数据库，包括公司基本财务数据和控股股东数据。由于研究中包含 t 和 $t+1$ 两期，因此公司财务数据还包含了1997年和2010年的数据。样本采集剔除了金融性公司、统计数据不全以及信息披露不及时的公司，样本整理时剔除了异常值公司，最终共得到14132个观察值。

我们首先对全样本上市公司进行 Mishkin 检验，表 6.2 汇报了检验结果。从表 6.2 可以看出，虽然预测系数均显著，但估值系数却均不显著。而且从似然比统计量(LR)的计算结果来看，均无法拒绝市场准确地为三个盈余构成进行了定价。这与李远鹏和牛建军(2007)对全样本进行 Mishkin 检验的结果相一致。考虑到我国股票市场发展时间较短、受国家政策影响较大、投机者远多于投资者等特点，我们认为无法就此得出中国股票市场有效这一结论。

表 6.2　　　　　　　　　全样本 Mishkin 检验结果

盈余构成	预测系数	估计值	t-统计量	估值系数	估计值	t-统计量	原假设	LR
CFO	α_2	0.092	2.076	α_2^*	−29.578	−0.331	$\alpha_2=\alpha_2^*$	0.015
DA	α_3	0.228	3.095	α_3^*	−7.128	−0.294	$\alpha_3=\alpha_3^*$	0.006
NDA	α_4	0.299	4.711	α_4^*	3.4477	0.260	$\alpha_4=\alpha_4^*$	0.002
原假设 $\alpha_2=\alpha_2^*$、$\alpha_3=\alpha_3^*$、$\alpha_4=\alpha_4^*$					$LR=0.047$			

注：$LR=2n\times\ln(SSR^c/SSR^u)$，$SSR^c$ 和 SSR^u 分别为按照不同原假设对回归模型进行约束后得到的残差平方和。

我们进一步对不同年度子样本进行了 Mishkin 检验，表 6.3 汇报了检验结果。按子样本回归后，检验结果显示出了明显的特点。首先，除 2003 年外，市场对经营现金流、可操控性应计利润、正常应计错误估计的方向是完全一致的，这与宋云玲和李志文（2009）得到的结果相同。其次，在错误估计的方向上也存在一定的特点。1996 年我国股票市场迎来了第一次真正意义上的牛市，虽然 1998 年大盘出现微跌，但 1999—2000 年迎来了又一波牛市，因此总体来说 1998—2000 年我国股市向好，而在这三年中，经营现金流、可操控性应计利润和正常应计均受到市场的高估，而且估值系数在 1% 的显著性水平下高于预测系数。此后，除 2003 年和 2008 年外，经营现金流、可操控性应计利润和正常应计均被市场低估，而且在一半以上的年份中持续性较高的经营现金流是被显著低估的，体现了市场的无效率。

表 6.3　　　　　　　　分年度 Mishkin 检验结果

年度	CFO		LR_1	DA		LR_2	NDA		LR_3	LR_{123}
	α_2	α_2^*		α_3	α_3^*		α_4	α_4^*		
1998	0.604 (17.658)	1.029 (7.620)	7.698*	0.503 (17.535)	1.055 (8.331)	17.621**	0.501 (17.348)	1.060 (8.304)	17.944**	17.952*
1999	0.688 (22.828)	1.535 (7.274)	23.062**	0.681 (22.908)	1.536 (7.295)	24.044**	0.679 (22.632)	1.538 (7.254)	23.871**	24.106*
2000	0.572 (13.388)	1.207 (5.548)	13.070**	0.572 (13.547)	1.171 (5.494)	11.914**	0.572 (13.344)	1.124 (5.280)	9.831**	17.577*
2001	0.915 (7.896)	-1.587 (-0.837)	1.386	0.888 (9.160)	0.567 (0.428)	0.033	0.856 (8.457)	0.606 (0.439)	0.018	2.015
2002	0.529 (16.798)	-0.295 (-1.972)	55.165**	0.299 (12.226)	0.220 (2.399)	0.884	0.285 (11.320)	0.187 (1.981)	1.274	71.389*
2003	0.439 (12.327)	0.281 (2.2150)	1.946	0.360 (10.554)	0.397 (3.305)	0.118	0.349 (9.955)	0.404 (3.265)	0.239	5.387

续表

年度	CFO α_2	CFO α_2^*	LR_1	DA α_3	DA α_3^*	LR_2	NDA α_4	NDA α_4^*	LR_3	LR_{123}
2004	0.623 (21.710)	0.332 (3.383)	10.109*	0.405 (16.077)	0.339 (4.082)	0.683	0.404 (15.498)	0.347 (4.046)	0.469	11.884**
2005	0.624 (16.789)	−0.138 (−0.302)	5.323*	0.431 (14.146)	0.072 (0.209)	1.775	0.434 (13.961)	0.076 (0.217)	1.695	5.408
2006	0.492 (8.537)	−0.480 (−0.645)	3.765*	0.575 (6.993)	0.452 (0.490)	0.029	0.548 (6.643)	0.481 (0.519)	0.009	13.559*
2007	0.316 (2.818)	0.126 (0.094)	0.005	0.309 (15.731)	0.57 (2.319)	0.321	0.327 (160.979)	0.266 (8.645)	1.555	1.917
2008	−0.307 (−1.319)	2.096 (1.770)	0.08	−0.994 (−1.525)	0.984 (1.742)	0.045	−0.896 (−1.351)	0.914 (1.724)	0.045	0.091
2009	0.686 (44.597)	0.173 (0.320)	0.598	0.378 (32.111)	0.249 (0.759)	0.065	0.392 (44.704)	0.111 (0.363)	0.554	1.046

注：LR_1、LR_2、LR_3、LR_{123} 分别表示原假设为 $\alpha_2=\alpha_2^*$、$\alpha_3=\alpha_3^*$、$\alpha_4=\alpha_4^*$ 以及三个等式约束同时存在时的似然比值，分别以相应约束条件下的 SSR^c 和未施加约束得到的 SSR^u 以及各个年度子样本的样本量计算得出。** 表示在 1% 的水平上显著，* 表示在 5% 的水平上显著，临界值通过查表获得（卡方分布 $\chi^2(q)$）。括号中显示的是系数 t 统计量值。

对不同年度子样本进行 Mishkin 检验之后，我们参考 Kraft et al.(2007) 的研究，采用 Fama-MacBeth(1973) 方法计算了各个年度的平均预测系数和估值系数，以及相应的 t-统计量和似然比统计量，并通过表 6.4 汇报了这些结果。可以看出，市场理性地为盈余构成定价的原假说被拒绝，同时也证实了"应计异象"在我国股票市场上的存在性。首先，可操控性应计利润的预测系数(0.367)小于经营现金流净额和正常应计（依次为 0.515 和 0.371），但估值系数(0.635)却是三个盈余构成中最高的（依次为 0.357 和 0.593），并在 5% 的显著性水平下高于其预测系数,说明市场高估了可操控性应计利润。第二,经营现金流的预测系数最大,说明经营现金流的持续性最优,但其估值系数(0.357)却最小,并且小于其自身的预测系数(0.515),说明市场低估了上市公司的经营现金流,并且在1%的显著性水平上成立。第三,非可操控性应计利润的估值系数在5%的显著性水平上显著大于其预测系数,说明市场高估了该项盈余构成。与可操控性应计利润相比,正常应计估值系数与预测系数的差值较小(0.222 vs. 0.268),虽未进行统计检验,但我们可以基本可以判断市场高估可操控性应计利润的程度大于正常应计。

表6.4 分年度 Mishkin 检验平均结果(Fama-Macbeth 方法)

盈余构成	预测系数	估计值	t-统计量	估值系数	估计值	t-统计量	原假设	LR
CFO	α_2	0.515	5.988	α_2^*	0.357	1.248	$\alpha_2=\alpha_2^*$	10.184**
DA	α_3	0.367	2.759	α_3^*	0.635	4.885	$\alpha_3=\alpha_3^*$	4.794*
NDA	α_4	0.371	2.992	α_4^*	0.593	4.425	$\alpha_4=\alpha_4^*$	4.792*
原假设 $\alpha_2=\alpha_2^*$、$\alpha_3=\alpha_3^*$、$\alpha_4=\alpha_4^*$						LR=14.361**		

注:平均水平的预测系数和估值系数为各年度系数的平均值,t-统计量为系数均值除以年度系数序列的标准误,而似然比为相应原假设下似然比统计量的平均值。** 表示在1%的水平上显著,* 表示在5%的水平上显著,临界值通过查表获得(卡方分布$\chi^2(q)$)。

全样本 Mishkin 检验结果与年度子样本 Mishkin 检验平均结果截然不同,我们认为这主要是由于我国股票市场发展的时间较短,样本期间内又经历了股权分置改革等政策性事件冲击以及全球金融危机等市场性冲击,加之我国股票市场一直受到国家政策的影响较大、个股价格涨跌变化的同步性较强,这些因素使得不同年度之间上市公司总体盈余水平及收益率有较大差别。我们认为分年度检验可以减少不同年度之间政策变化引起的公司盈余及收益率变动对检验结果的影响,具有更强的合理性。

我们通过 Mishkin 检验可以发现，中国股票市场为盈余构成定价时低估了经营现金流，却高估了可操控性应计利润和正常应计。因此，我们认为中国股票市场对上市公司会计盈余构成的定价是无效率的，市场无法识别各盈余构成质量的差别而出现错误定价，并且可操控性应计利润被错误估计（被高估）的程度最大。

二、套利组合检验

从 Mishkin 检验的结果中可以初步确定市场对盈余各个部分定价的准确度，根据这一结果，可以从套利角度对定价效率做进一步的检验。有效市场假说认为，如果市场是半强式有效的，则投资者无法利用市场共有的信息（如财务报告）获得超额收益。基于此，可以通过构建套利组合并从组合收益率上判断市场的有效性。具体而言，如果可操控性应计利润被市场高估，则可以构建基于可操控性应计利润水平的投资组合：可操控性应计利润高的公司受到市场高估的程度比较大，未来股票价格下降的可能性和幅度也较大，因此可做空头；可操控性应计利润低的公司受到市场高估的程度小，未来股价下跌的可能性和幅度也较小，因此可以做多头；如果套利组合可以产生超额收益率，则说明市场对可操控性应计利润的高估是确实存在的，市场是无效率的。

具体而言，首先，将 t 期样本按照某一盈余构成（如可操控性应计利润）的大小分为十组，并计算每一组 $t+1$ 期、$t+2$ 期及 $t+3$ 期的平均收益率（假设对该组内每一只股票投资相同金额）。然后，根据该盈余构成是被高估还是低估构造投资组合，计算投资组合的收益率。最后，计算每年构造的投资组合在 $t+1$ 期、$t+2$ 期及 $t+3$ 期的超额收益率，通过对超额收益率的统计检验确定该盈余构成是否被错误定价。

通过 Mishkin 检验，我们发现中国股票市场在定价时高估了可操控性应计利润。为进一步验证这一结论，我们借鉴 Sloan(1996)的方法基于可操控性应计利润规模构造了套利组合，同时也构造了基于经营现金流净额和正常应计的套利组合进行对比分析。

我们首先对各年度子样本按照可操控性应计利润进行排序并分为十组，为研究可操控性应计利润错误定价纠正的时间跨度，我们借鉴 Xie(2001)的方法计算了根据 t 期可操控性应计利润构造的套利组合在 $t+1$、$t+2$ 以及 $t+3$ 期的超额收益率，通过超额收益率的有无判断可操控性应计利润的定价纠正时间。因此，本部分的样本期间为 1998—2007 年。我们将 10 个年度子样本相应组别的收益率取平均值，最终获得可操控性应计利润由低到高十个组别以及套利组合在 $t+1$、$t+2$ 以及 $t+3$ 期的平均收益率。表 6.5 汇报了以可操控性应计利润、正常应计和经营现金流为标准构造的投资组合超额收益率。由 Mishkin 检验得出可操控性应计利润和正常应计被市场高估，因此应构造可操控性应计利润最低组多头、最高组空头的投资组合。同理，由于经营现金流被市场低估，因此应构造其最低组空头、最高组多头的投资组合。

从检验结果可以看出，根据可操控性应计利润最高的组空头、最低的组多头所构造的套利组合可以在 $t+1$ 期获得显著为正的超额收益率 6.0%(t=2.939)，这与 Mishkin 检验的结果相一致。虽然此套利组合的超额收益率没有达到 Xie(2001)检验美国股票市场时得到的 11%，但在 5%的显著性水平下显著为正的超额收益率已经可以充分说明我国股票市场高估了上市公司的可操控性应计利润，投资者可以据此在股票市场上获得超额收益。在 $t+2$ 期，虽然套利组合的收益率仍为正，但均值 t 检验显示该超额收益率并不显著，说明中国股票市场对可操控性应计利润的高估在一年后得以纠正。

以正常应计为标准构造的套利组合没能获得显著为正的超额收益率，结合前面 Mishkin 检验的结果综合考虑，我们认为中国股票市场在一定程度上对正常应计有所高估，但未达到可据此进行套利的水平。同时，我们也认为国内学者研究发现中国资本市场的"应计异象"主要是由于市场对可操控性应计利润高估所导致的。表 6.5 中的结果还显示，基于经营现金流净额最高组多头、最低组空头的套利组合同样可以在

t+1 期获得超额收益率(6.3%)，而且在 5%的显著性水平下显著，说明我国股票市场为经营现金流定价确实存在低估。

表 6.5 套利组合检验结果

组别	DA			NDA			CFO		
	t+1	t+2	t+3	t+1	t+2	t+3	t+1	t+2	t+3
1	0.045	0.025	-0.028	0.009	-0.007	-0.014	-0.043	-0.006	-0.045
2	0.015	0.022	-0.030	0.020	0.027	0.002	-0.002	0.004	-0.006
3	0.0287	0.007	0.010	0.001	0.003	-0.042	-0.006	0.024	-0.036
4	-0.003	-0.001	-0.006	0.003	-0.007	-0.003	-0.003	-0.007	-0.009
5	0.003	-0.003	-0.025	-0.018	-0.001	-0.030	0.003	0.016	0.002
6	-0.010	-0.008	-0.037	-0.001	-0.007	-0.030	0.012	0.013	-0.024
7	-0.002	-0.004	-0.004	0.003	-0.001	-0.018	0.001	0.001	-0.013
8	-0.030	-0.024	-0.030	-0.017	0.005	-0.037	0.018	-0.023	-0.038
9	-0.028	-0.030	-0.036	-0.005	-0.024	-0.027	-0.007	-0.031	-0.047
10	-0.016	-0.001	-0.026	-0.014	-0.003	-0.017	0.020	0.000	0.005
组合收益率	0.060^a	0.026	-0.002	0.023^b	-0.003	0.004	0.063^c	0.006	0.050
均值 t 检验	2.939*	0.980	-0.066	1.300	-0.222	0.129	2.427*	0.239	0.949

注：a 0.060=0.045-(-0.016)；b 0.023=0.009-(-0.014)；c 0.063=0.020-(-0.043)。*表示在 5%的水平上显著。

我们通过套利组合检验结果可以发现，市场确实存在对可操控性应计利润的高估，投资者可以根据可操控性应计利润构造投资组合并在下一期获得超额收益率，这表明我国股票市场是无效率的。但是，根据正常应计构建的投资组合却没能实现超额收益率，说明市场对正常应计的错误定价程度较轻。这表明李远鹏和牛建军(2007)、宋云玲和李志文(2009)以及饶育蕾等(2012)研究得出的中国资本市场高估总应计利润主要是由于市场对可操控性应计利润的高估导致的，同时也表明中国资本市场并不能有效识别上市公司控股股东的盈余管理行为。

第四节 控股股东与资本市场信息效率

一、控股股东视角的盈余管理

关于盈余管理的研究大多基于管理者的角度，但经理人的盈余管理其实是受控股股东支配的，尤其是在内部人控制严重的企业。Bennedsen and Wolfenzon(2000)、Fan and Wong(2002)发现大股东掌握着足够强的控制权，不但能够干涉公司生产决策的制定，还能控制公司会计数据的生成，甚至完全主导着企业公布的盈余信息(Claessens et al.，2002)。因此，许多学者已转向从控股股东的角度考察公司盈余管理。Guthrie and Sokolowsky(2010)以美国上市公司为样本，考察了存在控股股东的上市公司中配股与盈余管理的关系，发现公司存在外部大股东时盈余更容易受到操纵，在配股过程中大股东通过操纵公司盈余掠夺中小投资者的利益。Jara and Lopez(2011)认为大股东在侵占企业和其他投资者利益时会面临多个方面的压力，比如监管机构的查处、独立董事的监督、其他投资者的制衡以及会计信息披露的制约，因此大股东拥有足够大的动力去干涉会计信息的生产来淡化自己的侵占行为。

进一步地，Yang et al.(2014)研究发现，如果公司隶属于一个大集团，那么控股股东倾向于把公司的利益和集团的利益绑在一起，从而进行盈余管理为集团输送利益，并且这种情况下公司有更大的空间和更多的手段来进行盈余管理。Cormier et al.(2014)选取加拿大上市公司作为研究样本，发现控股股东为了达到盈余预测的目的会调增企业的盈余利润，但是在公司治理结构比较完善的公司中，控股股东会受到更大的监督与制约，这种企业的盈余管理水平相对较低。Andreou et al.(2014)选取了海运行业的公司作为研究对象，发现在独立董事制度比较完善、董事会成员没有在其他公司兼职的情况下控股股东会减少盈余管理。

国内学者对控股股东视角的盈余管理也进行了一定的研究。李志文和宋衍蘅（2003）认为我国的经理人市场还处于初级阶段，国内企业的总经理一般是控股股东指定的，企业经营的决策决议表面上由总经理提出，其实却是控股股东意愿的体现。商仲玉（2005）指出国有资产管理委员会或者民营大股东拥有公司实实在在的控制权，一些上市企业在大股东和相关政府部门的组织下，普遍存在盈余操纵、关联交易、缩减税收以及政策支持等影响企业利润水平的非正常行为。雷光勇和刘慧龙（2006）认为企业年报反映着各方面的利益冲突，管理者对企业运转的管理多受到控股股东的干涉。控股股东不但能够对公司的经营决策提出决定性意见，还能控制公司会计数据的生产过程，甚至完全能左右企业公布的会计信息。毛洪涛和吴将君（2007）研究发现，上市公司的应计利润容易被控股股东操纵，控股股东往往隐瞒企业真实的业绩，从而欺骗外部股东并导致他们做出错误的投资决策。薄仙慧和吴联生（2009）研究了控股股东属性对会计信息的影响，研究发现民营企业控股股东的盈余管理水平更加严重，因为这样可以保证他们获取的大量控制权私利不会在会计报表中显示出来。

许多文献研究了企业 IPO 前通过操纵利润达到上市相关条件的行为，对企业 IPO 后的盈余管理行为也进行了一些探讨。特别地，一些学者进一步分析了控股股东盈余操纵与控制权私利之间的关系，指出控股股东操纵企业的会计信息不单单是为了掩盖侵占的行为，还有一个很重要的原因在于为了达到监管部门要求的盈利水平（配股或被特殊处理）。如果控股股东的侵占行为很严重进而导致企业出现连年亏损而被特殊处理，那么企业在不得已退市之后就无法在资本市场继续融资。因此，控股股东操纵盈余也是为了从资本市场源源不断获得资金并保证其其掏空行为能够持续进行，但这不仅损害了其他中小投资者的合法权益，还使得公司长期盈利能力下降。

二、资本市场信息效率

资本市场是由参与者和交易制度共同构成的一种机制,这种机制对内部个体所生产或持有的分散化信息加总,从而体现为市场的定价过程。这一过程效率的高低对于整个经济体系的资源配置具有重要作用,只有在市场对信息定价有效率的情况下,市场价格才可以恰当地反映经济信号,从而引导经济资源的合理流动和社会生产的有序进行。由于企业应计利润尤其是可操控性应计利润为管理者和控股股东提供了较大的操纵空间,因此,学术界对会计盈余信息含量的探讨主要围绕可操控性应计利润展开。

Rangan(1998)、Chan et al.(2006)等学者探讨了上市公司管理者通过可操控性应计利润改善报告盈余的行为动机,认为在股权再融资过程中实施盈余管理可以降低资本成本或维持公司高增长速度下的高股价,并对公司因素如何通过可操控性应计利润影响市场定价进行了一些分析。Jirapron et al.(2008)对上市公司的盈余管理是管理者的机会主义行为还是有利于提高净利润信息含量的选择进行了探讨:如果盈余管理主要是管理者的机会主义行为,则代理成本较高的公司盈余管理的程度也较大;反之,如果盈余管理是有利于股东的行为,则在代理成本较高的公司中,盈余管理的程度较小。他们实证检验结果表明,盈余管理程度与代理成本负相关而与公司价值正相关,说明公司的盈余管理行为主要是为了向股东和市场传递管理者私有信息,而非管理者的机会主义行为。

我国上市公司股权结构高度集中,控股股东凭借对公司的控制能对公司可操控性应计利润产生较大影响。如果控股股东与中小股东利益较为一致,则控股股东损害公司价值以获得控制权私利的动机减弱,其出于自身利益最大化考虑而对盈余进行机会主义操纵的行为也会减少,可操控性应计利润主要用于平滑公司净利润。反之,如果控股股东利益与中小股东不相一致，则控股股东倾向于通过机会主义操纵行为以获得控制权私利，这种情况下控股股东更多地通过可操控性应计利润进行盈余操纵，而较少考虑公司价值的下降。这种影响是否会对可操控性应计利润定价起作用并对资本市场信息效率造成影响，我们将进一步结合控股股东特征对这一问题进行探讨。

大量研究表明，控股股东特征不同情况下的行为选择不同，控股股东与中小股东之间的利益分歧程度存在差异。控股股东特征的不同将导致可操控性应计利润的信息含量不同，如果市场未能有效识别控股股东行为动机，则会造成可操控性应计利润错误定价。因此，控股股东特征会影响市场为可操控性应计利润的定价。有鉴于此，我们进一步从控股股东持股比例、属性及终极控股股东两权分离程度等角度考察了控股股东对可操控性应计利润市场定价的影响，进而探讨控股股东影响下的资本市场信息效率。

表6.6按照控股股东持股比例、属性以及终极控股股东两权分离程度对样本进行了划分，并给出了各个子样本可操控性应计利润的描述性特征。从中可以看出，根据样本公司控股股东持股比例的中位数和平均数分组后，高持股比例组公司的可操控性应计利润均值、中值和标准差均大于低持股比例组，说明持股比例较高时控股股东操纵盈余的能力和动机更强一些。此外，与国有控股股东属性的公司相比，控股股东为民营属性的公司可操控性应计利润均值更大，中位数(为负)绝对值和标准差也更大，这在一定程度上说明民营性质控股股东操纵公司盈余时幅度较大。同样地，与两权未分离样本公司相比，两权分离样本公司操纵盈余的程度和幅度也要更大一些。

为了检验控股股东对可操控性应计利润定价的影响，我们首先借鉴Kraft et al. (2007)的研究方法，将Mishkin检验的联立非线性回归模型通过变量带入转化为普通最小二乘回归模型，将(6.13)式带入(6.14)式并整理得：

表6.6　　　　　　　　控股股东特征与盈余管理

DA_t	控股股东持股比例				控股股东属性		终极控股股东两权分离	
	<37%	≥37%	<39%	≥39%	国有属性	民营属性	两权未分离	两权分离
均值	0.04565	0.04633	0.04240	0.05011	0.03801	0.05843	0.04605	0.04703
中位数	-0.0099	0.0012	-0.0095	0.0014	-0.0026	-0.0092	-0.0010	-0.0066
标准差	0.6758	1.4263	0.6587	0.7737	0.5217	1.4217	0.6281	0.8947
样本数	5343	5342	5712	4969	6511	4171	4171	3831

注：37%和39%分别为控股股东持股比例的中位数和均值。

$$R_{t+1}^* = \gamma + \beta(\alpha_1 - \alpha_1^*)CFO_t + \beta(\alpha_2 - \alpha_2^*)DA_t + \beta(\alpha_3 - \alpha_3^*)NDA_t + \beta\varepsilon_{t+1} + \mu_{t+1} \quad (6.15)$$

(6.15)式的残差 ε_{t+1} 与自变量不相关，因此在模型中除去 $\beta\varepsilon_{t+1}$ 项后，仍可得到无偏的估计系数，因此(6.15)式可写为：

$$R_{t+1}^* = \gamma + \varphi_1 CFO_t + \varphi_2 DA_t + \varphi_3 NDA_t + \sigma_{t+1} \quad (6.16)$$

其中，$\varphi_i = \beta(\alpha_i - \alpha_i^*)$（$i=1,2,3$），体现了市场对盈余构成错误定价的程度；$\beta$ 为超额收益率对盈余构成预期外变动的反应系数，当 $t+1$ 期公司盈余高于市场预期时，超额收益率增加，因此 β 为正数；φ_i 为正表示该盈余构成被低估、φ_i 为负表示该盈余构成被高估。σ_{t+1} 为模型随机误差项。为检验中国上市公司控股股东持股比例、属性及终极控股股东两权分离对可操控性应计利润错误定价程度的影响，我们进一步在(6.16)式中加入控股股东特征代理变量与可操控性应计利润的交乘项，构建如下实证研究模型：

$$R_{t+1}^* = \gamma + \varphi_1 CFO_t + \varphi_2 DA_t + \varphi_3 NDA_t + \varphi_4 Large \times DA_t + \varphi_5 Large + \sigma_{t+1}$$

（6.17）

其中，$Large$ 为控股股东特征代理变量，在实证检验中分别用 $LargeW$、$LargeG$、$LargeK$ 代表控股股东持股比例、属性以及终极控股股东两权分离程度。交乘项系数 φ_4 反映控股股东特征对可操控性应计利润错误定价程度的影响，若该系数与可操控性应计利润错误定价系数 φ_2 的符号一致，则说明控股股东特征加剧了市场对可操控性应计利润的错误定价。

表 6.7 列出了相关回归结果。其中，模型 a 为不加入控股股东特征变量交乘项即式(6.16)的回归结果。结果显示，可操控性应计利润和正常应计的系数为负，根据模型分析可知预测系数小于估值系数即被市场高估，而且可操控性应计利润的系数在 5% 的水平上显著；而经营现金流的系数为正并在 1% 的水平下显著，表明被市场低估。这与前面 Mishkin 检验和套利组合检验的结果保持一致。

模型 b 为加入控股股东持股比例与可操控性应计利润交乘项的回归结果。结果显示，交乘项的系数在 5% 的水平下显著为正，即控股股东持股比例越多时市场对可操控性应计利润的高估程度减弱。这可能是因为，控股股东持有公司股份越多，其与中小股东的利益趋同效应就越强，这种利益的一致性减弱了控股股东对上市公司报告盈余进行机会主义操纵的动机，提升了公司盈余的信息含量，从而降低了市场对可操控性应计利润的高估。

模型 c 为加入控股股东属性与可操控性应计利润交乘项的回归结果，控股股东属性为国有性质时赋值为 0，民营性质则赋值为 1。与国有性质的控股股东相比，民营性质控股股东导致可操控性应计利润高估的程度要大一些，但这种差异并不显著，这表明控股股东属性的差异并不显著影响市场对可操控性应计利润错误定价的程度。

模型 d 为加入终极控股股东两权分离系数与可操控性应计利润交乘项的回归结果。结果显示，交乘项系数在 1% 的水平下显著为负，说明终极控股股东两权分离程度较大时，市场对可操控性应计利润的高估加剧，这在一定程度上体现了我国股票市场的非有效。终极控股股东一般采用金字塔式持股结构实现控制权与现金流权的分离，随着持股结构的复杂化，上市公司的信息透明度降低，市场不能充分反映公司报告盈余中的信息含量，这造成对可操控性应计利润高估程度的加剧。

表 6.7　控股股东特征对可操控性应计利润错误定价的影响

变量	模型 a		模型 b		模型 c		模型 d	
	系数	t-统计量	系数	t-统计量	系数	t-统计量	系数	t-统计量
DA	−0.261	−1.806*	−0.116	−1.295	−0.052	−0.722	−0.049	−0.415
NDA	−0.119	−0.887	−0.087	−0.946	−0.088	−0.967	−0.094	−0.770
CFO	0.226	1.956**	0.122	1.284	0.117	1.182	0.079	0.699
$DA \times LargeW$			0.001	1.809*				
$DA \times LargeG$					−0.038	−1.267		
$DA \times LargeK$							−0.016	−2.286**
$Large$			0.001	2.148**	−0.038	−1.691	−0.001	−0.077
拟合优度	0.010		0.015		0.016		0.010	
样本量	9		9		9		7	

注：$Large$ 在模型 b、c、d 中分别表示 $LargeW$（控股股东持股比例）、$LargeG$（控股股东属性）和 $LargeK$（终极控股股东两权分离系数）。** 表示在 1% 的水平上显著，* 表示在 5% 的水平上显著。

综上所述，中国资本市场不能有效识别控股股东盈余管理行为，市场对公司盈余构成存在错误定价，可操控性应计利润和正常应计被高估而经营现金流被低估。公司控股股东特征影响可操控性应计利润的市场定价，控股股东持股比例高时可操控性应计利润被高估的程度较小，但终极控股股东两权分离程度大时可操控性应计利润被高估的程度更大。

不同于先前学者的研究（李远鹏和牛建军，2007；宋云玲和李志文，2009），我们并不是着眼于总应计利润而是其中的可操控性应计利润，通过检验可操控性应计利润的市场定价考察中国资本市场对控股股东盈余管理行为的识别能力，并将反映控股股东行为特征的变量直接纳入到实证检验模型考察了公司层面控股股东因素对市场定价效率的影响。在中国这样一个新兴的市场经济体，控股股东不仅操控公司盈余的能力强，在资本市场上对公司股价的影响也大，可操控性应计利润作为市场时机指标的选择对于行为公司金融研究领域内相关课题研究的拓展无疑具有重要意义。

第七章 股票市场错误定价与公司投资支出

在资本市场非有效的情况下，股票市场错误定价影响了公司的投资支出，控股股东能够迎合这种市场时机进行过度投资来转移资源和攫取私利。基于中国上市公司股权结构高度集中的特点，本章首先将 Polk and Sapienza(2002)市场时机影响公司投资支出的模型从管理者视角拓展到控股股东视角，模型分析表明股票市场上的市场时机对公司投资支出产生正向影响，并且这种影响在控股股东持股比例高的情况下更加强烈。然后我们对市场时机影响公司投资支出的股权融资渠道和迎合渠道进行分析，并采用可操控性应计利润作为市场时机的衡量指标实证检验了控股股东操纵盈余影响股价的择时行为。进一步地，我们分析并检验了控股股东利用盈余管理创造市场时机所导致的公司过度投资。

第一节 股票市场错误定价的均衡分析

一、股票价格的高估和低估

在 Modigliani and Miller(1958)所描述的完全竞争资本市场中，公司的投资水平由经济基本面和未来投资机会决定。而股票的市场价格由基本面决定，反映公司的内在价值。在这种情况下，股票市场不存在错误定价，公司投资支出与理性的股价变动正相关。但在资本市场非有效的情况下，投资者的非理性会导致股票市场出现错误定价。在公司市场价值偏离内在价值，公司股票价格被错误定价的情况下，公司的投资决策会受到怎样的影响？投资效率又会如何？

Stein(1996)以资本市场非有效、管理者理性而外界投资者非理性为前提，分析了市场时机(market timing)对公司投资决策的影响。Stein(1996)的研究表明，如果管理者具有短期视野即最大化短期股票价格，就必须迎合投资者的任何认识偏差。当投资者对公司投资项目过度乐观时，管理者会降低项目的门槛收益率(hurdle rate)选择更多的项目进行投资。但如果管理者关注的是公司的长期市场价值并且相信这个价值反映了公司基本面的信息，股票市场上的错误定价将不会影响公司的投资决策。Stein(1996)进一步指出，对于那些内部资金缺乏、举债能力有限，即新增投资必须依赖于外部股本的公司来说，当股价被低估时公司会尽可能地避免发行定价过低的股票，一部分净现值为正的项目得不到满足，造成公司投资不足；当股价被高估时，具有长期视野的管理者将会选择扩大投资，公司投资不足的问题会因此而得到解决。

当股票价格被高估时，理性的管理者会选择发行股票(Stein, 1996; Baker et al., 2002)，意图使公司实现更低的杠杆率和融资成本。如果股权融资成功，股价高估的市场时机就会从股权融资的渠道影响到公司的投资支出。学者们发现，股权融资渠道影响公司投资支出的机制与公司的融资约束程度关系紧密。对于融资约束的公司，股权融资增加的现金流会减轻或消除投资不足的非效率状况，进而导致公司投资水平上升；对于不存在融资约束的公司，由于股价高估时股权融资成本降低，这也会带来公司投资水平的上升。对于股价高估能降低融资成本的一个解释是，在相同规模的融资额度下，股价高估时的发行股数较少，公司的融资成本随股价高估的程度增加而降低。

当股票价格被低估时，理性的管理者不会实行股权融资。对于融资约束型公司，投资不足的情况可能会持续甚至加重；对于不存在融资约束的公司，资本市场信息对称且管理者理性，公司会选择回购股票，内部资金的减少会降低公司投资水平甚至出现投资不足。从我国的现实情况来看，由于制度限制以及行政审批等多方面原因，股票回购的情况极少出现。据俞鸿琳（2011）的研究，2002—2009 年中国上市公司中回购股票的公司平均不到 10 家。由于股票回购的样本数据极度缺乏，关于股票市场错误定价影响上市公司投融资行为的已有研究大多是针对股价高估的情况下展开。

股票市场错误定价除了对公司的投资支出水平产生冲击，还会对社会资源配置的效率产生影响。Barro（1990）使用总量数据的检验结果显示，在控制了基本面因素以后，股价的非理性变动仍对总体投资有显著的影响，据此认为非理性股价会造成资源配置的扭曲。在不考虑管理者代理问题的情况下，市场时机影响资源配置效率的一个关键问题是非理性股价可能会通过降低外部融资成本缓解融资约束公司的投资不足。Jermann and Quadrini（2007）的理论模型显示，投资者对未来生产率增长的较高预期造成股市繁荣和股价高估，对于遭受融资约束的小公司来讲，这降低了公司的融资成本，缓解其融资约束，导致投资的增加，并且股价的高估还造成了资本和劳动力在融资约束与非融资约束公司之间的重新配置，这种重新配置提高了整体劳动生产率。同时 Baker et al.（2003）指出，若将代理问题纳入考察范围，即使非理性股价变动对股权依赖型公司投资的影响比对非股权依赖型公司投资的影响更大，这也不足以说明股权依赖型公司的投资会导致较低的资源配置效率，因为代理问题使得非股权依赖型公司的管理者过分偏好平稳地进行投资，而对股价变动反应不足则会扭曲社会资源的配置。

但是，即便从管理者与公司既有股东利益一致的角度出发，管理者选择在公司股价高估时进行融资，融资所得资金不被用于向净现值为负的项目进行投资，而是用于诸如偿还债务、累计现金或投资于定价合理的证券等净现值为 0 的投资，其结果是公司既有股东获得了新增价值，但新股东则由于认购了价格高估的股份而得不偿失。考虑到股份发行以及公司和投资者决策中的各种成本，股价的高估其实是导致了资源浪费。更重要地，如果市场投资者情绪导致公司股价被高估，管理者的迎合动机导致外部融资资金被投向净现值小于 0 的项目，这将使得公司新股东和既有股东的利益都受到损害，从而导致社会资源非有效配置。此外，在公司股价被高估的情况下，管理者也许会对公司盈利前景作出过于乐观的预测，或者低估权益资本成本，而这些会导致公司过度投资。

二、模型均衡分析

为了从理论上分析股票市场错误定价对公司投资支出的影响，本部分基于控股股东行为视角，利用 Polk and Sapienza(2002) 的模型框架建立市场时机影响公司投资的理论模型。我们假定公司存在一个控股股东，管理者代表控股股东利益进行决策。模型假设有三个时点，无折现。在时点 t_0，公司的真实价值是 V_0，α 代表公司被错误定价的程度，$\alpha * V_0$ 表示公司市场价值相对于真实价值的偏离。在时点 t_1，公司面临一项投资机会，项目的品质是管理者的私有信息：$\theta^i \in \Theta = \{\theta^g, \theta^b\}$，对应的概率 $P = \{P_g, 1-P_g\}$。项目的真实价值分别为 V_g 和 V_b，坏项目的回报 $V_b<0$，高质量项目的回报为 $V_g * (1+f(\alpha))$，它部分取决于暂时的错误定价，但长期来讲会回到真实价值，即长期来看有 $\alpha = 0$ 和 $V_g > 0$。管理者可以决定投资与否：$a^i \in A = \{I, DI\}$，a^i 为公开信息。市场和现有股东无法观测到 θ^i，但可以观测到 a^i。项目和公司的价值依赖于相同的投资者情绪，项目被错误定价的程度为 $V_i * f(\alpha)$，假设 $f(0) = 0$，$f'(\alpha)>0$，$f(\alpha) \in (-\infty, +\infty)$。如果管理者决定不投资，那么公司的真实价值是 V_0；如果管理者决定投资坏项目即 $I(\theta^b)$，那么公司的真实价值为 $V_0 + V_b$；如果管理者决定投资好项目即 $I(\theta^g)$，那么公司的真实价值为 $V_0 + V_g$。

假设在某一时点 t_1+m，项目和公司的错误定价都会被矫正，所有项目的不确定性被消除，此时 $\alpha=0$，市场发现项目品质 θ^i，这种发现服从平均到达率为 $p \in [0, +\infty)$ 的 Poisson 过程，p 值越小意味着信息不对称和错误定价的时间越长。

假设股东 j 的效用函数为 $U_j = U_j(Y_j^{t_1})$，$Y_j^{t_1}$ 表示股东 j 在时点 t_1 的预期收益，并假定其在时点 t_1+u 需要流动性，u 服从一个平均到达率为 $q_j \in [0, +\infty)$ 的 Poisson 过程。较小的 q_j 意味着该股东长期持有股份，较大的 q_j 则表明该股东投资视野较短。我们不考虑各个股东到达率差异的影响，定义 q 为所有股东的平均到达率。记 r_j 为股东 j 的持股比例，时点 t_1+u 的股价为 S^{t_1+u}，则股东 j 在时点 t_1 的预期收益为：

$$Y_j^{t_1} = \int_{u=0}^{\infty} r_j S^{t_1+u} q_j e^{-q_j u} du$$

其中，$q_j e^{-q_j u}$ 是股东直到时间 t_1+u 才会受到流动性冲击的概率。

记股东 j 在项目投资中的收益为 $V(r_j, \theta^i)$，则：

$$\frac{\partial V(r_j, \theta^i)}{\partial r_j} \geq 0, \frac{\partial^2 V(r_j, \theta^i)}{\partial r_j^2} \leq 0$$

股票价值取决于项目品质是否被披露，定义 $\lambda \equiv Pr(\theta^i = \theta^b | a^i = I)$ 表示管理者投资该项目后投资者认为该项目为坏项目的条件概率。在项目品质被披露前公司仍被错误定价，市场依据它对项目品质的信念来评估公司价值进而评估项目的期望价值。因此，对于时点 t_1+u，$0 \leq u \leq m$，市场根据管理者是否投资对公司估值：

$S^{t_1+u} = V_0 * (1+\alpha)$，如果 $a^i = DI$

$S^{t_1+u} = V_0 * (1+\alpha) + \lambda(V_b) + (1-\lambda)V_g * (1+f(\alpha))$，如果 $a^i = I$

由于我们主要从控股股东的行为视角来分析公司投资决策，因此以下模型中的 r_j 特指控股股东持股比例。定义 $\gamma = \frac{q(1+\alpha)+p}{q+p}$，不投资的情况下即 $a^i = DI$ 时，控股股东 j 在时点 t_1 的预期收益为：

$$Y_1 = \gamma V_0 * r_j \tag{7.1}$$

投资坏项目的情况下，即 $a^i = I$，$\theta^i = \theta^b$ 时，控股股东 j 在时点 t_1 的预期收益为：

$$Y_2 = \gamma V_0 * r_j + \frac{q[\lambda(V(r_j, \theta^b) + (1-\lambda)V(r_j, \theta^g)(1+f(\alpha)))] + p[V(r_j, \theta^b)]}{q+p} \tag{7.2}$$

投资好项目的情况下，即 $a^i = I$，$\theta^i = \theta^g$ 时，控股股东 j 在时点 t_1 的预期收益为：

$$Y_3 = \gamma V_0 * r_j + \frac{q[\lambda(V(r_j, \theta^b) + (1-\lambda)V(r_j, \theta^g)(1+f(\alpha)))] + p[V(r_j, \theta^g)]}{q+p} \tag{7.3}$$

为了考察市场时机对公司投资支出的影响，我们将投资时的预期收益 Y_2、Y_3 对市场时机代理变量 α 求偏导：

$$\frac{\partial Y_2}{\partial \alpha} = \frac{\partial Y_3}{\partial \alpha} = V_0 * r_j \frac{\partial \gamma}{\partial \alpha} + \frac{(1-\lambda)V(r_j, \theta^g)f'(\alpha)}{q+p} > 0 ① \tag{7.4}$$

由假设条件可知，上式是大于 0 的，也就是说控股股东 j 的预期收益在公司投资时会随着 α 的增大而增大。对于同样的投资项目，当股票市场对公司的错误定价程度越高，控股股东从中获得的预期收益也越

---

① 由于 $\frac{\partial Y}{\partial \alpha} = \frac{q}{q+p} > 0$，$V(r_j, \theta^g) > 0$，$f'(\alpha) > 0$，$\frac{(1-\lambda)}{q+p} > 0$，因此 $\frac{\partial Y_2}{\partial \alpha} = \frac{\partial Y_3}{\partial \alpha} = V_0 * r_j \frac{\partial Y}{\partial \alpha} + \frac{(1-\lambda)V(r_j, \theta^g)f'(\alpha)}{q+p} > 0$。

高,这会促使公司投资支出增加。

下面,我们进一步考察在控股股东持股比例不同情况下市场时机对公司投资支出的影响。根据 Polk and Sapienza(2002)的模型可知,在过度投资均衡状态下 $Y_2>Y_1$,即无论项目品质好坏,投资的预期收益都比不投资要大。不妨令 $\Delta Y=Y_2-Y_1$,表示投资坏项目比不投资所增加的收益。ΔY 越大,控股股东进行过度投资的动机也就越大。由(7.1)式、(7.2)式和 $Y_2>Y_1$ 可得:

$$\Delta Y = \frac{q[\lambda(V(r_j,\theta^b)+(1-\lambda)V(r_j,\theta^g)(1+f(\alpha)))]+p[V(r_j,\theta^b)]}{q+p} > 0 \tag{7.5}$$

令 ΔY 对控股股东持股比例 r_j 求偏导,由 $\dfrac{\partial V(r_j,\theta^i)}{\partial r_j} \geq 0$ 可得:

$$\frac{\partial \Delta Y}{\partial r_j} = \frac{q\left[\lambda \dfrac{\partial V(r_j,\theta^b)}{\partial r_j}+(1-\lambda)\dfrac{\partial V(r_j,\theta^g)}{\partial r_j}(1+f(\alpha))\right]+p\left[\dfrac{\partial V(r_j,\theta^b)}{\partial r_j}\right]}{q+p} > 0 \tag{7.6}$$

上式表明,随着控股股东持股比例增加,公司投资坏项目比选择不投资对控股股东更为有利,这表明在控股股东持股比例高的情况下,市场时机更能促进公司的过度投资。

第二节 控股股东迎合与公司投资

一、市场时机与公司投资

股市与经济的关系如何是理论与实务界中一个经久不息的讨论话

题。从宏观上来看，一方面，股市受宏观经济影响，股价走势会对宏观经济的变化提前做出反应，股市发挥着"晴雨表"的功能；另一方面，货币政策通过调节利率和货币供应量对股票价格波动产生影响，这种影响会通过股票市场进一步作用于实体经济，造成经济基本面的变化。从微观层面上来讲，股票市场作为公司筹集资金的重要渠道，股价的涨跌向公司管理者提供重要的决策信号。理论文献和客观事实均表明，股价在资本市场上的表现会影响公司决策的制定，上市公司普遍存在市场时机的选择行为，即管理者选择在股价高估时发行新股融资，股价低估时回购股票。Baker and Wurgler（2002）、Welch（2004）以及 Huang and Ritter（2005）等分析指出，市场时机通过影响公司的融资行为改变公司的资本结构，资本结构是公司过去选择市场时机的累积结果。需要指出的是，在资本结构的市场时机理论中，学者们的研究并没有涉及公司的实际投资。而市场时机如何影响公司实际投资对于政府制定合理的政策，引导资本流向有效率的公司和行业具有重要的现实意义。

考察股市对社会资源配置究竟有着怎样的影响，有赖于充分理解股价的变动是如何作用于公司投资决策的。传统金融理论以有效资本市场假说为前提，认为公司股票价格变化反映了新增投资机会的信息，公司投资支出因此与理性的股价变动是正相关的。但在资本市场非有效的情况下，投资者的非理性会导致股票市场出现错误定价，这种错误定价是否影响公司的投资决策？Keynes（1936）最早对此进行了阐述，他指出某些投资与其说是取决于管理者的真实预期，不如说是取决于反映在股票价格上的投资者的平均预期。继 Keynes（1936）之后，大量文献进一步深入探讨非理性股价是否影响实际投资。

Bosworth（1975）指出，如果管理者关注的是公司的长期市场价值并且相信这个价值反映了公司基本面的信息，他将不会改变投资计划来对非基本面驱动的短期股价变动做出反应，股票市场上的错误定价因此不会影响公司的投资决策。而 Fischer and Merton（1984）却认为，即使股价的变动是非理性的，它也向管理者提供了关于公司投资决策的信号，因为股价的非理性变动反映了新增项目机会成本的变化：股价被低估时，投资于新增项目的机会成本就是利用资金回购股票可能获得的收益，公司的投资可能较少；股价被高估时，可以以较低的成本发行新股为新增项目融资，投资规模相应较大。如果管理者的投资计划随股价的这种变化进行调整，则市场时机能够影响公司投资决策。

Morck et al. (1990)进一步提出了投资者情绪引发的市场时机可能影响公司投资的三种假说：积极信息报告人假说(active informant hypothesis)、融资假说(financing hypothesis)和市场压力假说(stock market pressure hypothesis)。积极信息报告人假说的观点认为，由于公司作出投资决策时，未来基本面信息是不可预测的，并且股价易受投资者情绪的影响，管理者无法从股价变动中分离出基本面信息和投资者情绪，所以，即使这些信息不能准确预测公司的基本面状况，管理者也会利用他从股票市场上观察到的信息作出投资决策。融资假说则是指当市场由于投资者情绪而高估股价时，对于那些借债能力有限却有净现值为正的投资项目的公司而言，管理者会利用股价高估的低成本优势发行股票为项目融资。而根据市场压力假说，市场参与者通过购买或抛售公司股票来表达他们的情绪，公司通过市场上股价的表现来决定是否解雇管理者，即市场通过给管理者施加压力来影响公司的投资决策。Blanchard et al.(1993)对上述观点进行了综合，指出如果管理者关心的是长期投资者的利益，则公司投资决策取决于管理者所掌握的基本面信息而与股价的非理性变动无关。但如果管理者关心的是短期投资者的利益，则公司投资决策会遵循Fischer and Merton(1984)的分析逻辑，在股价被高估时进行更多的投资，股价被低估时减少投资。

Stein(1996)的理论模型为市场时机影响公司投资的研究奠定了坚实的基础，其理论分析更是指出了市场时机影响公司投资支出的两条渠道：股权融资渠道和迎合渠道。其中，股权融资渠道是基于管理者与公司既有股东利益一致的出发点，认为股价上涨导致股权融资资金成本降低，公司选择更多的项目进行投资，股价变化对公司投资产生实际的影响,这被称为积极的融资机制(Active financing mechanism);而非积极的融资机制(Inactive financing mechanism)则是指公司并不具有维持高额股价的投资机会,但可以趁股价高估的机会进行股权融资,然后将所获得的资金以现金形式持有而不进行投资,这种情况下股价高估对公司投资没有影响。在非积极的融资机制下,新股东购买了价值高估的股票,有一部分利益转移给了公司既有股东。

股权融资渠道最早始于 Morck et al. (1990)的融资渠道假说(financial hypothesis),但直到 Baker et al. (2003)的研究出现,股权融资渠道才得到相应的证据支持。Baker et al. (2003)借助 Stein(1996)的理论模型,对市场时机影响公司投资的股权融资渠道进行深入分析并予以实证检验,研究发现内部资金不足、新增投资依赖于外部融资的公司在股价被高估时,会利用股权融资的低成本优势发行新股筹集资金进行投资,因此非理性的股价变动对公司的投资支出有显著影响。Campello and Graham(2007)、Bakke and Whited(2010)等的研究也为股权融资渠道提供了实证支持,他们发现遭受融资约束的公司在其股价被高估时发行股票筹集资金进行投资,而非融资约束公司的投资支出不受非理性股价变动的影响。

需要指出的是,Baker et al. (2003)对股权融资渠道的分析是以管理者与公司既有股东利益一致为出发点,认为股价上涨导致股权融资成本降低,公司选择更多的项目(净现值大于0)进行投资。即便公司并不具有维持高额股价的投资机会,也可以趁股价高估的时机进行股权融资,然后将所获得的资金以现金或有价证券形式持有(净现值为0)。Baker et al. (2003)的分析没有考虑代理问题,假定公司选择有利时机融资获取的资金不会投向净现值为负的项目,这显得与资本市场实际情况不符。正如 Shleifer and Vishny(1997)分析指出的那样,管理者会选择在公司股价高估时进行兼并收购从事净现值为负的投资。Jensen(2005)也将他所提出的代理成本(Jensen and Meckling, 1976)、自由现金流(Jensen, 1986)的概念内涵进一步拓展,提出了"股价高估的代理成本"

(Agency costs of overvalued equity)，指出投资者情绪、管理者迎合动机以及各种代理冲突的交互作用导致了非有效投资。

基于上述研究，Polk and Sapienza(2009)引入了代理问题进一步探讨股价非理性变动通过迎合渠道对公司投资支出的影响。他们认为短期内管理者一般会追求股价最大化迎合投资者情绪实施投资项目，这种迎合渠道可以独立于股权融资渠道而发挥作用。Polk and Sapienza(2009)分析指出，如果市场对公司及其投资项目过分乐观造成股价高估，对于具有足够现金或举债能力的公司而言，其管理者会采取过度投资迎合投资者情绪抬高公司股票价格，而在公司股价被低估时管理者会放弃净现值为正的投资项目。同时，Polk and Sapienza(2009)以美国公司1963—2004年的数据为样本，采用可操控性应计利润(discretionary accruals)作为错误定价的代理变量对迎合渠道进行了实证检验，研究发现资金充裕的公司在股价高估的情况下有迎合市场投资者情绪并增加公司非效率投资的动机。

国外学者的上述研究都是基于相对分散的股权结构，管理者进行公司投资决策而不考虑控股股东的影响。Shleifer and Vishiny(1997)研究公司治理问题时发现很多上市公司存在控股股东，这种情况下公司的主要问题不是管理者和股东之间的代理冲突，而更多表现为控股股东和中小股东之间的利益冲突。La Porta et al.(1999)首次研究了公司终极控制权问题，发现投资者保护程度低的国家大多存在终极控股股东，终极控股股东用较少的现金流权即可获得公司的实际控制权。Johnson et al.(2000)分析指出，控股股东会通过攫取中小股东利益来获取控制权私利。Park and Shin(2004)的研究表明，控股股东为了实现自己的控制权私利会通过披露错误的盈余信息造成外部投资者对公司整体经营情况和投资水平的乐观估计。

我国股票市场的非理性程度远高于西方成熟市场并且上市公司普遍存在控股股东，股票市场的错误定价如何影响控股股东进行公司投资决策引起了学者们广泛关注。饶育蕾和汪玉英(2006)从股权结构角度研究了第一大股东持股比例、股权集中度和第一大股东性质对公司投资支出的影响。俞红海等(2010)通过构建两阶段动态模型探讨控股股东对公司投资决策的影响,研究表明股权集中以及控股股东的存在会导致公司过度投资。窦炜等(2011)对大股东控制下企业的不同控制权配置形态与非效率投资行为的关系进行了研究,发现大股东绝对控制和多个大股东共同控制会导致公司非效率投资呈现出不同的特点。刘志远和靳光辉(2013)的研究成果表明,投资者情绪与公司非效率投资之间的关系受到控股股东持股比例以及两权分离程度的影响。

在上一节的分析中,我们基于中国上市公司治理机制特点,从控股股东利益最大化的角度构建了市场时机影响公司投资的理论模型。模型分析结果表明,在市场时机高涨时,控股股东持股比例越高,其投资坏项目比不投资所增加的收益越大,市场时机将导致公司更大程度的过度投资。据此,我们提出如下研究假说:

假说7.1:在我国上市公司股权结构高度集中的背景下,股票市场上的市场时机对公司投资支出产生正向影响,并且这种影响在控股股东持股比例高的情况下更加强烈。

二、控股股东迎合的经验证据

为了检验假说7.1,我们选择2008—2011年沪深两市非金融类A股上市公司作为研究样本,所采用的数据全部来源于国泰安数据库。由于实证检验中还要用到$t-1$期的滞后变量,所以我们采集的公司财务数据还包括2007年的数据。样本筛选按照以下原则进行:(1)剔除金融性公司;(2)剔除资不抵债等财务状况异常的公司;(3)剔除异常值公司,如因需要不方便剔除的采用该样本数据分布的前1%、后99%位置的数据代替。此外,剔除公司财务数据资料不全的公司,最后得到的样本共有6612个观察值。

由于可操控性应计利润高的公司股票价格往往被高估,因此我们参考Polk and Sapienza(2009)一文将可操控性应计利润(DA)作为市场时机的代理变量。我们借鉴雷光勇和刘慧龙(2006)的方法,采用截面修正的 Jones 模型(Dechow et al., 1995)计算可操控性应计利润,对所有非金融类 A 股上市公司截面数据逐年进行回归计算。郝颖和刘星(2011)指出,在控制层级较多或者控制结构复杂的情况下,较长的股权控制链显著提高了终极控制人的决策成本,上市公司资本配置行为更多取决于直接控制人的利益目标,因此我们选用上市公司第一大股东持股比例来代表控股股东持股比例。

实证检验所采用的主要变量见表 7.1。投资模型中的被解释变量投资支出(Inv)为购建固定资产、无形资产和其他长期资产所支付的现金。销售收入($Sales$)、公司经营现金流(CFO)、销售收入增长率($Salesgrowth$)和权益融资现金流($EQISS$)在投资模型中被用作控制变量,其中 $Sales$ 控制公司经营状况,CFO 衡量公司的现金流水平,$Salesgrowth$ 为投资机会的代理变量,$EQISS$ 控制市场时机通过股权融资渠道对公司投资支出的影响。融资模型中的被解释变量 SEO 为虚拟变量,代表公司是否实施股权再融资,若公司当年实施了股权再融资 SEO 取 1 否则取 0。股权再融资前一年的公司股票超额收益率(PRE)为公司考虑现金红利再投资的年个股回报率与行业年平均回报率之差,流动性指标(LIQ)衡量公司受到的流动性约束,长期负债与总资产比(LDB)衡量公司的负债能力。此外,公司经营现金流(CFO)和销售收入增长率($Salesgrowth$)在融资模型中也被用作控制变量。

表 7.1　　　　　　　　　　变量定义表

变量名称	符号	变量定义
控股股东持股比例	$Large_t$	第一大股东持股比例
可操控性应计利润	DA_t	t 年总应计利润$-t$ 年非可操控性应计利润
总投资水平	Inv_t	购建固定资产、无形资产和其他长期资产所支付的现金/年初总资产

续表

变量名称	符号	变量定义
经营现金流净额	CFO_t	t 年经营活动产生的现金流量净额，并经 t 年初总资产标准化
销售收入	$Sales_t$	t 年销售收入，并经 t 年初总资产标准化
销售增长率	$Salesgrowth_t$	$\dfrac{t \text{年末销售收入} - t \text{年初销售收入}}{t \text{年初销售收入}}$
权益融资现金流	$EQISS_t$	吸收权益性投资收到的现金，并经 t 年初总资产标准化

表 7.2 列出了实证检验中所用到变量的描述性统计特征。由表 7.2 知，在投资模型中控股股东持股比例（$Large$）的平均值和中位数分别为 36.46% 和 34.53%，而最大值高达 89.41%，这反映出我国上市公司控股股东持股比例普遍较高，公司股权结构高度集中。可操控性应计利润（DA）的平均值为 0.047，高于雷光勇和刘慧龙（2006）估计的平均值 0.016，这表明在我们的样本观测区间内上市公司控股股东操控盈余的行为更加严重。

表 7.2 变量描述性统计

变量	平均值	中位数	标准差	最小值	最大值
$Large_t$	36.4617	34.5300	15.6236	2.1970	89.4100
DA_t	0.0472	0.0440	0.1069	−0.8311	0.8269
Inv_t	0.0778	0.0501	0.0917	0	1.3826
CFO_t	0.0505	0.0481	0.1089	−0.7759	0.7937
$Sales_t$	0.8116	0.6638	0.6723	0.0007	9.8846
$Salesgrowth_t$	0.2331	0.1435	1.5766	−0.9961	88.8414
$EQISS_t$	0.0544	0	0.2566	0	4.1289

我们参考 Polk and Sapienza(2009)构建市场时机影响公司投资支出的实证模型如下：

$$Inv_t = \beta_1 + \beta_2 DA_t + \beta_3 Sales_t + \beta_4 CFO_t + \beta_5 Salesgrowth_t + \beta_6 EQISS_t + \varepsilon_t \quad (7.7)$$

表 7.3 列出了利用模型(7.7)式进行实证检验的结果。其中，第一列对全样本进行考察，可操控性应计利润(DA)的回归系数在 1% 置信水平上显著为正，这与肖虹和曲晓辉(2012)的研究结果一致，表明上市公司存在迎合投资者情绪而进行过度投资的行为。第一列的结果还显示，经营现金流(CFO)、权益融资现金流($EQISS$)在 1% 水平上与公司投资支出显著正相关，表明经营现金流水平越高、权益融资现金流越大的公司越倾向于扩大投资支出，这些结果与已有文献是一致的。

表 7.3　　　　　　　市场时机对投资支出的影响

变量	全样本	持股比例低	持股比例高
($Constant$)	0.0491***	0.0487***	0.0503***
	(25.12)	(19.06)	(16.63)
DA_t	0.2055***	0.1813***	0.2215***
	(14.83)	(9.46)	(10.91)
$Sales_t$	0.0007	0.0003	0.0003
	(0.47)	(0.11)	(0.15)
CFO_t	0.2708***	0.2523***	0.280***
	(20.25)	(12.92)	(15.01)
$Salesgrowth_t$	0.0001	0.0003	0.0001
	(0.20)	(0.29)	(0.01)

续表

变量	全样本	持股比例低	持股比例高
$EQISS_t$	0.0857***	0.0640***	0.1171***
	(20.11)	(11.49)	(17.85)
$Adjust\text{-}R^2$	0.1381	0.1071	0.1735
样本数	6612	3306	3306

注：*** 表示在 0.01 的水平上显著，** 表示在 0.05 的水平上显著，* 表示在 0.1 的水平上显著。

进一步地，我们参考罗琦和张标(2013)的做法，将控股股东持股比例按照中位数为界划分为持股比例低和持股比例高两组，考察在控股股东持股比例不同的情况下 DA 对公司投资支出的影响，表 7.3 的第二列和第三列汇报了对这两组子样本分别进行回归的结果。从结果可以看出，在控股股东持股比例高的情况下，市场时机导致公司更大程度的过度投资。此外，第二列和第三列中其他控制变量的回归结果与第一列的符号和显著性基本一致。表 7.3 中的结果支持了假说 7.1，表明股票市场上的市场时机会对上市公司投资产生正向影响，并且这种影响在控股股东持股比例高的情况下更加强烈。

我国上市公司股权结构高度集中，普遍存在一股独大的现象，管理者决策通常受到控股股东支配。控股股东出于自身利益最大化不仅可以控制公司资金投向来迎合市场投资者情绪，而且有能力利用市场时机对公司投融资决策产生影响。基于我国新兴资本市场特点和上市公司股权结构高度集中的现状，我们将 Polk and Sapienza(2002)市场时机影响公司投资支出的模型从管理者视角拓展到控股股东视角，并进一步考察在控股股东持股比例不同情况下市场时机对公司投资决策的影响。我们的研究对国内外学者关于公司投融资决策的研究成果进行了有益的拓展，同时也对完善我国上市公司治理机制、优化公司投融资行为并充分发挥我国股票市场资源配置效率具有一定的政策借鉴意义。

第三节　过度投资的经验证据

一、控股股东迎合动机的进一步分析

股票市场错误定价对公司投资决策的影响受到广泛关注，如 Stein (1996)以资本市场非有效、管理者理性而投资者非理性为假设前提，分析了市场时机(market timing)对公司投融资决策的影响，并进一步指出股票错误定价影响投资决策的股权融资渠道(equity financial channel)和迎合渠道(catering channel)。Baker et al. (2003)借助 Stein(1996)的理论模型对股权融资渠道进行深入分析，认为股价上涨导致股权融资成本降低，相对较低的融资成本会推动实际投资增加。Polk and Sapienza (2009)进一步探讨了股价非理性变动通过迎合渠道对公司投资支出的影响，认为如果市场对公司及其投资项目过分乐观造成股价高估，对于具有足够现金或举债能力的公司而言，其管理者会采取过度投资迎合投资者情绪来尽量抬高短期股价。

学者们研究发现，管理者的盈余管理行为能够主动创造股票市场错误定价的市场时机。Sloan(1996)、Teoh et al. (1998)和 Rangan(1998)的研究表明，当管理者通过盈余管理制造了较高的可操控性应计利润时，投资者对公司业绩给予较高评价造成股价高估，反之股价被低估。有学者进一步指出，利用盈余管理行为制造的市场时机同样可以导致企业的非效率投资。Bar-Gill and Bebchuk(2003)认为盈余管理对投资的影响与外部资金成本有关，高估盈余的公司能够获取低成本外部资金，从而容易投资于无效率的项目。McNichols and Stubben(2008)认为盈余管理不仅会影响外部投资者的判断，而且还可能扭曲内部投资决策者所获得的信息，投资决策者可能因为对公司评价过度乐观而进行相应投资，或者他们知道真实情况但仍然选择高风险的投资项目以期扭转公司业绩。Kedia and Philippon(2009)的研究则认为高估盈余的公司是为了模

仿真实业绩更佳的公司而进行过度投资，从而避免引起监管部门的注意。

我国资本市场的非理性程度高于西方成熟市场，针对中国资本市场股票错误定价影响投资决策的研究也引起了学者们的关注。张戈和王美今(2007)验证了由投资者情绪导致的股票错误定价对公司实际投资的影响，并通过划分样本区间在市场反转的框架下分析主动融资机制和迎合机制的作用，发现在中国股票市场反转时期迎合机制起着主导作用。黄伟彬(2008)发现非理性股价变化影响真实投资的程度有限，并进一步证明了迎合渠道的存在。谭跃和夏芳(2011)将盈余管理与投资者情绪结合起来分析两者对股价的影响，进而分析两者与公司投资的关系，发现不同时期两者导致的错误定价对投资的影响并不一致。

在资本市场非有效的情况下，盈余管理不仅会扭曲市场所得到的当期公司的真实业绩信息，而且会掩盖未来的业绩增长趋势，从而造成公司股票出现错误定价(Teoh et al., 1998; Xie, 2001)。而公司投资决策是建立在股价暗含的未来增长和投资回报预期上的，如果市场对公司未来增长及其投资项目回报预期过高而造成股价高估，对于具有足够现金或举债能力的公司而言，其投资决策者会采取过度投资迎合投资者情绪来尽量抬高短期股价(Polk and Sapienza, 2009)。投资决策者可能因为过度乐观而相信公司业绩的增长趋势并且进行相应的投资，或者他们虽然了解公司的真实状况，但是仍然选择投资于高风险项目来扭转公司表现(McNichols and Stubben, 2008)。中国上市公司股权结构高度集中，居于公司决策主导地位的控股股东有能力利用盈余管理造成股票价格高估。为了攫取控制权私利，控股股东有在股价高估时迎合市场投资者情绪并在净现值为负的项目上浪费资源的动机。尽管投资项目边际价值小于边际成本，但市场短期高估时公司的回报仍然高于市场未来纠正错误时公司所受到的惩罚。因此，我们提出如下实证研究假说：

假说7.2：公司过度投资与盈余管理呈正相关关系。

不同属性的控股股东，其攫取控制权私利的动机和行为也存在差异。相对于国有上市公司，非国有上市公司面临更加激烈的行业竞争，其短期股价变化对非国有上市公司的控股股东压力巨大，控股股东以追求公司短期利益最大化而非公司价值最大化为目标，这种短期目标机制加剧了非国有上市公司决策者迎合股票错误定价进行过度投资的冲动。而在国有上市公司中，政府作为终极控股股东对公司的行政干预和对管理者薪酬水平的管制会导致公司决策者迎合投资者情绪的动机减弱。而且大中型国有上市公司面临着中央级部门严格的监管，其实际控制人因其盈余管理等违规行为而受到的处罚会比非国有上市公司的实际控制人更重（张春霞等，2013），这也在一定程度上抑制了国有上市公司在盈余管理后进行过度投资的冲动。因此，我们在这里预测，相同的盈余管理程度下，非国有控股的上市公司比国有控股的上市公司更倾向于过度投资。因此，我们提出如下实证研究假说：

假说7.3：相对于国有控股上市公司，非国有控股上市公司其盈余管理对过度投资的影响更为强烈。

对终极控股股东而言，在上市公司中控制权与现金流权的分离使其较少考虑公司的整体价值（Shleifer and Vishny，1997），而是更加关注控制性资源的多寡。在盈余管理造成公司股价被高估的情况下，终极控股股东往往会借机扩大其可控制的资产规模来获取控制权私利。控股股东在两权分离的情况下评估项目和决定项目规模最重要标准是投资为其带来的控制权私利，而非项目净现值及其对公司整体价值的影响。两权分离程度越高，控股股东攫取控制权私利的动机越强（俞红海等，2010），也越倾向于迎合外部投资者的错误预期进行过度投资。因此，我们提出如下实证研究假说：

假说7.4：相对于两权分离度低的上市公司，两权分离度高的上市公司其盈余管理对过度投资的影响更为强烈。

二、控股股东迎合与过度投资

为了检验本节所提出的假说，我们选取2004—2013年中国沪深A

股上市公司作为研究样本进行了实证研究。由于滞后变量的存在，样本中还包含了 2003 年的数据，并按照以下原则进行剔除：第一，鉴于金融类公司资产负债结构与普通公司差别较大，现金持有量也异常高，我们按照证监会行业分类剔除了金融类公司；第二，剔除统计数据不全、信息披露不及时的公司，同时也剔除总负债大于总资产的公司；第三，鉴于要对上市年限进行对数化处理，样本选取时还剔除了当年上市的新公司。在进行以上处理后，我们按照样本分布剔除了 1% 之前和 99% 之后的公司，最后一共得到 15986 个样本观测值。

我们借鉴 Richardson(2006) 的研究成果对公司新增投资适度水平进行估计，然后分离出过度投资样本和投资不足样本。Richardson(2006) 设计了一种直接测度公司投资不足或过度投资的计量模型，提出企业当期的新增投资由两部分组成：预期新增投资(正常的投资额)和非预期新增投资(投资不足或过度投资，简称非效率投资)。公司的预期新增投资和非预期新增投资可用如下模型估计：

$$I_{new} = \beta_0 + \beta_1 V_{GO} + \beta_2 Cash + \beta_3 Leverage + \beta_4 Size + \beta_5 Age \\ + \beta_6 StockReturns + \sum Year + \sum Industry + \varepsilon \quad (7.8)$$

模型的控制变量依次如下：公司投资机会(V_{GO})、现金持有量($Cash$)、资产负债率($Leverage$)、公司规模($Size$)、年龄(Age)、股票收益率($StockReturns$)以及年度控制变量($Year$)和行业控制变量($Industry$)。其中，公司投资机会(V_{GO})一般采用托宾 Q、销售额增长率或经济增加值(EVA)等市场信息指标来度量。模型参数估计之后，根据上式计算公司的预期新增投资 I_{new}^*；然后，用公司(实际的)新增投资 I_{new} 减去预期新增投资 I_{new}^*，得到残差 ε 即为公司的非预期新增投资(非效率投资)；最后，根据残差的正、负及其绝对值大小，判断过度投资、投资不足以及非效率投资的偏离水平。

我们运用托宾 Q 值代替 Richardson(2006) 模型中代表公司增长机会

的 V/P 以衡量公司的潜在投资机会，并加入控制变量上市年限(Age)、财务杠杆(Leverage)、公司规模(Size)、现金(Cash)和股票收益率(Stock Returns)对公司的年度适度投资水平进行估计。通过该方法得到的正残差 ε 表示公司过度投资的程度，记为 XINV，过度投资样本观测值5469个。

控股股东或其代理人通过在不同会计期间转移利润来操纵公司披露的盈余信息，我们运用修正的 Jones 模型(Dechow et al.，1995)得到可操控性应计利润 DA，以此度量控股股东盈余管理行为。表7.4中对所使用的变量进行了定义，其中，主营业务收入变化(ΔREV)、应收账款变化(ΔREC)、固定资产原值(PPE)在修正的 Jones 模型中用于估计出正常的非可操控性应计利润(NDA)，自由现金流(FCF)为经营活动现金流减除维持资本规模支出和新增投资适度水平后的余额。

表7.4　　　　　　　　　　　变量定义

变量	变量定义
INV	新增投资：(总投资支出－维持资本规模的投资支出)/年初总资产
Q	Tobin Q：市场价值／公司重置成本
Age	上市年限：公司上市日期到数据统计日期的年限的对数
Leverage	杠杆：(总短期债务账面价值＋总长期债务账面价值)/(总债务账面价值＋总权益账面价值)
Size	公司规模：年初总资产的对数
Cash	现金：(现金＋短期投资净额)/年初总资产
StockReturns	股票收益率：考虑现金红利再投资的年个股回报率
XINV	过度投资：实际新增投资水平－新增投资适度水平，且只取正值
TA	总应计利润：净利润－经营活动现金流
ΔREV	主营业务收入变化：$\Delta REV = REV_t - REV_{t-1}$

续表

变量	变量定义
ΔREV	应收账款变化：$\Delta REC = REC_t - REC_{t-1}$
PPE	固定资产原值
NDA	非可操控性应计利润
DA	可操控性应计利润：总应计利润-非可操控性应计利润
FCF	自由现金流：（经营活动现金流-维持资本规模支出-新增投资适度水平）/ 年初总资产
LargeF	控股股东属性虚拟变量：非国有控股股东设为1，否则为0。
LargeK	终极控股股东两权分离度：终极控股股东控制权／终极控股股东现金流权
Year Indicator	年度虚拟变量：捕捉年度固定效应，2004—2013共10年，设置9个虚拟变量
Industry Indicator	行业虚拟变量：捕捉行业固定效应，剔除金融业之后一共18个行业，设置17个虚拟变量

实证检验中所用到变量的描述性统计见表7.5，其中过度投资（XINV）的均值（0.061）大于其中位数（0.035），可操控性应计利润（DA）的中位数（0.029）、自由现金流（FCF）的中位数（0.0038）均大于0，说明过度投资的公司大部分都进行了正向盈余管理，并且这些公司经营现金流在满足投资支出后都有一定的自由现金流。

表7.5　　　　　　　　变量描述性统计

变量	观测值	中值	均值	标准差	最小值	最大值
XINV	5469	0.0346	0.0609	0.0812	0.00001	0.9524
DA	5469	0.0285	0.0293	0.0979	-0.9317	0.9432
FCF	5469	0.0038	-0.0033	0.1094	-1.9921	1.1989

为了考察控股股东盈余管理对公司过度投资的影响，实证检验所采用的基本模型如下：

$$XINV_{i,t} = \alpha + \beta_1 DA_{i,t-1} + \beta_2 FCF_{i,t} + \sum Year + \sum Industry + \varepsilon_{i,t} \tag{7.9}$$

(7.9)式中，被解释变量 $XINV$ 为过度投资，$XINV$ 值越大则过度投资越严重。可操控性应计利润(DA)为解释变量，自由现金流(FCF)则为控制变量。根据代理理论，自由现金流越多，企业的过度投资行为越严重。

表7.6 的第一列给出了(7.9)式的回归结果。结果显示，自由现金流(FCF)与过度投资显著正相关，盈余管理(DA)与公司过度投资($XINV$)也在10%的置信水平上显著正相关。这一结果与我们前文中的假说7.2是一致的，这表明在股权结构集中的中国上市公司中，盈余管理的程度越大，资本市场投资者对于公司及其项目的前景和价值可能会越乐观，控股股东越是有动力迎合市场评价进行更大规模的过度投资。

表7.6　　　　　　　　盈余管理对过度投资的影响

变量	全样本	国有企业	非国有企业	虚拟变量
$Constant$	0.0604***	0.0578***	0.0646***	0.0634***
	(0.000)	(0.000)	(0.000)	(0.000)
DA	0.0213*	0.0140*	0.0400*	0.0312*
	(0.06)	(0.087)	(0.062)	(0.085)
FCF	0.1013***	0.0163***	0.0850***	0.0297***
	(0.002)	(0.000)	(0.004)	(0.004)
$DA * LargeF$				0.0138*
				(0.073)

续表

变量	全样本	国有企业	非国有企业	虚拟变量
LargeF				−0.0053**
				(0.022)
Year	控制	控制	控制	控制
Industry	控制	控制	控制	控制
N	5469	1946	3523	5649
Adj R-squared	0.0170	0.0070	0.0054	0.0026

注：括号内为 P 值，系数和 P 值均按照四舍五入保留四位小数。***，**和*分别代表在1%，5%和10%的显著性水平上显著。

我们按照控股股东属性的不同将样本组分为国有控股上市公司和非国有控股上市公司两组，表7.6的第二列与第三列显示了国有企业和非国有企业的回归结果。从结果可以看出，无论是国有企业还是非国有企业，其盈余管理（DA）都与过度投资（XINV）呈正相关关系。但值得关注的是，非国有企业的盈余管理（DA）的系数（0.040）大于国有企业（0.014），这说明非国有企业的盈余管理对过度投资的影响更加强烈。

为了进一步考察控股股东属性是否对盈余管理和过度投资的关系产生影响，我们在模型（7.9）中加入 DA 和公司控股股东属性（LargeF）的交乘项。LargeF 为控股股东属性的虚拟变量，当控股股东属性为非国有时设为1，控股股东属性为国有时设为0。表7.6第四列显示了回归结果，交乘项（DA∗LargeF）与过度投资（XINV）在10%的置信水平上显著正相关，这一结果与表7.6第二、三列的结果相互印证，表明非国有控股上市公司盈余管理对过度投资的影响更为强烈，这与前文中的假说7.3是一致的。

为了考察终极控股股东两权分离程度是否会对盈余管理和过度投资之间的关系造成影响，在表7.7中我们首先将样本分成两权分离和两权未分离两个子样本，控股股东控制权与所有权的比值 LargeK 表示两权分离度，$LargeK=1$ 表示两权未分离，$LargeK>1$ 时为两权分离。表 7.7 第一、二列的回归结果显示，两权分离样本的盈余管理（DA）系数比两权未分离的样本大。进一步地，我们将两权分离子样本以 $LargeK$ 的平均数为界划分成为两权分离度低和两权分离度高两个子样本，第三、四列的结果显示，两权分离度高的样本中盈余管理（DA）系数比两权分离度低的样本大。表 7.7 中的结果表明，相对于两权分离度较低的公司，两权分离程度较高的公司盈余管理对过度投资的影响更强烈，这与前文中的假说 7.4 相一致。

表 7.7　两权分离程度不同时盈余管理对过度投资的影响

变量	两权未分离	两权分离	两权分离度低	两权分离度高
$Constant$	0.0604***	0.0603***	0.0611***	0.0581***
	(0.000)	(0.000)	(0.000)	(0.000)
DA	0.0111	0.0326**	0.0208	0.0560**
	(0.475)	(0.048)	(0.315)	(0.036)
FCF	0.0258*	0.3765**	0.0157	0.0943***
	(0.071)	(0.011)	(0.39)	(0.000)
$Year$	控制	控制	控制	控制
$Industry$	控制	控制	控制	控制
N	3155	2314	1562	752
$Adj\ R\text{-}squared$	0.005	0.0031	−0.0003	0.0198

注：括号内为 P 值，系数和 P 值均按照四舍五入保留四位小数。***，** 和 * 分别代表在 1%，5% 和 10% 的显著性水平上显著。两权分离系数 $LargeK=1$ 表示两权未分离，$LargeK>1$ 时为两权分离。

为了保证结果的稳健性，我们在运用 Richardson（2006）的方法估计新增投资适度水平时，也将衡量投资机会的变量 Q 替换为销售收入增长率（$SalesGrowth$），通过这种方法得到过度投资量（$XINV$）并带入模型

(7.9)中,检验结果表明,盈余管理依然对公司过度投资产生正向影响。

我国上市公司股权结构高度集中,居于公司决策主导地位的控股股东有能力利用盈余管理造成股票价格高估。为了攫取控制权私利,控股股东有在股价高估时迎合市场投资者情绪并在净现值为负的项目上浪费资源的动机。我们的分析表明,控股股东具有操纵公司盈余影响股价的行为动机,控股股东的盈余管理行为导致了公司过度投资。进一步地,控股股东特征导致盈余管理影响公司过度投资的结果差异,非国有属性的上市公司、终极控股股东控制权与现金流权分离程度高的上市公司中盈余管理对过度投资的影响更大,表明控股股东通过迎合市场情绪进行过度投资来转移资源和攫取私利的动机与能力更强。

我国股票市场发展为推进国有企业改革、拓宽上市公司融资渠道发挥了重大作用,但作为一个新兴资本市场,由于上市公司股权结构集中、公司治理机制不完善并且监管体系不健全,我国股市的特征并没有从根本上改变,有效配置资源的能力还难以充分发挥。鉴于我国资本市场这些特点,我们考察在股权结构高度集中的公司治理背景下控股股东利用盈余管理造成市场错误定价从而影响公司内部投资决策的作用机理,这对国内外学者围绕盈余管理与公司投资决策的相关研究成果形成了有益的补充,同时也对监管部门进一步推进我国资本市场建设和完善我国上市公司治理机制提供了一条政策思路。

第八章 股权再融资中的市场择时行为

在股票价格错误定价的情况下，控股股东不仅会迎合股票错误定价进行过度投资，而且会利用股价高估的机会窗口择时融资。市场时机既可能由资本市场外生引起，也可能由上市公司利用盈余管理推动股价上涨而造成，股权再融资过程中盈余管理行为和市场择时行为并存。在股权再融资的过程中，控股股东通过操纵可操控性应计利润诱使投资者高估公司价值，从而创造股权再融资的有利时机（Rangan，1998；Cohen and Zarowin，2010）。本章首先分析了控股股东在公司股权再融资过程中进行市场择时的行为动机，然后对控股股东市场择时行为进行实证检验。进一步地，本章还结合我国资本市场有效程度低和公司股权结构集中的特点考察了市场时机与股权再融资之间相互作用的内生关系，并探讨了控股股东特征对股权再融资过程中盈余管理行为和市场择时行为的影响。

第一节 股权再融资行为分析

一、我国上市公司股权再融资政策变迁

自1990年上海证券交易所和1991年深圳证券交易所成立以来，我国资本市场开启了上市公司直接融资的新模式。随着我国资本市场的发展，上市公司股权再融资方式也逐渐发生变化，从最初的配股到配股、

公开增发和定向增发并存，再融资方式不断发展变化以满足上市公司的需要。为了提高资本市场的资源配置效率，保护中小投资者的利益，监管部门也不断调整和完善上市公司股权再融资政策，对预发行公司在业绩门槛、定价方式和股利分红等方面进行规定。

1998年以前，配股是我国资本市场上唯一的股权再融资方式，上市公司只能通过向原有股东配售股票进行股权再融资，监管部门对配股财务门槛的要求经历了先升后降的过程。1993年12月《关于上市公司送配股的暂行规定》是我国资本市场有关配股的第一个政策性文件，该文件规定上市公司向原股东配售股份需连续两年盈利。1994年9月监管部门出台《关于执行〈公司法〉规范上市公司配股的通知》，提高了对配股公司的资格要求，规定公司配股必须最近三年连续盈利且三年内ROE平均值在10%以上。在1996年1月《关于1996年上市公司配股工作的通知》中，上市公司申请配股的业绩门槛进一步提高，要求公司最近三年ROE每年均在10%以上。此后，监管部门对配股业绩门槛的要求逐渐降低。1999年3月《关于上市公司配股工作有关问题的通知》规定，预配股公司的ROE指标需满足最近三年平均在10%以上且三年内任何一年不低于6%。2001年3月监管部门发布了《上市公司新股发行管理办法》，将上市公司申请配股资格的ROE要求从最近三年平均10%降低至6%。2006年5月颁布的《上市公司证券发行管理办法》进一步降低了上市公司申请配股融资的业绩基准线，只要求公司满足最近三年连续盈利的条件。

2000年5月，监管部门颁布《上市公司向社会公开募集股份暂行办法》，标志着我国增发再融资方式正式进入了发展阶段。这一政策对增发条件和发行方式做出了指导性规定，并没有对公司提出业绩等财务性指标要求，只是要求公司最近三年连续盈利，同时要求公司对发行完成当年的ROE预测不低于同期银行存款利率水平。2001年3月监管部门发布《关于做好上市公司新股发行工作的通知》，首次对上市公司申请增发资格做出了明确的规定，预增发公司须最近三年连续盈利且ROE

平均不低于 6%。2002 年 7 月《关于上市公司增发新股有关条件的通知》进一步提高了上市公司申请增发的业绩门槛，要求最近三年连续盈利且 ROE 平均不低于 10%，并且最近一年 ROE 不低于 10%。2006 年 5 月《上市公司证券发行管理办法》则降低了上市公司申请增发资格的业绩标准，预增发公司的 ROE 最低要求从最近三年平均 10% 降至 6%。公开增发方式实行后，利用增发进行股权再融资的上市公司逐渐增加，公开增发逐渐成为上市公司股权再融资的一种主要方式。

为适应资本市场发展的需要，2006 年 5 月证监会发布的《上市公司证券发行管理办法》建立了上市公司非公开发行股票制度。定向增发作为非公开发行方式，与配股和公开增发相比具有监管要求相对较低、审批相对较快的特点，自 2006 年正式出现以来很快成为我国上市公司最主要的股权再融资方式。2006 年政策要求上市公司定向增发股票的发行价格不低于定价基准日前 20 个交易日公司股票均价的 90%，但并未对上市公司申请定向增发做出业绩上的具体规定。2007 年 9 月监管部门发布《上市公司非公开发行股票实施细则》，要求定向增发发行对象和发行价格的确定体现上市公司和全体股东的最大利益，规定定向增发的定价基准日可以是董事会决议公告日、股东大会决议公告日或发行期首日。从我国资本市场的实践来看，定向增发方式下上市公司往往在股价水平较低时借口存在不确定的重大事项申请停牌，将股价一直维持在意向的价位直至定价基准日，从而使大股东能以低价认购增发股份。为了约束这一利益输送行为，证监会近年来将市价发行作为定向增发的监管要点。2015 年 10 月证监会发布窗口指导意见，要求长期停牌(超过 20 个交易日)的公司复牌交易至少 20 个交易日后才能确定非公开基准日和底价。2017 年 2 月修订的《上市公司非公开发行股票实施细则》明确定价基准日只能是非公开发行股票发行期的首日，可以预见在证监会市价发行的要求下大股东利用定向增发获取控制权私利的空间将逐渐缩小。

与此同时，监管部门为了提高上市公司分红意识，发布一系列政策将上市公司的股利分红政策与其股权再融资资格相挂钩。2006年5月证监会颁布《上市公司证券发行管理办法》，要求公开发行证券进行股权再融资的公司最近三年以现金或股票方式累计分配的利润不少于同期实现的年均可分配利润的20%；2008年10月起施行的《关于修改上市公司现金分红若干规定的决定》将这一比例提高到了30%。2013年11月证监会颁布的《上市公司监管指引第3号——上市公司现金分红》提出了根据公司的成长阶段和投资机会按不同比例强制分红的要求，使股权再融资资格与股利分配水平脱钩，进一步引导上市公司重视对投资者的回报。

纵观我国股权再融资方式的变迁历史，上市公司的股权再融资偏好自公开增发方式出现开始就从配股转向了增发，此后又转向了要求相对更低、审批相对更快的定向增发方式，目前定向增发已成为我国上市公司最主要的股权再融资方式。ROE指标作为监管部门遴选上市公司公开股权再融资资格的财务标准，在配股方式和公开增发方式中均经历了一个由低到高再由高到低的变化过程。为保护投资者合法权益，公开增发再融资资格还曾与上市公司的股利分配水平挂钩。针对定向增发这一非公开发行方式，证监会并未设置业绩门槛或分红要求，而是以定价方式作为监管要点，对市价发行的要求逐渐趋严以约束上市公司的利益输送行为。总体而言，我们认为监管部门通过颁布一系列政策不断完善上市公司融资行为规范，在保护投资者利益和提高资本市场资源配置效率等方面起到了重要作用。

二、股权再融资公司特征分析

上市公司实施股权再融资可能是为了满足扩大再生产的投资需求，也可能是为了向目标资本结构进行调整。在资本市场非有效的前提下，上市公司也可能利用股票错误定价的融资窗口以高于内在价值的价格发行股票，即利用市场时机进行股权再融资。Stein(1996)基于公司外部投资者非理性而公司管理者理性的假设条件研究了上市公司投融资决策过程中的市场择时行为，发现上市公司会选择在有利的市场时机进行股权融资。Stein(1996)的发现奠定了市场时机影响公司融资决策的研究基础，随后很多学者以公司股权再融资为研究对象，探讨其中存在的市场时机选择和市场时机创造行为。

Baker and Wurgler(2002)对上市公司的市场择时行为进行了系统的研究，总结出两种股权融资的市场择时模式。第一种是基于 Myers and Majuf(1984)的动态模式，该模式下管理者和投资者都是理性的，上市公司存在融资优序，当公司不发行无风险的债券而发行股票时，由信息不对称引起的逆向选择导致理性投资者对公司价值的估计进行打折，为避免公司价值被低估，管理者尽量选择在信息不对称程度低时进行股权融资。第二种是基于投资者非理性的模式，该模式下来自投资者的非理性情绪会引起股票价格上涨(下跌)，造成股价被高估(低估)，这会降低(提高)上市公司的股权融资成本，管理者选择市场时机发行(回购)股票。

Mikkelson and Partch(1988)以 1974—1983 年美国上市公司为样本研究了股价表现和证券发行终止之间的关系，发现公司管理层倾向于在股价高估时进行增发，在股价低估时终止发行。Bayless and Chaplinsky(1996)以 1968—1990 年美国统计摘要中的股权再融资公司作为研究样本，发现在热发市场中由信息不对称引起的逆向选择成本较低，为了降低股权融资成本，再融资大多发生在公告效应较少的热发市场。Clarke et al.(2001)对 1984—1996 年的股权再融资样本进行研究，发现公司内部人倾向于在股价高估时进行股权融资，而当股价高估的部分被公告效应消除时，内部人选择取消再融资发行。Graham and Harvey(2001)以 392 份对上市公司首席财务官的问卷调查结果为基础，研究了资本成本、资本预算和资本结构的关系，发现公司在进行股权融资决策时往往会考虑市场时机，这表现为公司首席财务官在进行股权融资决策时，股票高估或低估的程度和近期股价是否上涨是他们考虑的重要因素。Hovakimian et al.(2001)使用标准普尔数据库中 1979—1997 年的上市公司数据研究公司的融资决策，发现新股的增发总是伴随着公司股票市场价格的高涨而出现。Henderson et al.（2006）对1990—2001年世界范围内的公司融资方式选择问题进行了研究，发现公司倾向于在股市收益率较高时发行股票融资，说明市场时机是公司发行新股时所考虑的重要因素。Alti and Sulaeman（2012）以美国1985年第一季度至2005年第四季度实施了股权再融资的公司为样本对新股的发行时机进行了研究，发现股价的上涨只有在伴随着机构投资者对股票需求的增加时才会促使上市公司发行股票。

国外学者对上市公司股权再融资过程中的市场时机创造行为也进行了研究，Rangan（1998）通过考察1987—1990年美国上市公司股权再融资样本，研究发现上市公司股权再融资过程中存在盈余管理行为，公司通过改变净利润中的可操控性应计利润调高盈利水平，可以诱导市场高估公司价值创造股权再融资的有利时机。Cohen and Zarowin（2010）通过研究1987—2006年美国公司再融资样本，发现股权再融资过程中上市公司会操纵盈余提高公司当期利润以促使股价上涨出现再融资的有利时机，证明了上市公司股权再融资过程中存在盈余管理行为。但需要指出的是，Rangan（1998）与Cohen and Zarowin（2010）是从管理者的角度来分析股权再融资过程中的市场时机。

国内学者对上市公司股权再融资过程中的市场择时行为也有较为丰富的研究成果，王亚平等（2006）以1999—2003年A股市场的股权再融资公司作为研究样本，发现上市公司股票在公开增发前存在正的异常回报，增发公告效应在短期和长期内均为负，说明上市公司会进行择时性的再融资。王正位等（2007）以1993—2004年实施股权再融资的A股上市公司为样本，采用月度股权再融资数量区分"热（冷）市场"用以度量市场时机，研究结果表明上市公司存在显著的市场择时行为。束景虹（2010）研究了1994—2007年我国上市公司的股权再融资，发现上市公司的股权融资偏好集中于股市繁荣时期，股价高估所带来的"机会窗口"是公司产生股权融资偏好的主要原因，而逆向选择成本不能抑制公司的股权融资偏好。吴水亭和徐扬(2010)研究了1998—2008年双重上市公司的市场择时行为，发现已在H股上市的公司回归A股上市时存在对市场条件和政策的时机选择行为。黄宏斌等(2016)基于企业生命周期理论对2004—2013年的A股上市公司进行研究，发现处于不同生命周期阶段的企业择时融资的动机也不同，成长期企业在融资过程中最可能出现市场择时行为，而成熟期企业在融资过程中最不可能出现市场择时行为。

关于上市公司股权再融资过程中的盈余管理动机，国内学者大多从获取股权再融资资格的角度进行考察。陈小悦等(2000)以我国1994—1997年的配股公司为样本，研究发现上市公司为获取配股资格会对盈余进行操纵。陆宇建(2002)对我国1993—2000年的上市公司进行研究，发现上市公司为获取配股资格有强烈的动机通过盈余管理将ROE维持在略高于配股业绩资格线的水平上。陈国欣和祝继高(2004)统计了2001—2003年我国上市公司的ROE分布情况，认为公司进行盈余管理的现实动机之一是获取配股或增发资格。王克敏和刘博(2012)认为投资者能够预期到上市公司在再融资前操纵盈余，并会结合盈余管理预期对公司价值进行打折，上市公司为了弥补投资者预期带来的逆向选择成本而进行盈余管理。张嘉兴和齐鲁光(2015)以我国2008—2012年的上市公司为样本，研究发现增发公司在增发当年通过正向的盈余管理调高业绩以迎合政策中的增发条件。

为了提高资本市场的资源配置效率，我国监管部门不断对上市公司股权再融资政策进行调整和完善，以限制公司利用再融资损害中小投资者利益的行为，国内较多研究成果涉及监管政策对公司股权再融资过程中市场择时行为的影响。王正位等(2007)结合我国证券发行管制背景，研究发现在管制条件放松的时期，股权再融资申请获准的公司数量增加，融资总规模也随之增加。刘星等(2007)研究发现在股价普遍被高估的年份上市公司存在融资偏好，而再融资政策是限制公司股权融资次数的主要因素。吴水亭和徐扬(2010)以1997—2008年实施了股权再融资的民营上市公司为研究样本，研究发现具有政治关系的民营上市公司更容易把握再融资时机。郭杰和张英博(2012)研究发现我国的发行管制使得企业择时与资本结构的负相关关系并不存在，而政府择时在长期内对公司资本结构有显著影响。郎香香和李常青(2013)利用1999—2011年我国上市公司的季度数据研究发现，上市公司在融资决策中存在市场定价择机、市场需求量择机以及融资政策择机三种择机行为，上市公司所体现出来的择机行为包含了部分监管机构的择机行为。傅承(2014)认为，我国资本市场中的政府管制使证券发行市场存在设租寻租可能，劣质公司可以通过钱权交易获取证券发行资格。

第二节 市场时机与股权再融资

一、控股股东市场择时行为分析

La Porta et al.(1999)研究发现大部分公司存在终极控股股东，终极控股股东通过复杂的持股方式掌握了对上市公司的实际控制权，对上市公司决策有重大影响力。当上市公司股权结构较为集中时，控股股东有动机和能力干涉公司管理者的任免，管理者代表控股股东意志经营管理公司，在这种情况下，为大股东谋取利益是公司利用股价高估的市场时机实施股权再融资的重要动机。朱云等(2007)实证研究发现50%以上的股权再融资公司存在"圈钱"行为，朱云等(2009)进一步指出股权再融资公司的"圈钱"行为是基于大股东利益最大化的动机。倪敏和黄世忠(2013)从控股股东视角研究了配股公司"圈钱"的行为动机，发现相机性"圈钱"和无条件"圈钱"是公司股权再融资的主要动力，是控股股东侵占中小股东的重要途径，也是导致公司再融资后业绩下降的主要原因。Warusawitharana and Whited(2014)构建了公司投融资的动态模型，研究发现公司利用市场时机进行策略性的股权融资能够为股东创造价值。Sloan and You(2015)对1973—2008年美国上市公司财务数据进行研究分析，发现公司在其股票价格被高估时进行增发会造成财富从新股东向老股东转移，这一发现也表明公司可以利用市场时机进行股权融资从而为老股东带来收益。

关于控股股东的盈余管理动机，国外也有学者进行了研究。Fan and Wong(2002)认为控股股东与中小股东之间产生代理问题的根本原因是控股股东控制权与现金流权的分离，控股股东能够以较少的现金流权获取较多的控制权私利，收益和损失的不对等使得控股股东往往为了自身利益采用盈余管理等手段侵占中小股东的利益。他们以7个东亚国家(地区)的977家上市公司为样本，研究了公司所有权结构和盈余信息含量之间的关系，实证结果表明控股股东从自身利益出发影响会计盈余信息的披露，这种行为使得公司盈余报告的可信度大大降低。Park and Shin(2004)基于全球华帝数据库(Global Vantage Database)中1991—1997年加拿大上市公司的财务数据研究了公司董事会构成与盈余管理之间的关系，发现大股东通过披露错误的企业盈余信息诱导外部投资者过高估计公司的投资机会和成长能力，这种盈余管理行为在实现控股股东控制权私利的同时使得外部股东的财富和企业价值大幅下降。Liu and Lu(2007)以1999—2005年中国上市公司为样本，研究发现控股股东代理问题可以解释大部分公司的盈余管理行为，公司治理水平越高盈余管理水平越低。Guthrie and Sokolowsky(2010)以1996—2002年的上市公司为样本，研究了大股东存在与上市公司股权再融资时盈余管理行为的关系，结果表明外部大股东的存在会加剧公司的盈余管理行为，并在股权再融资过程中掠夺小股东的利益。

我国上市公司具有股权结构高度集中的特点，掌握控制权的控股股东对公司盈余管理有着不可忽视的影响。刘立国和杜莹(2003)发现，当国有资产管理部门是第一大股东时公司内部出现财务造假的概率相对更大。王化成和佟岩(2006)以我国1999—2002年的上市公司为样本，研究发现其他股东对控股股东的制衡能力越强公司盈余质量越佳，控股股东的现金流权与公司盈余质量呈负相关关系，当控股股东属性为国有时公司盈余质量较差。针对控股股东的存在对上市公司股权再融资过程盈余管理行为的影响，雷光勇和刘慧龙（2006）以配股公司为样本，研究发现控股股东持股比例越高与上市公司利益越趋同，越有动力操纵盈余以帮助上市公司获得配股资格并提高股价，而国有属性的控股股东由于缺乏利益传输的渠道和能力，进行盈余管理的程度较小。高燕（2008）研究了 2004—2006 年我国上市公司盈余质量和股权结构的关系，发现终极控制人属性为非国有时，盈余管理的幅度更大，终极控制人的持股比例与盈余管理幅度间呈"倒 U"型关系，终极控制人两权分离程度与盈余管理幅度呈正相关关系。

从上述研究文献可以看出，国内外学者将控股股东的存在与上市公司股权再融资过程中盈余管理行为相结合的研究较多，也有研究涉及股权再融资过程中的市场择时，但很少有人探讨盈余管理与市场择时之间的内在联系。关于股权融资中的市场择时行为，国内学者大多把市场时机默认为外生的市场条件，而没有研究公司层面促使市场时机出现的原因。国外学者大多基于管理者行为视角研究股权再融资过程中盈余管理行为和市场时机之间的关系，而没有基于控股股东视角对公司操纵盈余创造市场时机的动机进行深入分析。事实上，公司股权再融资过程中盈余管理行为可能与市场择时行为同时并存，市场时机的产生受到公司盈余管理行为的影响。尤其在股权结构集中的情况下，控股股东有动机和能力操纵公司盈余影响股价，从而创造有利的市场时机进行股权再融资。

我国上市公司股权结构高度集中，控股股东对上市公司决策有较大的影响力和控制力，管理者的决策实际上包含了控股股东的利益动机。目前我国资本市场发展的历史短，有效程度低，市场不能很好地识别上市公司盈余信息质量，资本市场在盈余定价方面的低效率使得管理者或控股股东的盈余管理行为不容易被市场识别，控股股东有利用控制权进行盈余管理实施利益侵占的动机。在股权再融资过程中，Cohen and Zarowin（2010）发现上市公司为获取有限的再融资资格会进行盈余管理，

Guthrie and Sokolowsky(2010)发现公司进行盈余管理可以高价融入更多资金。出于自身利益最大化的目的，控股股东有强烈动机提高股票发行价格并融入更多资金以便更多地获得侵占利益。控股股东会通过披露错误的盈余信息，造成上市公司业绩提升的假象，导致投资者对公司价值高估，公司股价上涨创造再融资的有利时机，并进行择时融资。我们据此提出以下研究假说：

假说8.1：我国上市公司股权结构集中，公司股权再融资过程中控股股东存在操纵盈余影响股价并利用市场时机进行择时融资的行为动机。

控股股东的属性不同，其进行盈余管理和市场择时的利益动机也会不同。国有控股的上市公司较容易获得政府部门的财政支持和银行的信贷支持，进行盈余管理获得再融资资格的动机较小。相比较而言，非国有控股的上市公司存在较严重的融资约束，其生存面临更激烈的市场竞争，导致公司自身及其他利益相关者对上市公司的盈余信息更为敏感。并且，相比国有控股股东，非国有的控股股东资本较少，主要采用间接持股方式来控制上市公司，复杂的所有权关系链使控股股东的盈余管理动机不容易被投资者察觉。进一步地，国有性质的控股股东(特别是国有资产管理机构等非经营性股东)较少从事生产活动，与上市公司进行利益输送的渠道和动力相对不足，而非国有性质的控股股东可以通过日常的生产经营活动实现利益的转移。因此，非国有控股的上市公司在股权再融资过程中有着更为强烈的动机进行盈余管理和市场择时。我们据此提出以下研究假说：

假说8.2：在股权再融资过程中，相对于国有控股的上市公司，非国有控股的上市公司操纵盈余影响股价的市场择时动机更加强烈一些。

终极控股股东控制权和现金流权分离程度反映了终极控股股东与中小股东的利益分化程度。罗琦和胡志强(2011)认为，两权分离程度越高则控股股东与中小股东利益越不一致，收益和损失的不对等使得控股股东有强烈的动机利用控制权实施利益侵占。Fan and Wong(2002)通过研究股权结构集中条件下两权分离与会计盈余信息含量之间的关系，发现当控制能力达到一定程度时，大股东有强烈动机对公司盈余进行操纵，从而影响盈余报告以获取控制权私利。卢闯（2009）利用控股股东控制权与现金流权的分离程度来衡量控股股东"掏空"程度，发现控制权和现金流权分离程度的提高会降低公司盈余质量。可见，控制权和现金流权分离程度越高的终极控股股东，其为获取控制权私利而操纵公司盈余的动机越强烈，表现在股权再融资过程中通过操纵盈余影响股价创造市场时机最终进行择时融资的动机越强烈。我们据此提出以下研究假说：

假说8.3：在股权再融资过程中，相比终极控股股东两权分离程度低的上市公司，终极控股股东两权分离程度高的上市公司操纵盈余影响股价的市场择时动机更加强烈一些。

二、控股股东市场择时行为检验

我们在实证检验中所选择的样本区间为2008年1月1日至2011年12月31日，以沪深两市在此样本区间实施股权再融资的A股上市公司为研究对象，包括配股和增发新股。由于实证中包含$t-1$期，所以数据采集还包括了2007年部分财务数据。以国泰安数据库作为数据来源，我们初步采集样本702个，同时对其进行如下筛选：（1）剔除金融性公司样本22个；（2）剔除研究年度前2个会计年度内进行过股权再融资的公司样本103个；（3）剔除同时拥有B股、H股的公司样本37个；（4）剔除资产负债率大于1的公司样本14个；（5）剔除统计数据不全以及信息披露不及时彻底的公司样本41个。最终获得的股权再融资样本为485个。

参考王克敏和刘博（2012）的研究成果，我们根据标准化后经营现金流净额相近的原则选择配对样本，方法如下：（1）与样本公司同一行业；（2）研究年度及下一年度未进行股权再融资；（3）采用年初总资产标准化后的经营现金流净额与样本公司最接近，并且资产负债率不大于

1。我们在选取时均以样本公司实施股权再融资年度的财务报表为准,最终选取了485个公司构成配对样本。

由于我国资本市场有效程度低,控股股东有进行盈余管理的强烈动机,在股权再融资过程中,当公司通过盈余管理制造了较高的可操控性应计利润时,总应计利润和净利润上升,投资者无法识别由盈余管理引起的账面经营业绩提升,因而过分高估公司价值,导致公司股价上涨,出现股权再融资的市场时机。在上述分析的基础上,我们借鉴Polk and Sapienza(2009)的研究,将可操控性应计利润(DA)作为市场时机的衡量指标。

我们采用截面修正的Jones模型,并参考雷光勇和刘慧龙(2006)的估计过程,使用所有非金融类A股上市公司的截面数据来计算可操控性应计利润(DA)。考虑到股权融资样本的数据可能会对估计结果产生影响,我们在估计过程中剔除了当年配股、增发、IPO的样本,并从2008年至2011年逐年独立地进行估计。

表8.1对主要变量进行了定义。净利润($Earnings$)、总应计利润(ACC)和经营现金流净额(CFO)采用年初总资产(A_{t-1})进行标准化。SEO为虚拟变量,代表是否实施了股权再融资,若样本公司当年实施了股权再融资则取值为1,否则取值为0。资产负债率(LEV)衡量了上市公司受到来自债权人的监督水平,资产负债率越高,受到债权人的监督越多。经营现金流净额(CFO)是净利润的一部分,等于当期公司经营活动产生的现金流净额。股权再融资前一年的超额收益率(PRE)为公司考虑现金红利再投资的年个股回报率与行业年平均回报率之差。市账比(MB)为上市公司市场价值与账面价值之比,其中非流通股权市值用流通股股价代替,该指标用于衡量上市公司未来投资机会的多少,市账比较高的公司面临的投资机会较多。流动性指标(LIQ)为经营现金流净额(CFO)与资本支出的差额与年初流动资产的比值,用来度量公司所受到的流动性约束,流动性指标(LIQ)越低,则表明公司受到的流动性约束越大;公司长期负债总额占总资产的比重(LDB)用来衡量上市公

表 8.1　　变量名称、符号及定义

序号	变量名称	符号	变量定义
1	净利润	$Earnings_t$	经 t 年初总资产标准化的 t 年净利润
2	总应计利润	ACC_t	经 t 年初总资产标准化的 t 年总应计利润
3	可操控性应计利润	DA_t	t 年总应计利润 $-t$ 年非可操控性应计利润
4	总资产	A_{t-1}	t 年初总资产
5	SEO	SEO_t	虚拟变量，t 年再融资样本 SEO 取值 1，未实施再融资样本 SEO 取值 0
6	资产负债率	LEV_t	t 年总负债/t 年总资产
7	经营现金流净额	CFO_t	t 年经营活动产生的现金流量净额
8	SEO 前一年股票超额收益率	PRE	上市公司股权再融资前一年个股回报率-市场回报率
9	市值账面比	MB_t	市值/账面价值（非流通股权市值用流通股股价代替）
10	流动性约束	LIQ_t	（本年经营现金流净额-本年资本支出）/本年初流动资产
11	负债能力	LDB_t	t 年长期负债总计/t 年总资产
12	控股股东属性	$LargeG$	控股股东属性的虚拟变量，非国有性质取值 1，国有性质取值 0
13	控股股东两权分离程度	$LargeK$	终极控股股东控制权/现金流权分离程度，为控制权与现金流权之比

司的负债能力，长期负债总额占总资产的比重（LDB）越高，公司的负债

能力越低。*LargeG* 和 *LargeK* 都是控股股东特征变量，*LargeG* 代表上市公司控股股东属性，当控股股东属性为非国有时取 1，否则取 0；*LargeK* 度量终极控股股东控制权偏离现金流权的情况，为控制权与现金流权的比值。

表 8.2 是对股权再融资样本各变量的描述性统计。从表中可以看出：第一，在公司实施股权再融资当年，公司的可操控性应计利润均值为 0.051，略高于李增福等（2011）估计的 1996—2004 年股权再融资公司再融资当年平均可操控性应计利润（0.042）；第二，样本公司中非国有控股的上市公司占总样本的 44.33%，也就是说国有控股的上市公司占全部股权再融资样本的一半以上；第三，将近一半的样本公司其终极控股股东的控制权是偏离其现金流权的。

表 8.2   变量描述性统计

变量	样本数	均值	标准差	最小值	最大值
Earnings	485	0.098	0.214	−0.298	3.067
ACC	485	0.023	0.187	−0.642	1.541
DA	485	0.051	0.171	−0.639	1.481
LEV	485	0.488	0.186	0.014	0.958
CFO	485	0.075	0.198	−1.180	2.116
PRE	485	0.095	0.712	−2.403	3.848
MB	485	2.485	1.915	0.756	22.119
LIQ	485	−0.134	0.656	−3.475	7.089
LDB	485	0.092	0.116	0	0.645
LargeG	485	0.443	0.497	0	1
LargeK	485	1.406	0.819	1	8.867

为了直接观察到股权再融资样本和配对样本在各个变量上的差异状况，我们首先将股权再融资公司和配对公司进行比较均值的独立样本 t 检验，检验结果如表 8.3 所示。

表 8.3　再融资公司与未再融资公司的独立样本 t 检验

	Earnings	ACC	DA	LEV	CFO	PRE	MB	LIQ	LDB	LargeG	LargeK
SEO=1	0.098	0.023	0.051	0.488	0.075	0.095	2.485	-0.134	0.092	0.443	1.406
SEO=0	0.053	-0.011	0.019	0.502	0.064	-0.020	2.534	-0.002	0.075	0.402	1.390
差值	0.045***	0.034***	0.032***	-0.014	0.011	0.114***	-0.050	-0.132***	0.018**	0.041	0.015
(t 值)	(4.28)	(3.31)	(3.29)	(-1.10)	(0.98)	(2.56)	(-0.40)	(-3.61)	(2.38)	(1.30)	(0.31)

注：*** 表示在 0.01 的水平上显著，** 表示在 0.05 的水平上显著，* 表示在 0.1 的水平上显著。

从上表可以看出，再融资公司与未再融资公司在几个变量上的差别比较显著：第一，再融资公司样本净利润（Earnings）、总应计利润（ACC）和可操控性应计利润（DA）都显著高于未再融资公司，而经营现金流净额（CFO）的差别在统计上不显著，说明再融资公司净利润高于未再融资公司，主要是因为可操控性应计利润高于未再融资公司，这表明再融资公司控股股东确实存在操纵盈余影响股价的行为；第二，再融资公司样本股权再融资前一年股票超额收益率（PRE）显著高于未再融资公司样本，说明实施股权再融资前一年，股权再融资公司股票收益提高；第三，再融资公司样本的长期负债总额占总资产的比重（LDB）显著高于未再融资公司，说明实施股权再融资当年，再融资公司的负债能力较低。

为进一步了解不同的控股股东特征下股权再融资样本中各变量的统计特征，我们以控股股东特征变量为标准，将股权再融资样本进行分组，并将分组后的样本进行比较均值的独立样本 t 检验。

表 8.4　　　根据控股股东特征分组的独立样本 t 检验

变量	(1)			(2)			(3)		
	$LargeG=1$	$LargeG=0$	差值(t 值)	$LargeK>1$	$LargeK=1$	差值(t 值)	$LargeK_1^H=1$	$LargeK_1^L=0$	差值(t 值)
Earnings	0.110	0.089	0.021 (1.06)	0.098	0.099	-0.001 (-0.05)	0.074	0.121	-0.047 (-1.60)
ACC	0.044	0.007	0.036** (2.13)	0.026	0.021	0.005 (0.30)	0.013	0.040	-0.028 (-1.23)
DA	0.065	0.040	0.025* (1.61)	0.052	0.051	0.001 (0.09)	0.044	0.061	-0.018 (-0.98)
LEV	0.430	0.534	-0.103*** (-6.29)	0.480	0.496	-0.016 (-0.94)	0.471	0.487	-0.016 (-0.65)
CFO	0.066	0.081	-0.015 (-0.85)	0.071	0.078	-0.006 (-0.33)	0.061	0.081	-0.019 (-0.77)
PRE	0.153	0.048	0.105* (1.62)	0.125	0.066	0.059 (0.91)	0.068	0.181	-0.113 (-1.21)
MB	2.872	2.176	0.695*** (3.86)	2.590	2.384	0.206 (1.19)	2.200	2.968	-0.768*** (-2.64)
LIQ	-0.141	-0.128	-0.012 (-0.21)	-0.135	-0.132	-0.003 (-0.06)	-0.157	-0.114	-0.043 (-0.50)
LDB	0.058	0.119	-0.061*** (-6.32)	0.084	0.100	-0.016 (-1.50)	0.078	0.090	-0.011 (-0.84)
样本数	215	270		237	248		119	119	

注：*** 表示在 0.01 的水平上显著，** 表示在 0.05 的水平上显著，* 表示在 0.1 的水平上显著。

我们首先根据控股股东属性将股权再融资样本分为两个子样本：控股股东属性为非国有的公司样本（$LargeG=1$）和控股股东属性为国有的公司样本（$LargeG=0$）。接着，我们将两组样本各项指标进行对比，结果如表 8.4 中第(1)列所示。结果显示,非国有控股的上市公司其总应计利润和可操控性应计利润显著高于国有控股的上市公司,说明非国有控股的上市公司其进行盈余管理的幅度更大,这一发现与雷光勇和刘慧龙(2006)的研究结论一致。

进一步地,我们根据终极控股股东两权分离情况将股权再融资公司样本分为两个子样本:两权分离($LargeK>1$)的公司样本和两权未分离($LargeK=1$)的公司样本。我们将两组样本各项指标进行对比,结果如表 8.4 中第(2)列所示,两组公司的各项指标没有统计上的显著差别。最后,我们将两权分离的再融资公司以两权分离程度的中位数为标准分为两个子样本:两权分离程度高($LargeK_1^H=1$)的公司样本和两权分离程度低($LargeK_1^L=0$)的公司样本,并将两组样本各项指标进行对比,结果如表 8.4 中第(3)列所示。结果显示,除市账比(MB)外,两组公司的其他指标没有统计上的显著差别。

从单变量分析的结果来看,再融资公司在再融资前一年负债能力较低,而经营性现金流未高于非再融资公司。再融资公司控股股东存在操纵盈余影响股价的行为,可操控性应计利润和股票超额收益率显著高于未再融资公司。进一步考虑不同控股股东特征下股权再融资样本中各变量的统计特征,我们发现非国有控股的上市公司进行盈余管理的幅度更大,而终极控股股东两权分离情况对再融资公司的盈余管理行为没有显著影响。

第三节 市场时机的内生性

一、内生性问题

Clarke et al.(2001)、Graham and Harvey(2001)、Baker and Wurgler(2002)等大部分研究市场时机的传统文献都将市场时机默认为外生的市场条件,认为股价高估是由投资者非理性行为导致的。事实上,公司股权再融资过程中盈余管理行为可能和市场择时行为并存。盈余管理在股权再融资过程中不仅仅起到粉饰财务报表以达到资本市场再融资所要求的业绩门槛的作用，还能通过提高股票价格为管理者获取更多的发行收益(Guthrie and Sokolowsky, 2010; Alti and Sulaeman, 2012)。因此，当市场无法提供合适的再融资机会时，管理者可能通过盈余管理主动地创造市场时机。市场时机不仅能由资本市场外生引起，也能由上市公司盈余管理行为产生。具体来说，在股权再融资过程中，管理者会通过盈余管理来提高公司利润水平，对外营造公司业绩提升的假象，误导投资者高估公司价值，从而推动公司股票价格上升，创造出有利于股权再融资的机会窗口。

少数学者从公司层面对市场时机产生的原因作出了探讨，例如Rangan(1998)和Cohen and Zarowin(2010)在对美国上市公司股权再融资样本的研究中阐述了盈余管理对股权再融资市场时机的影响，指出上市公司盈余管理行为除了受到上市公司股权再融资决策中市场择机行为的影响外，也对上市公司股权再融资择时行为产生影响。尽管这些研究初步探讨了市场时机的内生性问题，但都是从管理者的角度出发，并没有基于控股股东行为动机考虑盈余管理对市场时机的影响。我国股权结构尤为集中，控股股东作为公司的实际控制人对股权再融资决策具有决定性作用，这种情况下，控股股东有动机也有能力操纵公司盈余来推动股价上涨，从而创造有利时机实施股权再融资。因此，有必要结合我国上市公司股权结构集中的特点，从控股股东行为视角来研究市场时机和股权再融资的相互影响。

我们借鉴 Rangan(1998)的方法构建联立方程模型，运用三阶段最小二乘回归(3SLS)来检验股权集中情况下上市公司股权再融资和市场时机的相互作用关系。在实施再融资前，上市公司会在招股说明书中对股权再融资当年的盈余状况进行预测，为了以较高的价格进行股权融资公司的盈余预测存在向上操纵的动机。由于发行后股价的大幅下跌，容易引起诉讼纠纷，上市公司股权再融资当年的财务报告基本上会和招股说明书上的预测保持一致。李增福等(2011)研究发现在股权再融资当年、Rangan(1998)发现在股权再融资当季度，上市公司进行了大幅度的盈余管理，因此，我们选取实施再融资当年的可操控性应计利润用于实证检验，实证模型如下：

$$DA_t = \beta_0 + \beta_1 SEO_t + \beta_2 LEV_t + \beta_3 CFO_t + \varepsilon_t \qquad (8.1)$$

$$SEO_t = \gamma_0 + \gamma_1 DA_t + \gamma_2 CFO_t + \gamma_3 PRE_t + \gamma_4 MB_t + \gamma_5 LIQ_t + \gamma_6 LDB_t + \xi_t \qquad (8.2)$$

(8.1)式以可操控性应计利润(DA)作为被解释变量，股权再融资虚拟变量(SEO)作为解释变量，检验市场时机对公司盈余管理的影响。公司负债率(LEV)代表公司利益相关者对公司财务的监督水平，负债率(LEV)越高，表示来自债权人的监督越多，盈余管理水平可能越低，因此在检验中需要控制负债率(LEV)对盈余管理的影响。经营现金流净额(CFO)作为净利润的一部分反映了公司经营状况，经营现金流净额(CFO)越低，上市公司越有可能操纵盈余以提高净利润，因此在检验中需要控制该变量对盈余管理水平的影响。

(8.2)式以股权再融资虚拟变量(SEO)作为被解释变量，可操控性应计利润(DA)作为解释变量，检验盈余管理对市场时机的影响。其中，控制变量的选取参考Rangan(1998)的方法。经营现金流净额(CFO)作为公司净利润的一部分，与总应计利润一样也会对公司股价产生影响，从而影响公司的股权再融资决策，因此在检验中需加入这一变量控制公司真实经营业绩上升引起的融资需求。当股权再融资前一年股票超额回报率(PRE)大幅上升时，公司也有可能进行股权再融资，因此在检验中需要控制该变量对公司股权再融资决策的正向影响。市账比(MB)高的公司面临投资机会较多，较有可能进行股权再融资来募集项目资金，因此检验中加入该变量可以控制投资机会对公司股权再融资决策的正向影响。流动性指标(LIQ)偏低时，公司受到流动性制约，就有可能通过发行股份来减轻这种约束，因此在检验中需要加入该变量用于控制流动性约束对上市公司股权再融资的负向影响。公司长期负债总额占总资产的比重（LDB）过高时，公司负债能力较低，公司需要进行权益融资以增强自身负债能力，因此检验中需加入该变量控制其对股权再融资决策的正向影响。

二、股权再融资与市场时机的相互作用

公司通常在股价被高估时实施股权再融资，因为高价融资能够降低公司的再融资成本，使控股股东获得更多的发行收益。出于自身利益最大化的目的，控股股东有强烈动机采取操纵盈余的方式向上调整公司业绩，以创造有利的股权再融资时机。基于上述分析可以认为，为了实施股权再融资，公司会进行盈余管理以创造市场时机。

当公司控股股东操纵盈余使可操控性应计利润的水平提高时，公司的总应计利润和净利润水平也会相应提高，这会误导投资者对公司股票的内在价值作出较高估计从而带来股价的上涨，此时公司股票的错误定价为公司实施股权再融资提供了有利的机会窗口。基于上述分析可以发现，盈余管理能促使有利于股权再融资的市场时机的产生。

为检验股权再融资与市场时机的相互影响，我们首先对股权再融资样本和配对样本的混合样本进行联立方程回归，回归结果如表 8.5 所示。在表 8.5 中可以看到，联立方程中 SEO 对 DA 的影响系数和 DA 对 SEO 的影响系数都在 1% 的显著性水平下为正，这说明上市公司在利用市场时机进行股权再融资过程中存在利用盈余管理来提高业绩从而获取再融资资格的行为，并且当控股股东操纵盈余诱导投资者高估公司价值时也为股权再融资计划的实施创造了有利的机会窗口。这一回归结果不但支持了假说 8.1，也为市场时机的内生性提供了经验证据，表明上市盈余管理不但受到股权再融资市场择时行为的影响也会对股权再融资中的市场时机产生影响。

表 8.5　　全样本回归结果

变量	DA	SEO
_cons	0.065***(2.54)	0.338***(7.60)
SEO	0.114***(2.62)	
DA		1.648***(2.72)
LEV	-0.100***(-4.80)	
CFO	-0.542***(-22.57)	1.151***(3.41)
PRE		0.045**(2.18)
MB		-0.005(-0.69)
LIQ		-0.106***(-3.38)
LDB		0.342***(2.55)
R-sq	0.312	-0.020
样本数	970	

注：括号内为 t 值，*** 表示在 0.01 的水平上显著，** 表示在 0.05 的水平上显著。

为了进一步考察控股股东特征对上市公司盈余管理和市场择时的影响，我们将全样本按控股股东属性、两权分离程度进行分组检验，表 8.6 列出了根据控股股东属性进行分组检验得到的结果。

表 8.6　　考虑控股股东属性的回归结果

变量	非国有控股		国有控股	
	DA	SEO	DA	SEO
_cons	0.109**(2.38)	0.458***(5.05)	0.059*(1.89)	0.309***(6.26)
SEO	-0.014(-0.18)		0.189***(3.69)	
DA		0.724(0.62)		1.282*(1.83)
LEV	-0.082***(-2.78)		-0.134***(-4.03)	
CFO	-0.318***(-8.79)	0.618(1.31)	-0.682***(-19.58)	1.187***(2.66)

续表

变量	非国有控股		国有控股	
	DA	SEO	DA	SEO
PRE		0.033(0.59)		0.016(0.85)
MB		-0.002(-0.19)		-0.003(-0.33)
LIQ		-0.150**(-2.31)		-0.138***(-3.26)
LDB		-0.247(-0.96)		0.480***(3.25)
R-sq	0.158	0.061	0.279	0.015
样本数	410		560	

注：括号内为 t 值，*** 表示在 0.01 的水平上显著，** 表示在 0.05 的水平上显著，* 表示在 0.1 的水平上显著。

表 8.6 中的结果显示，国有控股的上市公司 SEO 对 DA 的影响系数和 DA 对 SEO 的影响系数显著为正，说明国有控股的上市公司在股权再融资过程中，有强烈动机进行盈余管理创造市场时机并进行择时融资。而非国有控股的上市公司在股权再融资过程中，其盈余管理行为和市场择时行为在统计中并不显著。这一结果与假说 8.2 不一致，可能是基于以下几点原因：国有控股的上市公司主要由行政机关或政府官员作为控股股东行使控制权的代理人，这类代理人通常只承担有限责任，有盲目扩大上市公司规模的倾向。因此，为了在资本市场顺利取得巨额资金，代理人有强烈动机进行盈余管理，以提高上市公司业绩影响股价并利用市场时机进行再融资；此外，在公司进行财务决策的过程中，中小股东对国有性质的控股股东的影响力要小于对非国有性质控股股东的影响力，国有性质的控股股东所受到的来自中小股东的约束较小，因此通过盈余管理创造市场时机进行股权融资的能力更大；并且，在同样满足再融资资格的各项要求的公司中，国有控股上市公司的股权再融资申请一般比非国有控股上市公司的申请更容易获得证监会的批准。综上所述，在股权再融资过程中，国有控股的上市公司具有更强的动机和能力进行

盈余管理创造市场时机并利用市场时机进行融资。

表 8.7 列出了根据控股股东两权是否分离进行分组后的检验结果，结果显示终极控股股东两权未分离的上市公司其 SEO 对 DA 的影响系数和 DA 对 SEO 的影响系数都在 1% 的显著性水平下为正，这一结果显然与假说 8.3 不一致。我们进一步对终极控股股东两权未分离样本进行分析，发现其中绝大多数的控股股东属性为国有。这是不足为怪的，因为国有性质的控股股东对上市公司的持股通常采用直接控股的方式，控制链条较为单一，现金流权和控制权较少出现分离。而非国有性质的控股股东一般通过复杂的所有权结构持有上市公司股份即间接控股，表现为控制权和现金流权的分离。

表 8.7　考虑终极控股股东两权是否分离的回归结果

变量	终极控股股东两权分离		终极控股股东两权未分离	
	DA	SEO	DA	SEO
_cons	0.130***(3.41)	0.467***(5.32)	0.027(0.68)	0.317***(7.19)
SEO	−0.069(−0.98)		0.231***(3.85)	
DA		−0.407(−0.33)		1.795***(2.91)
LEV	−0.066**(−2.39)		−0.120***(−3.18)	
CFO	−0.383***(−11.04)	0.218(0.37)	−0.661***(−16.57)	1.419***(3.76)
PRE		0.020(0.54)		0.023(1.33)
MB		0.009(0.86)		−0.008(−1.08)
LIQ		−0.157**(−2.31)		−0.109***(−2.61)
LDB		0.035(0.16)		0.333**(2.43)
R-sq	0.104	−0.017	0.157	−0.058
样本数	467		503	

注：括号内为 t 值，*** 表示在 0.01 的水平上显著，** 表示在 0.05 的水平上显著，* 表示在 0.1 的水平上显著。

为进一步研究终极控股股东两权分离程度对上市公司股权再融资过

程中盈余管理行为和市场择时行为的影响，我们对两权分离样本以其中位数为界分为两权分离程度高和两权分离程度低两组，并对分组后的样本进行回归检验，表8.8列出了分组后的联立方程回归结果。从表中可以看出，终极控股股东两权分离程度高的上市公司样本分组中，SEO对DA的影响系数在10%的显著性水平下为正，这说明两权分离程度高的上市公司在股权再融资过程中有强烈动机进行盈余管理以获取再融资资格，并通过影响股价获得有利的市场时机。但在表中可以看到，DA对SEO的影响系数在统计上不显著，假说8.3的市场择时动机没有得到实证支持。这一影响系数不显著，原因可能是两权分离程度高的上市公司终极控股股东多为非国有性质，即使通过盈余管理达到了证监会的再融资业绩要求，再融资申请也不一定能得到证监会批准，限制了这些公司利用市场时机进行融资的能力。

表8.8　考虑终极控股股东两权分离程度的回归结果

变量	终极控股股东两权分离程度高		终极控股股东两权分离程度低	
	DA	SEO	DA	SEO
_cons	0.062(1.08)	0.457***(5.54)	0.112**(2.55)	0.309(1.02)
SEO	0.186*(1.63)		−0.082(−1.24)	
DA		0.326(0.33)		0.870(0.21)
LEV	−0.170***(−4.41)		−0.029(−0.62)	
CFO	−0.659***(−11.78)	0.114(0.17)	−0.229***(−4.42)	1.499(0.79)
PRE		0.016(0.62)		0.025(0.18)
MB		−0.006(−0.38)		0.014(1.08)
LIQ		−0.007(−0.16)		−0.414(−1.31)
LDB		0.677**(2.48)		−0.005(−0.02)
R-sq	0.086	0.019	−0.081	0.133
样本数	234		234	

注：括号内为t值，*** 表示在0.01的水平上显著，** 表示在0.05的水平上显著，* 表示在0.1的水平上显著。

在资本市场有效程度较低且股权结构高度集中的情况下,控股股东行为动机对公司股权再融资决策产生重要影响。为了提高发行价格、获取更多发行收益,上市公司控股股东不仅倾向于利用股价高估的机会窗口进行择时融资,而且有强烈动机利用资本市场的低效率操纵盈余影响股价以创造有利的市场时机。股权再融资过程中控股股东操纵盈余影响股价是控股股东市场择时行为的一个重要环节,股权再融资与市场时机之间存在相互作用的内生关系。进一步的研究表明,控股股东特征对盈余管理行为和市场择时行为产生影响,国有控股的上市公司在股权再融资过程中有强烈动机操纵盈余影响股价并进行择时融资,终极控股股东控制权和现金流权分离程度高的上市公司操纵盈余影响股价的市场择时动机也要更强烈一些。

相较于国外发达资本市场,我国资本市场起步较晚且发展较为滞后,一些与股权再融资相关的监管制度仍有待完善。而我国上市公司股权结构又呈现高度集中的特点,控股股东不仅具有操控公司盈余的能力,而且有能力和动机影响股票市场定价,进而影响资本市场资金流向。在公司股权再融资过程中,控股股东出于自利动机的盈余管理行为和市场择时行为不仅损害中小投资者利益,而且降低市场定价效率和资本配置效率。我们的研究表明,进一步完善公司治理结构、加快资本市场制度建设对于优化我国上市公司投融资行为和提高我国资本市场资源配置效率具有重要意义。

第九章 股价同步性与控股股东市场择时

股票市场中股价走势引导资源配置,而信息引导股价走势。股价同步性在市场上表现为公司股价波动随市场整体涨跌的一致程度,反映了公司层面信息和市场层面信息纳入股价的相对多少。股权再融资过程中,控股股东基于自身利益最大化目的实施的盈余管理行为将会影响上市公司盈余信息披露质量,在减少公司特质信息的同时增加公司噪音信息的释放,从而影响市场投资者对公司价值的判断,导致股价同步性随之下降。股价同步性降低意味着个股股价随市场波动的趋势减弱,这有助于控股股东操控股价创造再融资的有利时机。因此,控股股东的市场择时过程就表现为其操控盈余影响股价及股价同步性并进行择时融资的过程。本章首先考察股价同步性的定义及其度量方法,然后将股权再融资过程中控股股东的市场择时行为分解为盈余管理行为和择时融资行为进行研究,并对市场时机影响股价同步性及股价同步性影响控股股东股权再融资行为的作用机理进行考察,最后进一步探讨了控股股东在股权再融资过程中的市场择时行为对公司股价崩盘风险的影响。

第一节 股价同步性及其度量

一、股价同步性

股价同步性是指公司股票价格与市场"同涨同跌"的程度,即个股股价变动情况与市场平均变动情况间的相关性。传统的 CAPM 定价模型解释了市场信息对上市公司股票价格的影响机理，但却忽视了股票价格中包含公司特质信息。事实上，股票市场中股价的涨跌不仅受市场层面信息的影响，还受到公司层面特质信息的影响。学者们很早就发现，CAPM 模型对股票价格的实际解释力度并不高，甚至随着时间的推移逐渐降低。Roll(1988)在运用资本资产定价模型研究美国市场上系统性因素对股票价格的影响时发现，CAPM 模型对股票收益率的平均解释力仅为 20%。因此，他提出影响公司股价同步性的两种解释：第一种解释即"信息论"，该观点认为股价同步性的高低取决于股票价格中所含有的公司特质信息的多少，若股价中包含较多的公司特质信息则公司股价同步性较低；反之，则股价同步性较高。第二种解释即"噪音论"，该观点认为较低的股价同步性是因为公司有更大的不确定性或者噪声，股价同步性越低意味着股价在更大程度上偏离了公司基本价值。

在 Roll(1988)的基础之上，许多学者对股价同步性进行了丰富的研究，所获得的经验证据大多支持 Roll(1988)的第一种解释。如 Wurgler (2000)对 65 个国家股票市场进行了比较研究，发现股票市场的同步性越高则资源配置效率越低，资本市场的资源配置效率与股价同步性之间存在显著的负相关关系。他认为股票市场的同步性越低，股价中所包含的公司特质信息越多，资源配置效率越高。Morck et al.(2000)通过对 40 个国家股票市场数据进行研究，发现发达经济体的股价同步性显著低于贫困国家及地区的股价同步性。他们指出这是因为发达国家股票市场信息成本较低且对投资者的保护力度更大，从而使投资者和套利者能够获知较多的公司特质信息并反映在股价中。Durnev et al.(2003)研究发现，股价同步性较低的公司当前收益率与未来盈利的相关性更强，这一现象表明更多的未来盈利信息反映到当前的股价之中。进一步地，Jin and Myers(2006)提出了股价同步性新的理论解释和检验，他们认为各国公司信息透明度的不同是导致国家间股价同步性差异的原因。透明度越低，管理层越有可能通过内部信息牟取私利，导致外部投资者只能依据市场平均收益对公司进行预期,从而降低了股价所反映的公司特质信息含量,使得股价同步性较高。Devos et al.(2015)基于对 1993—2012 年美国股票市场数据的研究,考察了较低的股价同步性是否表示较高的信息环境。他们以分析师信号为例研究了市场对外生信息环境变化的反应与股价同步性之间的关系,发现对于股价同步性较低的样本公司,股票异常收益与分析师推荐修正公告有更为密切的关系。这说明该类股票的投资者更容易从分析师推荐修正公告中及时获得充分信息,并反映在股价中。上述研究大多从宏观角度为股价同步性反映股票市场信息效率的观点提供了支持,在此基础上,学者们还基于公司层面的微观视角对股价同步性的信息效率论进行了检验。如 Hutton et al.(2009)考察了公司信息透明度与股票收益率波动之间的关系,他们采用盈余管理指标度量信息不透明度,研究发现了信息不透明度越高的公司股价同步性越高,这表明较少的公司特质信息为股价所反映。

基于 Morck et al.(2000)、Durnev et al.(2003)等学者的研究结论,股价同步性作为度量股价信息含量和资本市场效率的指标而被广泛使用。后续学者大多接受股价同步性的信息论解释,将股价同步性作为衡量股价信息含量的指标,进而也作为股票定价效率或市场有效性的度量指标,对影响股价同步性的因素做了多方面研究。Piotroski and Roulstone(2005)研究了证券分析师、机构投资者和内部人三类知情人的行为如何影响股价对公司特质信息、行业及市场信息的反应。其结果表明,机构投资者及内部人的知情交易能促进股价对公司特质信息的吸收从而降低股价同步性,而分析师传播的主要是行业内信息,将会减少股价中的公司特质信息,从而导致公司的股价同步性增加。Chan and Hameed(2006)也发现,在新兴市场中,分析师关注度的增加提高了股票价格的同步性。学者们还就控股股东的存在对股价同步性的影响做出了相关研究,如 Ben-Nasr(2014)使用 1983—2007 年 41 个国家企业的数据进行研究,发现国有属性的股东会降低公司股价的信息含量,减弱公司特质信息引起的股价波动。Boubaker et al.(2014)对 1998—2007 年法国上市公司数据进行了研究，发现终极控股股东与股价同步性之间存在显著的关系。

然而也有学者指出，股价同步性并不是一个十分稳健的度量股价信息含量的指标。近年来不少研究对 Roll(1988) 的第一种解释提出了质疑，并提出了许多信息效率论无法解释的新证据。Ashbaugh et al. (2005) 发现在英美等全球最大的 6 个市场上，股价同步性与投资者对未来盈利信息的定价之间没有一致的联系，其对分析师预测误差和外国公司在美国上市的研究结果也不支持股价同步性作为公司特质信息的度量。Teoh et al. (2007) 选择 4 个知名的会计异象进行检验后发现，股价同步性越小，会计异常的程度更显著，其直接调查信息质量和股价同步性之间的关系，依然得到与 Durnev et al. (2003) 相对立的结论，即股价同步性与公司特质信息质量或者信息透明度正相关。Kelly(2014) 通过研究 1993—2002 年美国股票市场数据，也发现股价同步性不能很好地反映股票信息效率，他认为较低的股价同步性可能是噪声影响的结果。因此断定，公司特质的不确定性才是决定股价同步性大小的关键因素。Chan and Chan(2014) 以 1984—2007 年的股权再融资公司为研究对象，考察了股价同步性能否反映股权再融资的定价效率，研究发现股价同步性与股权再融资折价显著负相关，他们认为股价同步性高的时候，股价包含的信息更多。

因此，不少学者转而支持 Roll(1988) 的第二种观点，即较低的股价同步性是因为公司有更大的不确定性或者噪声。West(1988) 较早用数学模型证明噪声交易产生的泡沫可以导致股价波动率的上升，实证研究也表明过高的股价波动性难以被股利等基本面因素充分解释。Ashbaugh et al. (2005) 则验证了 West(1988) 的理论模型，发现公司特质收益率的波动和市场泡沫、狂热情绪等因素正相关。De Long et al. (1989) 相信，噪声交易者的信仰会创造出一种额外的风险，积累到一定程度，将引起整个市场的过度波动。不过，他们限定这种风险只是属于市场范围的，而非公司特质风险。Barberis et al. (2005) 在行为金融的框架内研究发现,当公司被纳入标准普尔500指数后,由于大量投资者对此类公司的特殊偏好所产生的非理性的交易行为会导致股价同步性的上升。Kumar and Lee(2006)通过对个人投资者行为的研究,发现噪声交易对股价同步性会产生显著的影响。Hou et al.(2006)也认为,股价同步性与投资者处理信息过程中的偏差有关,投资者对公司层面信息的认知偏差会导致股价同步性与市场效率成正向关系,说明股价同步性代表了定价的非效率,不能有效衡量股票价格的信息效率。

我国学者对于股价同步性的经济学含义也做出了一定探讨,如游家兴等(2006)认为,随着资本市场建设的不断完善,我国股票价格吸收的公司特质信息含量有了提高,投资者保护措施的加强有效抑制了股价波动的同涨同跌现象,股价同步性呈现下降趋势。但王亚平等(2009)的研究表明,股价同步性与信息效率成正相关关系。许年行等(2011)则基于信息与心理行为互动关系,提出了对于股票同步性的新的理论解释,他们认为不同类型的心理偏差和不同信息传递模式都会影响股价同步性。尽管学者们对于股价同步性的形成机理尚未形成一致结论,但股价同步性作为公司特质信息乃至市场效率的度量指标已为主流文献所认同。我国学者大多接受 Morck et al.(2000)和 Durnev et al.(2003)的信息效率论观点,并结合我国股票市场制度尚不完善、上市公司股权结构集中的特点对股价同步性进行了研究。如李增泉(2005)将 Morck et al.(2000)的跨国研究拓展到单一国家公司治理层面发现,第一大股东持股比例与股价信息含量之间呈现显著的非线性U形关系,其他股东持股比例则与股价信息含量显著正相关。朱红军等(2007)研究表明,分析师跟踪人数和公司股价同步性之间存在显著的负相关的关系;分析师的信息搜寻活动能够提高股价信息含量,降低股价同步性,增强价格对资源配置的引导作用,从而提高我国资本市场的运行效率。Gul et al.(2010)对我国上市公司数据的研究表明,股价同步性是第一大股东持股的凹函数,当持股比例接近50%时取最大值,境外投资者持股和审计质量与股价同步性负相关。王立章等(2016)认为股价同步性反映了市场信息传递的结果，控股股东代理问题会阻碍市场信息传递，从而导致较高的股价同步性，国有性质的实际控制人会加剧这一作用，而股权制衡则会削弱控股股东两权分离度对股价同步性的负向影响。

二、股价同步性的度量——R^2方法

Roll(1988)指出基于 CAPM 的单因素市场模型为：

$$r_{j,t} = \alpha_j + \beta_j r_{m,t} + e_{j,t} \qquad (9.1)$$

其中，$r_{j,t}$ 代表股票 j 在 t 时期的收益，$r_{m,t}$ 是 t 时期的市场收益；α_j 和 β_j 是回归系数，残差项 $e_{j,t}$ 表示未被模型解释的剩余收益。

根据 Roll(1988)的分析，CAPM 单因素市场模型中的剩余收益 e 可以分解为与公司特质信息相关的收益和由交易噪声引起的收益两部分：

$$e_t = x_t + g_t y_t \qquad (9.2)$$

其中，x 表示交易噪声，y 是与信息相关的剩余收益，g_t 是反映信息到来的随机因子，若 t 日有信息取 1，无信息时取 0。

同样也假定：

$$E(e) = E(x) = E(y) = E(xy) = E(xg) = E(gy) = 0 \qquad (9.3)$$

定义 V_j 为随机因素 j 的方差，$(j=e, x, y)$，$p = \text{Prob}\{g_t = 1\}$。

尽管假定 $E(xg) = 0$，即 x 与 g_t 不相关，但 x 与 g_t 并不独立。这是因为随着信息到来概率 p 的增加，信息不对称程度降低，公司的交易噪声会随之减少，因此噪声方差 V_x 也将减小。

进一步地，我们假设 $V_x = V_x(p)$，且 $V_x'(p) < 0$，则有：

$$V_e = E\left[x+gy\right]^2 = V_x + pV_y \qquad (9.4)$$

其中，V_y 为常数。将 V_e 对 p 求导，可得：

$$\frac{dV_e}{dp} = V_x'(p) + V_y \qquad (9.5)$$

分析上式可知，当 V_x 随 p 的增加而急速下降，且下降的速率 $-V_x'(p)$ 大于 V_y 时，公司特质性方差将随特质信息含量的增加而下降，股价同步性增强；反之，如果 V_x 只是随 p 的增加呈平缓下降，即 $-V_x'(p) < V_y$，公司特质性方差会随着特质信息含量的增加而上升，股价同步性减弱。

Roll(1988)估算的结果显示，在美国市场上 V_y 至少是 V_x 的 20 倍，因此他认为 R^2 主要衡量了公司特质信息而非市场噪声。在 Roll(1988) 的基础上，Morck et al.(2000)对世界多个股票市场数据进行了研究，正式将 CAPM 模型的拟合系数 R^2 作为股价信息含量的度量指标，并定义统计量 R^2 如下所示：

$$R^2 = \frac{\beta^2 s^2(r_m)}{\beta^2 s^2(r_m) + s^2(e)} \qquad (9.6)$$

其中，$s^2(e)$ 和 $s^2(r_m)$ 分别是公司特质性方差和市场系统性方差，β 代表贝塔系数。在假设 β 和 $s^2(r_m)$ 一定的情况下，R^2 由 $s^2(e)$ 单独决定，即公司特质性方差越大，R^2 越小。

学者们在对股价同步性进行研究时普遍使用上述模型对股价同步性进行估算，通过对其进行回归得到拟合系数 R^2，用以衡量个股价格波动的同步性。为了减少部分股票交易不活跃和交易量小的问题，Morck et al.(2000)在进行计算时使用了周数据，后续学者大多也借鉴了这一处理方法。

由于 R^2 的取值范围为 $(0, 1)$，容易造成样本公司的 R^2 值之间的差距过小，不方便进行进一步的回归检验。因此，Morck et al.（2000）在利用 R^2 构造股价同步性指标时进行了对数转换，如下式所示：

$$Y_j = \log\left(\frac{R_j^2}{1-R_j^2}\right) \tag{9.7}$$

我们选取了 2008—2012 年沪深两市在此期间内实施过股权再融资的非金融类 A 股上市公司为样本，根据 Roll（1988）、Morck et al.（2000）等学者的研究成果对 R^2 进行估算。全部样本和数据均来自国泰安（CSMAR）数据库，我们剔除了数据不全及财务状况异常的公司样本。由于同时拥有 B 股或 H 股的公司其财务数据可能还受到 B 股市场和 H 股市场的影响，因此我们还剔除了此类公司样本。借鉴其他学者的研究，我们定义变量 r_{it} 为个股 i 第 t 周考虑了现金股利及分红后的回报率，r_{mt} 为市场第 t 周利用流通市值加权平均法计算的周市场回报率，分别用沪深两市的综合指数收益率表示。估算的结果如下表所示：

表 9.1　　2008—2012 年我国股权再融资公司股价同步性统计

变量	样本数	均值	标准差	最小值	中值	最大值
R^2	568	0.371	0.173	0.014	0.368	0.821

Morck et al.（2000）基于 1995 年中国上市公司数据得到的 R^2 均值为 0.453，在他们所研究的四十个国家中位列第三。Jin and Myers（2006）选取了 1994—2001 年中国上市公司数据进行估算，得到权益加权 R^2 为 0.380，市值加权 R^2 为 0.470，该结果是他们所研究的四十个国家中股价同步性最高的。从上述研究可以看出，我国上市公司股票价格与市场"同涨同跌"的程度相对较高，市场层面的信息对股票价格波动影响较

大。这可能是由于我国股票市场发展时间较短、制度建设尚不完善且信息效率相对较低所导致的。这表明，我国上市公司股权结构集中的情况尤为突出，控股股东作为公司的实际控制人与外部投资者(中小股东)之间的利益冲突较为严重。控股股东基于自身利益最大化动机的决策行为导致公司财务信息透明度较低，信息披露质量较差，股价中包含的公司特质信息较少。由表9.1可以看出，我国股权再融资上市公司的股价同步性均值为0.371，明显低于史永和张龙平(2014)得到的2007—2012年中国股票市场A股上市公司股价同步性指标(0.486)，这表明股权再融资公司在实施再融资当年的股价同步性水平低于市场平均水平。这也许与控股股东在股权再融资过程中的信息披露行为有关，我们将在后面的研究中对此做出进一步的分析。

第二节 盈余管理与股价同步性

一、控股股东的信息披露策略

Shleifer and Vishny(1997)、La Porta et al.(1999)等学者们的研究已经表明，大多数国家的大部分上市公司都存在股权结构集中的情况，控股股东对上市公司的决策具有充分的控制力。这种情况下公司主要的代理问题不再是股东与管理者之间的利益冲突，而是控股股东与中小股东之间的代理问题。在操纵公司日常经营活动和财务决策时，控股股东往往不惜损害中小股东利益追求自身利益最大化，这使得控股股东控制下的上市公司普遍存在盈余管理行为。例如Fan and Wong(2002)以7个东亚国家(地区)的977家上市公司为样本，研究了公司所有权结构和盈余信息含量之间的关系，发现控股股东会从自身利益出发来影响会计盈余的披露，使得公司盈余报告的可信度大大降低。Liu and Lu(2007)以中国1999—2005年的上市公司为研究样本，发现控股股东代理问题的存在可以解释大部分公司的盈余管理行为。学者们还发现，尤其在公司实施股权再融资的过程中，控股股东具有强烈的盈余管理动机。如 Guthrie and Sokolowsky（2010）以标准普尔数据库中 1996—2002 年的上市公司为样本，研究了股权再融资过程中大股东和盈余管理的关系，发现大股东的存在会加剧公司的盈余管理行为，并在发行新股过程中掠夺小股东的利益。盈余管理不仅能通过粉饰公司财务数据使公司达到股权再融资的门槛，还能通过抬高股价为控股股东获取更多的资源与利益。

外部投资者一般通过企业披露的财务报表来获取公司层面的特质信息，其中公司的利润报表通常是外部投资者最为关注的一类公司层面特质信息。当市场信息透明度高时，公司的盈余管理能够被市场识别。只有市场信息不透明时，公司才有条件进行盈余管理。Piotroski and Wong（2012）认为上市公司通过盈余管理能够隐藏部分基本面信息，这种操纵盈余信息的行为会降低信息透明度，恶化股票信息环境。同时，学者们对公司盈余管理和股价同步性之间的关系进行了相关研究，如 Hutton et al.（2009）从信息透明度的角度研究了盈余管理对股价同步性的影响。他们发现上市公司实施积极的盈余管理可能意味着对负面信息的隐瞒或延迟公布，这将会导致公司股价同步性提高。Gul et al.（2010）发现上市公司的审计质量与股价同步性之间呈现出显著的负相关关系。他们指出，上市公司披露高质量的财务报表会增多外部投资者可获得的公司特质信息，并能够降低投资者信息搜集成本，减少知情交易数量，从而提高股票价格中的特质信息含量，使得股价同步性下降。上述研究均表明，公司盈余管理会通过加剧信息不透明程度恶化股票信息环境，导致股票价格信息含量降低，使得股价同步性随之升高。但上述研究大多基于管理者角度，并没有考虑到控股股东对公司信息披露的决定性作用。

一部分学者就控股股东对股价同步性的影响开展了相关研究，如 Brockman and Yan（2009）以 1996—2001 年的美国股票市场为研究对象，考察了大股东和公司层面特质信息的关系。他们认为大股东比外部投资者(中小股东)在获取公司特质信息方面更具优势，大股东可以促进知情交易和公司股价的特质波动而降低股价同步性。Gul et al. (2010)以我国上市公司为研究对象进行实证分析，发现第一大股东的持股比例是决定股价同步性的最重要因素。股价同步性与第一大股东持股比例之间成倒 U 型关系，并且第一大股东与政府相关的上市公司股价同步性更高。Ben-Nasr(2014)使用 1983—2007 年 41 个国家上市公司的数据进行研究，发现国有属性的股东会降低公司股价的信息含量，减弱公司特质信息引起的股价波动。Boubaker et al. (2014)对 1998—2007 年法国上市公司数据进行了研究，发现终极控股股东与股价同步性之间存在显著的关系，他们指出，终极控股股东往往为了掩饰自己的机会主义行为而倾向于披露较少的公司特质信息，从而导致公司股价同步性上升。上述研究表明，控股股东的存在会影响公司股价同步性，但并未明确指出控股股东通过何种方式产生影响。

鹿坪和姚海鑫(2014)认为我国资本市场对公司盈余存在错误定价，投资者并不能有效识别公司所披露的盈余信息，这为公司在实施股权再融资时通过盈余管理影响股价来获得有利的融资时机创造了条件。由于我国上市公司具有股权结构集中的特点，控股股东对上市公司决策有重大影响力和控制力，能够通过择时融资获取更多的资源来实现个人私利最大化。因此，控股股东在股权再融资过程中有强烈动机操纵盈余信息披露，并利用资本市场的低效率诱使投资者高估公司价值，以此抬高股价创造再融资的有利时机。研究认为，在股权再融资过程中，控股股东盈余管理动机会从两个方面影响股价同步性：一方面，控股股东为了利用股权再融资获取更多资源有强烈动机进行盈余信息的操纵。在利益最大化动机的影驱动下，控股股东会有选择地披露公司盈余信息，以掩盖那些不利于其获取控制权私利的消息。这种盈余管理行为将向市场传递较多关于公司价值的噪声信息，以影响市场投资者对公司价值的判断，使公司股票价格受噪声信息的干扰增多，从而导致股价同步性下降。另一方面，控股股东为了掩饰盈余管理行为，可能会有意降低上市公司的财务信息透明度，导致公司向市场传递的公司真实基本面信息减少，从而使得外部股东（中小股东）所能获得的公司特质信息减少，导致股票价格中关于公司特质信息的含量降低，股价同步性也随之提高。

从上述分析中可以发现，控股股东盈余管理行为在减少公司特质信息的同时还可能会增加公司噪声信息的释放，现有文献针对上述两种影响渠道对我国资本市场进行了研究。张艳（2005）认为由于我国资本市场的发展历史和发展现状有其特殊性，导致我国证券市场较多地反映出噪声因素。王亚平等（2009）也实证得出股价同步性越低股票市场信息效率越低的研究结果，并指出这是因为我国股票市场存在着大量噪音所致。可见，由于我国资本市场发展历史较短、信息效率水平还不高，市场中股价的波动更多地受到噪声因素的影响。上市公司盈余管理导致的噪音信息增多对股价同步性的影响可能大于特质信息减少对股价同步性的影响。因此，我们认为股权再融资过程中控股股东出于自利动机的盈余管理行为总体来说会降低公司股价同步性。

此外学者们还指出，由于控股股东持有较高比例的股份能够为公司内部人建立"不会侵占外部投资者"的诚信声誉，投资者更愿意相信控股股东持股比例高的上市公司所披露的盈余信息。Gomes（2000）、王亚平等（2009）以及史永（2013）研究发现，控股股东持股比例较高的上市公司所披露的盈余信息被投资者吸收的程度也就比较高。因此，我们认为控股股东持股比例高的公司进行盈余管理更可能导致股价同步性下降。据此，我们提出以下假说：

假说9.1：控股股东择时行为中的盈余管理会降低公司股价同步性，并且这种效应在控股股东持股比例高的上市公司中更为显著。

二、股价同步性降低的经验证据

为检验控股股东择时行为中的盈余管理对公司股价同步性的影响，我们选取2008—2012年沪深两市在此期间实施股权再融资的A股上市公司为研究对象。由于实证中包含 $t-1$ 期,所以我们还采集了 2007 年的公司财务数据。我们在实证研究中使用的样本和数据均来自国泰安(CSMAR)数据库,样本采集依据以下原则进行:(1)剔除金融类公司,因为这类公司所经营的业务具有特殊性,并具有较高的资产负债率;(2)剔除在研究年度前两年进行过股权再融资的公司样本,以避免实证分析中同一公司不同再融资事件之间的交叉影响;(3)剔除同时拥有 B 股、H 股的公司,因为这些公司财务数据可能受 B 股市场、H 股市场的影响;(4)剔除资不抵债等财务状况异常的公司。此外,我们还进一步剔除了财务数据资料不全的公司,最终获得的股权再融资样本为 568 个。

我们借鉴王克敏和刘博(2012)所提出的"标准化后的经营现金流净额相近"原则,构造股权再融资公司的对照样本,具体选取方法如下:(1)对照样本公司需与样本公司同属一个行业;(2)对照样本公司在研究年度及下一年度未进行股权再融资;(3)对照样本公司的资产负债率不大于 1;(4)对照样本公司经年初总资产标准化后的经营现金流净额需与样本公司最接近。我们在选取时均以样本公司实施股权再融资年度的财务报表为准,对照样本与股权再融资样本一一对应,总共选取 568 个公司构成对照样本。按此标准,我们在采用股权再融资模型进行实证检验时,样本观测值为 1136 个。

为度量上市公司的盈余管理行为,我们参考 Dechow et al.(1995)等学者的做法,采用截面修正的 Jones 模型对所有非金融类 A 股上市公司的截面数据进行逐年的 OLS 估计,以估算公司的可操控性应计利润。考虑到股权再融资样本的数据可能会对估计结果产生影响,我们在估计过程中剔除了当年配股、增发、IPO 的样本。

在已有的研究文献中,学者们通常采用资本资产定价模型得到股价同步性指标。我们借鉴已有研究成果对股价同步性进行估计,具体采用的模型如(9.8)式所示:

$$r_{it} = \alpha_i + \beta_i \times r_{mt} + \varepsilon_i \tag{9.8}$$

模型(9.8)中,r_{it}为个股i第t周回报率,r_{mt}为市场第t周回报率(深市与沪市的市场回报率分别用两市的综合指数收益率表示)。我们根据(9.8)式将个股周回报率与市场周回报率进行回归得到结果,其中拟合系数R^2被用来衡量个股价格波动的同步性。

由于R^2的取值区间为(0,1),样本R^2值之间的差距较小,不方便后文的回归检验。为了研究股价同步性与其他变量之间的关系,Morck et al. (2000)对R^2进行了对数处理,使之能够凸显样本间差异。后续学者如Hutton et al. (2009)等都在研究中采用了这一方法,我们这里同样对R^2进行对数转换得,到实证检验中所使用的股价同步性指标SYN。其中对数转换采用自然对数,如(9.9)式所示:

$$SYN_i = \ln(R_i^2/(1-R_i^2)) \tag{9.9}$$

借鉴Hutton et al. (2009)等学者的研究方法,我们构建模型检验控股股东市场择时过程中盈余管理对股价同步性的影响,实证检验模型如下:

$$\begin{aligned}SYN_i = &\alpha_0 + \alpha_1 \times DA_i + \alpha_2 \times SIZE_i + \alpha_3 \times MB_i + \alpha_4 \times LEV_i + \alpha_5 \times ROE_i \\ &+ \alpha_6 \times CFO_i + \sum Year + \sum Industry + \xi_i\end{aligned} \tag{9.10}$$

在考察控股股东盈余管理(DA)对公司股价同步性(SYN)的影响时,我们需要对公司基本面特征因素的影响加以控制,这些影响因素包括公司规模($SIZE$)、资产负债率(LEV)、经营现金流净额(CFO)、市值账面比(MB)、净资产收益率(ROE)等。在检验股价同步性对股权再融资的影响时,我们采用股权再融资样本和对照样本组成的混合样本,股权再融资变量 SEO 为被解释变量,对于股权再融资样本 SEO 赋值为 1,对于对照样本 SEO 赋值为 0。我们所构建的股权再融资模型中还控制了经营现金流净额(CFO)、市值账面比(MB)、股权再融资前一年股票超额收益率(PRE)、流动性约束(LIQ)、长期负债占比(LDB)等因素对股权再融资需求的影响。另外,我们还进一步控制了宏观经济因素和行业因素对公司股价同步性的影响。表 9.2 汇总了我们所要研究的各项变量及其定义,如下所示:

表 9.2 变量定义表

变量符号	变量名称	变量定义
R^2	股价同步性	根据 CAPM 模型回归后的拟合系数
SYN	股价同步性指标	将 R^2 进行对数转换得到
Earnings	净利润	年初总资产标准化的净利润
ACC	总应计利润	年初总资产标准化的总应计利润
A	总资产	年初总资产
DA	可操控性应计利润	总应计利润-非可操控性应计利润
SIZE	公司规模	公司总资产的自然对数
LEV	资产负债率	总负债/总资产
CFO	经营现金流净额	经年初总资产标准化的经营活动产生的现金流量净额
MB	市值账面比	公司市值/账面价值
ROE	净资产收益率	净利润与净资产之比
PRE	股权再融资前一年股票超额回报率	股权再融资前一年个股回报率-市场回报率
LIQ	流动性约束	(经营现金流净额-资本支出)/年初流动资产
LDB	长期债务占比	长期负债总计/总资产
LargeH	控股股东持股比例	控股股东拥有上市公司的所有权比例
SEO	股权再融资	虚拟变量,对于实施股权再融资的样本,SEO 取值 1;未实施再融资样本,SEO 取值 0

表 9.3 给出了各个变量的描述性统计结果，从表 9.3 中可以看到，股权再融资样本的可操控性应计利润 DA(0.052) 占净利润 Earnings (0.099) 的一半以上，说明股权再融资公司在再融资当年进行了盈余管理。此外，控股股东持股比例 LargeH 均值为 32.968%，表明我国上市公司具有较高的股权集中度。

表 9.3　　　　　　　　　　描述性统计

变量	样本数	均值	标准差	最小值	中值	最大值
R^2	568	0.371	0.173	0.014	0.368	0.821
SYN	568	-0.632	0.899	-4.273	-0.543	1.524
Earnings	568	0.099	0.263	-0.298	0.058	3.909
ACC	568	0.020	0.211	-0.907	0.004	2.617
DA	568	0.052	0.202	-1.686	0.046	2.178
SIZE	568	22.021	1.154	19.133	21.871	26.156
LEV	568	0.488	0.188	0.014	0.493	0.958
CFO	568	0.079	0.291	-1.771	0.053	4.816
MB	568	2.301	1.687	0.756	1.846	22.119
ROE	568	0.086	0.231	-3.280	0.095	1.090
PRE	568	0.087	0.629	-2.574	-0.017	3.886
LIQ	568	-0.128	0.609	-3.475	-0.083	7.089
LDB	568	0.086	0.111	0.000	0.042	0.645
LargeH	568	32.968	17.732	1.285	31.757	84.920

为考察控股股东实施盈余管理对公司股价同步性的影响，我们将股权再融资公司的数据带入模型 9.10 中进行回归分析，回归结果如表 9.4 中第(1)列所示。从回归结果可以看出，盈余管理作为控股股东市场择时的一个重要环节，对公司股价同步性有显著的负向影响 (-0.362)，这说明控股股东的盈余管理行为向市场释放了较多的噪音

信息，使公司股价波动受到干扰，降低了股价同步性。

进一步地，我们将股权再融资样本根据控股股东持股比例的中值分为持股比例低和持股比例高两组，分组后的回归检验结果见表9.4第(2)列和第(3)列。从表9.4中可以看出，控股股东持股比例高的上市公司盈余管理对股价同步性的影响系数为−0.596，并在统计上显著，而控股股东持股比例低的上市公司这一影响系数在统计上并不显著。这一结果表明，控股股东持股比例较高的上市公司通过操纵盈余来降低股价同步性的能力较强，验证了我们的假说9.1。

表9.4　控股股东盈余管理影响股价同步性的回归结果

变量	(1)全样本	(2)持股比例低	(3)持股比例高
_cons	−2.299***(−2.91)	−4.011***(−3.05)	−0.735(−0.63)
DA	−0.362*(−1.66)	0.436(0.78)	−0.596**(−2.39)
SIZE	0.100***(2.83)	0.172***(2.91)	0.044(0.91)
LEV	−0.606***(−2.88)	−0.790**(−2.56)	−0.351(−1.10)
CFO	−0.262*(−1.73)	−0.489(−1.21)	−0.320*(−1.86)
MB	−0.142***(−6.03)	−0.110***(−3.72)	−0.173***(−3.79)
ROE	0.049(0.31)	−0.206(−0.99)	0.279(1.03)
$\sum Year$	√	√	√
$\sum Industry$	√	√	√
R-sq	0.343	0.416	0.339
Observations	568	284	284

注：括号内为t值，***、**、*分别表示在1%、5%和10%水平上显著。

前文中的实证检验选择了市值账面比(MB)作为公司投资机会的代理变量，由于托宾Q也常被用作投资机会的代理变量，所以我们在稳健性检验中采用托宾Q替换市值账面比。与前文中的实证检验一样，稳定性检验所采用的Q指标也来源于国泰安(CSMAR)数据库。我们将数据带入模型(9.10)重新回归，依然得到与前文一致的结果。由此可见，我们在上述实证研究中所得的结果是稳健的，无论使用市值账面比 MB 还是用托宾 Q 作为投资机会的代理变量，实证检验结果都不受影响。

上述研究结果表明，现阶段我国资本市场信息效率水平还不高，投资者难以充分识别上市公司披露的盈余信息质量。在股权再融资过程中，控股股东为最大化自身利益具有操纵盈余信息披露影响股价进行市场择时的动机。当控股股东制造了较高的可操控性应计利润时，投资者难以识别公司特质信息和噪音信息，造成股价同步性下降。我们还检验了上市公司控股股东持股比例不同时盈余管理对股价同步性的影响，研究发现控股股东持股比例高的上市公司操纵盈余影响股价同步性的能力更强。我们的研究为控股股东盈余管理对市场信息效率的影响提供了新的经验证据，并为完善股票市场制度建设提供了理论基础。

第三节　股价同步性与股权再融资

一、控股股东对市场时机的利用

根据市场时机理论，公司可能会利用股价高估的机会窗口实施股权再融资。Stein(1996)、Rangan(1998)、Cohen and Zarowin(2010)等学者的研究都表明，市场中存在公司价值被错误定价的时机，而上市公司会选择股价高估的时机进行股权再融资。Lim et al.(2008)、Guthrie and Sokolowsky(2010)、Alti and Sulaeman(2012)等学者研究发现，在股权再融资过程中，上市公司进行盈余管理可以使公司获得有利的发行时机和更多的发行收益。同样地，学者们还对股权再融资过程中控股股东利用市场时机的行为进行了研究。如 Larrin and Urzua(2013)使用 1990—2009 年智利的股权再融资样本，研究了控股股东控制下的公司权益发行决策。他们发现控股股东为了获取控制权私利会选择在股价高估时再融资，通过新股发行来减少自身持股比例来侵占中小股东利益。市场时机既有可能是由资本市场外生引起的，也可能由控股股东利用盈余管理推动股价上涨而造成的。Rangan(1998)、Cohen and Zarowin(2010)在对美国上市公司股权再融资样本进行研究时，均发现上市公司股权再融资过程中存在盈余管理行为。这说明上市公司会通过盈余管理提高公司当期收益，促使股价上涨为股权再融资创造有利的机会窗口。我国学者也针对再融资中控股股东的市场择时行为进行了深入研究，如张嘉兴和齐鲁光(2015)通过实证研究发现，我国上市公司控股股东不仅会利用市场时机进行股权再融资，还会通过正向的盈余管理调整公司业绩，以达到股权再融资政策中要求的条件。

回顾已有文献可以发现，很少有学者从信息效率的角度对股权再融资过程中控股股东通过盈余管理创造和利用市场时机的行为进行研究。我国资本市场发展历史较短，制度政策还有待完善，信息效率水平不高。这种情况下，控股股东出于自身利益最大化的信息披露策略使得公司盈余信息遭到扭曲，股票市场价格波动并不能充分有效传递公司的真实盈余信息。在股权再融资过程中，控股股东对盈余信息的操纵向市场释放了大量噪声信息，使得公司股票价格随市场波动的趋势减弱，这将有助于控股股东操控股价为再融资创造有利时机。因此我们认为，控股股东股权再融资中的市场择时过程就是操纵盈余影响公司短期股票价格及股价同步性并择时融资的过程，在这一过程中股价同步性受到控股股东盈余管理行为的影响，还会进一步对股权再融资的市场时机产生影响。

股价同步性反映了公司股票价格包含的公司层面信息和市场层面信息的相对比例，在市场上表现为公司股价波动随市场整体涨跌的一致程度。当股价同步性高时，公司股票价格受市场层面信息的影响较大，与市场同涨同跌的程度较高，控股股东通过操控盈余影响股价使得股价波动摆脱随市场共同涨跌的趋势比较困难。这种情况下，控股股东选择有利的市场时机进行融资面临比较大的困难。相反，股价同步性低则表明股价包含的公司层面信息相对较多，表现为公司股价波动随市场整体涨跌的一致性程度较低，股价波动受市场层面信息作用相对较小，控股股东操控股价的难度也较小，更容易通过盈余管理操纵股价，为股权再融资创造有利时机。

我们在前文的实证研究中已经发现，在股权再融资过程中，控股股东为了自身利益最大化有强烈动机操纵公司的盈余信息披露来误导投资者，使股价波动遭受噪音的干扰增多，进而导致股价同步性降低。进一步地，股价同步性还会对股权再融资产生影响。一方面，股价同步性有助于降低上市公司的外部融资成本。因市场投资者认为股价同步性低时更多的公司盈余信息被股价所吸收并反映在股价的波动中，此时公司的盈余信息可以更好地反映公司基本面状况。Durnev et al. (2001)等学者的研究表明，投资者会因此低估其与公司内部人之间的信息不对称程度，降低其购买股票时所要求的风险补偿。另一方面，股价同步性低则说明公司股价波动受到市场层面信息的影响较弱，股价随市场整体"同涨同跌"的趋势较弱，这能够减少控股股东操控股价时所面临的困难，有利于控股股东操纵公司盈余、诱使股价上涨出现有利的再融资时机。由此可见，公司股价同步性低不仅可以通过降低外部融资成本促进公司实施股权再融资，而且有助于控股股东通过盈余操纵影响公司股价波动获得有利的融资时机。

在控股股东持股比例较高的上市公司中，控股股东能够从市场择时融资中获得的股票增值收益也比较多，因此，与控股股东持股比例低的上市公司相比，控股股东持股比例高的上市公司有更为强烈的动机操控盈余抬高公司股价进行市场择时。并且，余明桂等(2007)指出控股股东在上市公司中的持股比例越高，投票权越大，对上市公司的控制力就越强，这意味着控股股东持股比例高的上市公司在股价同步性降低时操纵股价进行市场择时融资的能力也可能会更强。据此，我们提出如下实证研究假说：

假说 9.2：在股权再融资过程中，股价同步性低可以促使控股股东进行市场择时,并且这种效应在控股股东持股比例高的上市公司中更加强烈。

我们在前文的基础上进一步检验股价同步性对控股股东股权再融资行为的影响,将股价同步性指标(SYN)作为解释变量,股权再融资虚拟变量(SEO)作为被解释变量,构建的实证检验模型如下所示:

$$SEO_i = \gamma_0 + \gamma_1 SYN_i + \gamma_2 CFO_i + \gamma_3 LDB_i + \gamma_4 LIQ_i + \gamma_5 MB_i \\ + \gamma_6 PRE_i + \sum Year + \sum Industry + \xi_i \quad (9.11)$$

为了解我国资本市场发展水平不高的情况下股权再融资过程中股价同步性对控股股东市场择时的影响,我们将股权再融资样本和对照样本的数据代入(9.11)式进行回归分析,结果如表9.5所示:

表9.5　　股价同步性影响控股股东市场择时的回归结果

变量	(1)全样本	(2)持股比例低	(3)持股比例高
_cons	0.479***(4.72)	0.557***(4.86)	0.394(1.51)
SYN	−0.062***(−3.12)	−0.078***(−2.94)	−0.049(−1.62)
CFO	0.092(1.27)	−0.063(−0.39)	0.128(1.54)
MB	−0.015(−1.33)	−0.016(−1.23)	0.001(0.07)
PRE	0.041*(1.69)	0.072**(1.99)	0.004(0.13)
LIQ	−0.033(−1.56)	−0.113**(−2.47)	−0.008(−0.31)
LDB	0.113(0.71)	−0.188(−0.84)	0.404*(1.72)
$\sum Year$	✓	✓	✓
$\sum Industry$	✓	✓	✓
R-sq	0.016	0.062	0.038
样本数	1136	568	568

注:括号内为回归系数的 t 值,***、**、*分别表示在1%、5%和10%水平上显著。

表 9.5 第(1)列汇报了股价同步性影响控股股东股权再融资的回归结果,从表 9.5 的结果可以看到,股价同步性对股权再融资变量 SEO 的影响系数显著为负(-0.062),说明控股股东倾向于在股价同步性低的时候进行择时再融资,与我们在前文中的分析一致。这一结果表明,较低的股价同步性不仅能降低上市公司的股权融资成本,还减少了控股股东操纵股价创造股权再融资时机的困难程度。

接下来,我们进一步考察了控股股东持股比例低和持股比例高的情况下股价同步性对公司股权再融资的影响。我们将样本公司按照控股股东持股比例分为持股比例高和持股比例低两组分别带入(9.11)式进行回归,并在表 9.5 第(2)列和第(3)列汇报了分样本回归的结果。从表中可以看到,控股股东持股比例低的上市公司股价同步性对股权再融资变量的影响系数显著为负(-0.078),而控股股东持股比例高的上市公司这一影响系数在统计上并不显著,说明控股股东持股比例低的上市公司有更为强烈的动机操纵股价进行市场择时,该结果和前文的假说 9.2 不尽一致。在公司股价同步性降低时,控股股东持股比例高的上市公司择时融资的意愿并不强烈,可能是因为这些公司缺乏合适的投资机会,过度融资可能对公司价值造成很大的损害,这使得控股股东通过操纵盈余进行利益侵占的成本过高,控股股东进行盈余管理的动机降低。

二、控股股东行为与股价崩盘风险

根据前文论述,对于股价同步性较高的公司,因其向市场传递公司特质信息较少,故容易在未来出现因为不利消息的集中披露而导致股价急剧下跌的情况,从而引起股价崩盘风险。由于股价崩盘现象在全球范围内屡屡发生,甚至出现大范围股灾,造成了深远的影响,因此学界和业界都对股价崩盘投入了极大的关注。自 20 世纪 80 年代起,学者们对于股价崩盘的成因进行了深入的研究,基本认为公司内部人与外部投资者之间的信息不对称是造成股价崩盘风险的主要原因。Jin and Myers (2006)指出,管理者为获得足够的现金流会隐瞒公司坏消息,但坏消息的隐藏存在一个上限，一旦继续隐藏坏消息的成本超过可能带来的收益或继续隐藏已难以为继时，累积的坏消息将同时揭露，从而导致股票价格的急剧下跌。进一步地，Hutton et al. (2009) 从管理者代理问题角度对公司股价崩盘进行了解释，认为管理者代理问题是管理者对负面信息进行管理的主要原因，管理者基于自利动机隐藏坏消息的行为会导致未来公司股价崩盘。在此基础上，Kim et al. (2014) 还发现，管理者会利用企业社会责任建设恶化信息环境，并进行非效率投资来掩盖捂盘行为，这将提高公司股票崩盘风险。

控股股东代理问题也会导致公司股价崩盘风险上升，Boubaker et al. (2014) 发现，在两权分离的情况下，控股股东基于自身利益最大化的目的，会倾向于披露较少的公司信息并隐瞒负面消息，从而加剧公司股价崩盘风险。同时，因我国资本市场发展时间较短，上市公司股权结构高度集中，控股股东与中小投资者之间往往存在严重的代理冲突。王超恩和张瑞君(2015)、顾小龙和辛宇(2016)等学者基于控股股东代理问题的视角对我国上市公司进行研究，得到了与 Boubaker et al. (2014) 基本一致的结果。他们发现公司两权分离程度越大意味着控股股东利益侵占动机越大，其股价崩盘风险也越大。顾小龙等(2015)、周冬华和赖升东(2016)等还发现，在利己动机的影响下，控股股东会通过过度支付现金股利和其他现金流操控的手段实施利益侵占，这些行为使得公司内部隐藏的亏空或者积累的问题更容易爆发，大大增加了公司股价崩盘风险。

在股权再融资过程中，控股股东的市场择时行为也会对公司股价崩盘风险造成影响。如前文所述，为获得更多的融资，控股股东往往会选择在股价同步性较低的时候开展股权再融资计划。一方面，股价同步性较低时公司盈余信息能够更好地反映公司基本面状况，从而降低投资者对回报率的要求，使公司具有较低的外部融资成本。另一方面，较低的股价同步性意味着公司股价波动受到市场层面信息的影响较弱，股价随市场整体"同涨同跌"的程度较低，这会减少控股股东操控股价时所面临的困难。因此，在自利动机的影响下，控股股东往往会通过操纵公司盈余信息的披露推动股价上涨，从而创造有利于再融资的时机。但盈余管理也会使投资者难以识别公司特质信息和噪音信息，导致公司股票无法被准确定价。盈余管理程度越高，投资者越难接收到反映公司基本面真实状况的信息，从而导致股价所包含的公司特质信息就越少，股价同步性也越高。未来公司真实盈余状况一旦披露，则很可能引发股价崩盘。这样看来，股权再融资过程中控股股东对市场时机的选择和利用会增大公司股价崩盘风险。

随着控股股东持股比例的上升，控股股东并不总是表现出利益侵占效应，其与中小股东利益将趋于一致。在这种情况下，控股股东持股比例的上升将表现出对管理者的监督效应和与中小股东利益协同的效应。Boubaker et al. (2014)以及王化成等(2015)研究发现，上述情况下，控股股东隐瞒负面消息的动机减少，股价崩盘风险也随之降低。同时，在股权再融资过程中，控股股东持股比例较低的公司利用再融资获取控制权私利的动机更强。此时控股股东更倾向于选择股价同步性较低的时机进行市场择时。因此，当控股股东持股比例较高时，控股股东与中小股东之间利益冲突将会较为和缓并表现出利益协同效应，而在股价同步性较低的情况下利用盈余管理创造市场时机进行再融资的动机较弱。

但另一方面，控股股东持股比例较低时，因投资者对潜在的侵占风险有所预见，这类公司操纵盈余信息的行为更容易被市场识别，此时盈余管理降低股价信息含量增大股价崩盘风险的作用相对较小。而当控股股东持股比例较高时，投资者认为控股股东实施利益侵占的可能性较低，更愿意相信这类公司所披露的盈余信息。这种情况下，公司盈余管理更容易混淆投资者的判断，使得股价信息含量降低的幅度更大，进而会导致更为严重的股价崩盘风险。

在我国资本市场中，上市公司与外部投资者之间存在严重的信息不对称，公司股价崩盘现象频频发生，甚至蔓延至整个市场形成股灾。对此，我们认为应当注意和防范低股价同步性下的控股股东利益侵占行为，以此提高我国资本市场的资源配置效率和中小股东受保护程度。一方面，上市公司要不断完善公司治理结构，建立保护中小投资者利益的规章制度以及相互制衡的股权制度，从公司内部加强对控股股东利益侵占行为的约束。另一方面，监管部门要加快资本市场制度建设，从立法上加强对中小投资者利益的保护。同时，还要进一步提高上市公司的信息披露要求和质量，提高资本市场信息效率水平和资本市场资源配置效率。此外，由于控股股东持股比例不同的公司对股价崩盘风险的影响有所差异，监管部门还需避免"一刀切"的政策规定，进一步结合不同公司特征制定更为科学完善的监管制度和政策，促进资本市场健康有序发展。

第十章 控股股东市场择时的经济后果

在公司股权结构集中的情况下，控股股东有动机通过盈余管理创造对自身有利的市场时机，并择时进行股权再融资以获取控制权私利。盈余管理不仅会引起公司股权再融资后利润回调，还可能通过影响市场时机和募集资金使用效率，从而引起公司长期业绩下降。控股股东在热发市场、股权被稀释的情况下实施盈余管理进行市场择时的动机更为强烈，由此导致股权再融资后公司业绩更大幅度的下滑。控股股东的择时融资行为还可能造成不同股东群体之间的财富转移，并对中小投资者利益造成损害。本章从控股股东盈余管理、市场机会窗口和募集资金使用效率等方面对"股权再融资后业绩下降之谜"进行理论解释，然后实证检验控股股东盈余管理对我国上市公司股权再融资后业绩表现的影响，并进一步从股东间财富转移的角度探讨控股股东市场择时的经济后果。

第一节 股权再融资与公司业绩变化

一、"股权再融资后业绩下降之谜"

Loughran and Ritter(1995)研究发现，在控制公司规模、市值账面比效应和长期收益反转的基础上，股权再融资后公司市场业绩仍长期下滑，这一现象被称之为"股权再融资后业绩下降之谜"。他们对美国公司 SEO 后的长期回报率业绩进行研究发现，公司股权再融资后五年的持有回报率为33.4%，远低于同期没有进行股权再融资公司92.8%的持有回报率。公司股权再融资后不仅股票价格业绩不佳，其经营业绩也出现长期下滑。Loughran and Ritter(1997)研究发现，公司股权在融资后四年内资产回报率和市净率分别下降了23%和40%，边际利润率的下滑幅度则超过了50%。学者们从不同角度对这一现象进行探讨，并提出了不同的理论解释。

盈余管理假说认为，公司实施盈余管理能够对利润在不同时期的分布进行一定程度的操纵，从而提高当前账面盈余水平以达到股权再融资的财务指标要求，但这种盈余操控并不代表未来业绩的增长趋势，股权再融资结束后公司无法维持较高的盈余水平反而出现业绩下滑。公司盈余管理的幅度越大，股权再融资之后的经营业绩和股票收益则越低。陆正飞和魏涛(2006)、王克敏和刘博(2012)指出，为了达到监管部门对于股权再融资业绩资格的要求，我国上市公司存在刻意调高当期盈余水平的行为。Teoh et al.(1998)认为，在股权再融资过程中公司实施盈余管理能够提高当期利润水平，融资结束后会计利润反转促使投资者重新评估公司价值，从而导致市场业绩下滑。Lim et al.(2008)发现经营多样化的公司信息不对称程度更高，其实施盈余管理动机和能力更强，未来业绩下降则更加显著。

机会窗口假说指出，上市公司选择股价普遍高估的机会窗口进行股权再融资可以获得更高的发行价格和更大的融资规模，融资完成后投资者逐渐认识到公司的内在价值，市场情绪向理性回归从而引起公司业绩下降。在有效程度较低的资本市场上，股票市场价格往往偏离内在价值出现高估或低估的情况。Stein(1996)、Baker and Wurgler(2002)研究发现，上市公司为了获得更高的发行收益，有动机选择股价高估的市场时机进行股权再融资。Loughran and Ritter(1995，1997)指出，上市公司可能利用股价高估的机会窗口进行择时融资，融资完成后公司股价逐渐回归内在价值引起公司业绩下降。Shu and Chiang(2014)考察了台湾上市公司股权再融资中的规模效应，发现大公司业绩下降的主要原因来自于盈余管理，小公司股权再融资后业绩下降则是由机会窗口引起的。王正位等（2007）研究表明，冷热市场可以作为机会窗口的代理变量，在热发市场上实施股权再融资有助于加大融资规模。束景虹（2010）进一步指出，利用机会窗口进行股权再融资的公司未来业绩明显差于其他时期进行再融资的公司。

实际上，在市场非有效的情况下，上市公司盈余管理不仅能够提高账面盈余水平，还可能误导投资者高估公司价值，从而出现股价上涨的有利市场时机（罗琦和付世俊，2014）。随着盈余管理假说和市场时机假说的发展，学者们进一步将两者相结合，形成盈余管理的市场时机假说。Rangan（1998）的研究表明，盈余管理能够引起投资者乐观情绪并推动公司股价上涨，融资结束后投资者情绪逐渐恢复理性，从而引起公司的市场业绩下降。Cohen and Zarowin（2010）发现，市场总体状况不佳时只有股价被低估的公司实施正向盈余管理，而整体市场高涨的情况下，公司向上调高盈余的行为普遍存在。盈余管理不仅会引起公司股权再融资后利润回调，还可能对市场时机产生影响，从而长期损害公司经营能力和公司价值。

部分学者还从募集资金滥用的角度出发，认为在代理问题的影响下，上市公司控制人为了获取私有收益，有动机将募集资金投向净现值为负的项目进行过度投资，从而导致股权再融资后业绩下降（朱云等，2009）。Fu（2010）验证了股权再融资后管理者过度投资与再融资后会计业绩之间的负向关系，研究表明募集资金滥用是引起公司未来业绩下降的重要原因。Kim and Purnanandam（2014）发现，如果投资者预期到上市公司会把募集资金投向非生产型的用途，则融资后扩大投资支出的公司业绩下滑更加显著。此外，在股权集中的情况下，控股股东为了追求控制权私利，存在募集资金用途变更、资金占用、关联交易和转移资产等侵占中小投资者利益的"掏空"行为（Johnson et al.，2000）。股权再融资后，募集资金为公司带来新增现金流，控股股东不仅能够通过过度投资侵占中小股东利益，还可能占用、挪用公司资金以获取控制权私利。

宋衍蘅（2008）发现，相比于资金用途不明确的公司，公告募集资金具体投资用途的公司未来业绩下滑幅度较低。

盈余管理和募集资金使用效率之间也存在内在联系，盈余管理引起的股票错误定价可能对公司投资决策和资源配置产生影响（Stein，1996）。具体而言，当投资者形成公司业绩增长的良好预期，公司为了抬高并维持短期股价，可能会采取过度投资以迎合投资者的乐观评价（Polk and Sapienza，2009）。另一方面，盈余管理行为可能包含了控股股东追求控制权私人收益的决策动机，这可能促使控股股东对公司募集资金进行侵占。张祥建和郭岚（2007）、王良成等（2010）等人认为，控股股东盈余管理和"掏空"行为共同侵蚀中小股东利益损害公司价值，进而造成股权再融资后公司业绩的下滑。

需要指出的是，上述理论大多基于管理者行为视角，从盈余管理、择时融资或募集资金滥用中的部分环节考察股权再融资后业绩下降的原因，而对股权集中条件下控股股东为了实现控制权私利操控盈余并影响公司业绩表现的探讨并不深入。我们认为，在股权高度集中的情况下，上市公司盈余管理体现了控股股东的决策动机。在市场非有效的情形下，控股股东有动机通过操控盈余对股票价格产生影响，从而创造有利的机会窗口进行择时融资，这会导致股权在融资后业绩的长期下降。同时，在这一过程中股权再融资所处的机会窗口存在差异，这会影响控股股东的行为决策。

二、公司股权再融资后的业绩表现

结合我国资本市场的实际情况，我们通过数据分析对公司股权再融资后的业绩表现进行描述。我们选择沪深两市在样本期内实施股权再融资的 A 股上市公司为研究对象，样本区间为 2007 年 1 月 1 日至 2011 年 12 月 31 日。为满足实证研究需要，我们还采集了 2006 年、2012—2014 年的财务数据和市场交易数据。根据国泰安数据库提供的资料，我们初步采集股权再融资样本 823 个，并按照如下方式对初始样本进行筛选：

(1)剔除金融行业上市公司;(2)为了控制过去股权再融资行为的影响,剔除研究年度前两个会计年度内实施过股权再融资的上市公司;(3)剔除同时拥有B股、H股的上市公司,以控制不同市场股权再融资行为之间的交叉影响;(4)剔除资产负债率大于1的异常财务数据公司;(5)剔除数据缺失、异常以及信息披露不及时的上市公司。最终得到股权再融资样本共计440个。

我们将公司股权再融资后业绩分为会计业绩和市场业绩两个维度,其中会计业绩的代理变量为经行业调整的总资产收益率变化$\Delta AdjROA$,市场业绩采用购买持有异常收益率$BHAR_{12n}$来衡量(Cohen and Zarowin, 2010;王福胜等,2014)。对于会计业绩指标的计算,我们首先使用样本公司总资产收益率减去所在行业总资产收益率的中位数得到经行业调整的总资产收益率($AdjROA$),然后按照(10.1)式计算公司股权再融资后经行业调整的总资产收益率变化:

$$\Delta AdjROA_{i,j+1} = AdjROA_{i,j+1} - AdjROA_{i,j} \qquad (10.1)$$

其中,j表示公司股权再融资所处的年份。相应地,公司股权再融资后第1至$12n$月的购买持有异常收益率的计算如(10.2)式所示:

$$BHAR_{12n} = \prod_{t=1}^{12n}(1+r_{i,t}) - \prod_{t=1}^{12n}(1+r_{m,t}), n = 1, 2, 3 \qquad (10.2)$$

其中,$r_{i,t}$表示股票i在t月以复权后价格计算的个股回报率,$r_{m,t}$是同期对应市场指数的月收益率。

表10.1对股权再融资样本公司业绩变量进行了描述性统计,从中可以看到在公司完成股权再融资后总资产收益率变化($\Delta AdjROA$)的均值为-0.009,初步说明我国上市公司股权再融资之后存在会计业绩下滑。此外,股权再融资后三年内的购买持有异常收益率($BHAR$)均值分别为

0.011、0.060、0.072。这可能是由其他影响公司股票收益率的因素引起的，我们在下文的分析中将在控制其他因素的基础上，进一步分析盈余管理对公司市场业绩的影响。

表 10.1　　　　　　　　　股权再融资后业绩变化

变量	N	均值	标准差	最小值	最大值
$\Delta AdjROA$	440	−0.009	0.028	−0.128	0.100
$BHAR_{12}$	440	0.011	0.323	−0.765	1.622
$BHAR_{24}$	440	0.060	0.430	−0.893	1.821
$BHAR_{36}$	440	0.072	0.509	−0.775	2.028

第二节　"机会窗口"融资分析

一、市场择时与公司业绩

财务指标基准线假说认为，上市公司受限于债务契约、股权激励、分析师预期和融资业绩要求等，有动机实施盈余管理以达到与利润挂钩的财务指标基准线(应惟伟和袁肇祥，2015)。在股权再融资过程中，上市公司实施盈余管理的主要目的是为了获得股权再融资资格和提高股票发行价格(陆正飞和魏涛，2006；章卫东，2010)。公司通过盈余管理暂时性地改变盈余在不同时期的分布以提高当期利润水平，但这并不意味着公司真实经营状况的改善，而只是将未来的利润转移到当期来实现。这种盈余管理行为会导致融资完成后利润反转，从而造成未来会计业绩下降。

进一步地，学者们提出盈余管理的市场时机假说指出，上市公司有动机通过盈余管理抬高股票价格以获得有利的市场时机，并进行择时融资。我国资本市场有效程度不高，市场难以对公司的盈余管理行为充分识别，投资者倾向于按照粉饰后的业绩评估公司价值。随着股权再融资结束，上市公司的良好业绩无法继续维持，投资者重新评估公司价值将会引起其市场业绩变差。此外，在中小投资者利益缺乏有效保护机制的情况下，股权再融资中的盈余管理实际包含了控股股东追求控制权私人收益的决策动机。具体而言，控股股东可能利用盈余管理创造股价高估的机会窗口进行股权再融资，并借机从股票市场上募集大量资金。为了自身利益最大化，控股股东有动机对募集资金实施侵占，也可能迎合投资者的乐观情绪将募集资金投资于净现值为负的项目，从而长期损害公司经营能力和盈利水平。由此提出如下假说：

假说 10.1：上市公司的盈余管理行为会导致股权再融资后会计业绩和市场业绩的下滑。

在控股股东或管理者实现自身利益最大化的过程中，可操控性应计利润是其实施盈余操纵的重要途径（应惟伟和袁肇祥，2015）。我们采用可操控性应计利润（DA）作为盈余管理的代理变量，并按照 Dechow et al.（1995）截面修正的 Jones 模型进行指标计算。

为了考察盈余操控与上市公司股权再融资后业绩之间的关系，我们借鉴 Rangan（1998）和 Dionysiou（2015）的方法，从会计业绩和市场业绩两方面检验控股股东盈余管理对再融资后公司业绩的影响，实证模型如下：

$$\Delta AdjROA_{i,t+1} = \beta_0 + \beta_1 DA_{i,t} + \beta_2 Leverage_{i,t} + \beta_3 Growth_{i,t} + \beta_4 Size_{i,t} \\ + \beta_5 AdjROA_{i,t} + \sum Year + \sum Industry + \varepsilon_{i,t} \quad (10.3)$$

$$BHAR_{i,12n} = \gamma_0 + \gamma_1 DA_{i,t} + \gamma_2 Leverage_{i,t} + \gamma_3 Beta_{i,t} + \gamma_4 Size_{i,t} \\ + \gamma_5 P/B_{i,t} + \gamma_6 Ret_{i,t} + \sum Year + \sum Industry + \varepsilon_{i,t} \quad (10.4)$$

(10.3)式和(10.4)式中，被解释变量分别为股权再融资后经行业调整的公司总资产收益率的变化 $\Delta AdjROA_{i,t+1}$ 和购买持有异常收益率 $BHAR_{12n}$，解释变量均为可操控性应计利润 DA。在实证分析中，我们选用的控制变量包括资产负债率、成长性、公司规模、总资产收益率、贝塔值、历史股票收益率和市净率。本节实证分析所涉及的主要变量及其定义如表 10.2 所示。

表 10.2　　　　　　　　变量名称、符号及定义

变量名称	符号	定义
可操控性应计利润	DA	（总应计利润-非可操控性应计利润）/年初总资产
资产负债率	Leverage	总负债/总资产
成长性	Growth	（当年营业收入-上年营业收入）/上年营业收入
公司规模	Size	公司总资产的自然对数
总资产收益率	AdjROA	经行业调整的总资产收益率
贝塔值	Beta	公司风险系数
股票收益率	Ret	考虑现金分红再投资的年个股回报率
市净率	P/B	公司市值/净资产

表 10.3 对股权再融资样本所涉及的主要变量进行了描述性统计，从中可以看到公司在实施股权再融资所处年度的可操控性应计利润（DA）均值为 0.038，说明上市公司在股权再融资当期总体表现为向上操纵盈余。

表 10.3　　　　　　　　变量描述性统计

变量	N	均值	标准差	最小值	最大值
DA	440	0.038	0.116	-0.363	0.520
AdjROA	440	0.013	0.041	-0.132	0.173
Leverage	440	0.477	0.165	0.051	0.870

续表

变量	N	均值	标准差	最小值	最大值
Growth	440	0.811	3.281	-0.725	43.607
Size	440	22.161	1.014	19.987	26.156
Beta	440	1.046	0.204	0.409	1.643
P/B	440	3.703	2.361	0.548	17.278

实证检验结果如表 10.4 所示，结果显示，控股股东盈余管理对于总资产收益率变化的影响系数为-0.031，且在 1% 的水平上显著为负，说明股权再融资后控股股东操控盈余的行为将引起未来会计业绩下滑，这和 Rangan(1998) 的研究结论相符。在控制了其他影响因素之后，盈余管理对股权再融资后购买持有异常收益率的系数分别为-0.275、-0.301 和-0.479，说明控股股东利用盈余管理粉饰账面盈余对股权再融资后股票收益率具有长期的负面影响，支持了假说 10.1 的分析。

表 10.4　　盈余管理对股权再融资后业绩影响的检验结果

变量	$\Delta AdjROA$	$BHAR_{12}$	$BHAR_{24}$	$BHAR_{36}$
	(1)	(2)	(3)	(4)
DA	-0.031***	-0.275**	-0.301*	-0.479**
	(-2.932)	(-2.154)	(-1.765)	(-2.392)
Leverage	-0.005	0.225*	0.106	0.260
	(-0.429)	(1.949)	(0.688)	(1.439)
Growth	0.000			
	(1.072)			
Size	-0.001	-0.040**	-0.088***	-0.141***
	(-0.571)	(-2.097)	(-3.480)	(-4.756)
AdjROA	-0.244***			
	(-7.287)			

续表

变量	$\Delta AdjROA$ (1)	$BHAR_{12}$ (2)	$BHAR_{24}$ (3)	$BHAR_{36}$ (4)
Ret		-0.058***	-0.025	-0.051
		(-2.607)	(-0.848)	(-1.478)
Beta		-0.076	-0.177*	-0.315**
		(-0.943)	(-1.656)	(-2.503)
P/B		-0.001	-0.019	-0.029**
		(-0.170)	(-1.610)	(-2.104)
Constant	0.008	0.832**	2.140***	3.648***
	(0.235)	(1.985)	(3.829)	(5.549)
N	440	440	440	440
$AdjR^2$	0.126	0.109	0.108	0.120
F	4.010	3.440	3.421	3.714

注：括号内为 t 值，***、**、* 分别表示在 1%、5%、10%的置信水平上显著。

二、冷发市场与热发市场

Sloan(1996)提出"应计异象"并指出，在无效率的资本市场上股票价格无法充分反映公司盈余构成的质量。我国资本市场的有效程度不高，投资者与上市公司之间存在严重的信息不对称，市场难以对公司的盈余管理行为进行识别。基于市场对上市公司盈余信息定价的低效率，上市公司为了获取更高的股票发行价格和发行收益，有动机通过操控盈余创造股价高估的市场时机进行择时融资(罗琦和付世俊，2014)。在股权再融资过程中，上市公司的盈余管理行为向市场传递公司业绩提升的假象，这会导致非理性投资者过高估计公司价值，从而推动股价上涨。由于套利是受到限制的，理性的套利者很难消除噪音投资者的交易行为造成的错误定价，市场上因而形成公司股价被高估的机会窗口。上市公司借助股价上涨的有利时机实施股权再融资后，盈余管理造成的暂时性业绩提升无法长期维持，因此出现会计业绩下滑。同时，随着投资者情绪逐渐恢复理性，高估的股价也会向内在价值回归，并最终引起市场业绩长期下降。

在热发市场和冷发市场中，非理性投资者数量、市场情绪和噪音交易状况存在较大的差异，这会影响上市公司通过盈余管理对股票价格的操纵能力，进而导致股权再融资后业绩表现出现不同。热发市场上非理性投资者众多，其对信息的甄别能力相对较低，市场情绪普遍乐观（Larrain and Urzúa, 2013；Dionysiou, 2015）。当上市公司实施盈余管理时，投资者难以判断公司披露的盈余信息质量，只能依赖于上市公司的账面业绩进行投资决策，因而容易过高估计股票的价值。相反，冷发市场中投资者相对理性，上市公司的盈余管理行为在市场整体情绪悲观的影响下难以推动股票价格上涨。为获取更高的发行收益，上市公司倾向于利用热发时期整体市场股价高估的机会窗口进行股权再融资，并通过实施盈余管理进一步抬高股票价格，从而以高价发行股票融入资金。相比于冷发市场，热发市场中上市公司实施盈余管理的动机更强，操纵盈余引起股票错误定价的程度更高。随着股权再融资的结束，在热发市场中实施盈余管理的上市公司将面临更大程度的利润反转，同时偏高的市场估值向理性价值的回归也将更为明显。由此，我们提出如下假说：

假说 10.2：与冷发市场相比，在热发市场中上市公司实施盈余管理导致股权再融资后会计业绩和市场业绩下滑的作用更为明显。

为了考察在不同的外部市场时机下控股股东实施盈余管理对股权再融资后公司业绩的差异性影响，我们将总样本按照热发市场和冷发市场进行分组，在子样本中重新对模型(10.3)和(10.4)进行回归检验。借鉴王正位等(2007)、Shu and Chiang(2014)的方法，我们选用股权再融资数量来判断冷发市场和热发市场。如果样本所在月份股权再融资公司数目的三个月移动平均值大于总样本期间所有月份移动平均值的均值，则将该样本定义为热发市场，否则定义为冷发市场。回归检验的具体结果如表 10.5 所示。

表 10.5　　不同外部市场时机下的分组回归结果

变量	冷发市场				热发市场			
	$\Delta AdjROA$	$BHAR_{12}$	$BHAR_{24}$	$BHAR_{36}$	$\Delta AdjROA$	$BHAR_{12}$	$BHAR_{24}$	$BHAR_{36}$
DA	-0.028	-0.216	-0.131	0.031	-0.033**	-0.337**	-0.443*	-0.837***
	(-1.629)	(-0.971)	(-0.588)	(0.117)	(-2.344)	(-2.215)	(-1.753)	(-2.750)
Leverage	0.003	0.337	0.369*	0.134	-0.006	0.133	-0.089	0.351
	(0.198)	(1.642)	(1.787)	(0.555)	(-0.449)	(0.984)	(-0.396)	(1.294)
Growth	0.000				0.001			
	(0.212)				(0.893)			
Size	0.001	-0.101***	-0.174***	-0.216***	-0.003	0.002	-0.042	-0.108**
	(0.480)	(-2.820)	(-4.809)	(-5.106)	(-1.530)	(0.084)	(-1.208)	(-2.571)
AdjROA	-0.290***				-0.200***			
	(-5.094)				(-4.669)			
Ret		-0.059	0.020	-0.014		-0.058*	-0.064	-0.075
		(-1.652)	(0.551)	(-0.343)		(-1.870)	(-1.229)	(-1.197)
Beta		0.023	-0.342**	-0.267		-0.136	-0.108	-0.330*
		(0.140)	(-2.115)	(-1.410)		(-1.553)	(-0.742)	(-1.886)
P/B		-0.010	-0.032**	-0.045**		0.010	-0.007	-0.014
		(-0.667)	(-2.055)	(-2.509)		(1.006)	(-0.424)	(-0.672)
Constant	-0.050	2.031**	3.933***	5.242***	0.055	-0.016	1.205	2.860***
	(-0.856)	(2.593)	(5.001)	(5.688)	(1.402)	(-0.034)	(1.533)	(3.020)
N	195	195	195	195	245	245	245	245
$AdjR^2$	0.131	0.100	0.207	0.228	0.112	0.106	0.010	0.068
F	2.392	1.985	3.306	3.601	2.533	2.384	2.285	1.845

注：括号内为 t 值，***、**、*分别表示在1%、5%、10%的置信水平上显著。

由表 10.5 可以看出，在热发市场中盈余管理对股权再融资后公司的总资产收益率变化和购买持有异常收益率具有显著的负向作用，而冷发市场样本中的系数均不显著。这一结果表明，相比于冷发市场，在热发市场中控股股东倾向于实施更高程度的盈余操控水平，股权再融资后会计业绩反转和股价高估回归内在价值的效应更为强烈，会计业绩和市场业绩的下滑更为明显，这一结果与假说 10.2 的分析相一致。

三、控股股东股权稀释的影响

在股权结构高度集中的情况下，控股股东与中小股东之间的利益冲突是公司主要的代理问题。在股权融资过程中，控股股东能够利用自身控制权对中小股东的利益实施侵占（罗琦和胡志强，2011）。我国资本市场有效程度较低，当市场对公司及其投资项目的前景评价过分乐观而高估股票价值时，实施股权再融资后控股股东持股比例虽然下降，但其持有公司股权的价值总体增加。根据市场时机假说，由于外部股东短期内无法对股价高估的情况进行识别，控股股东通过实施股权再融资能够对外部股东的利益实施侵占。因此，控股股东有强烈动机通过盈余管理操控公司股价进行择时融资，从而高价发行股票（Guthrie and Sokolowsky，2010）。随着股权再融资后信息逐渐释放，市场乐观情绪逐渐回归理性，股票价格随之回落从而产生市场业绩下降。

进一步地，Larrain and Urzúa（2013）指出，在股权再融资过程中如果公司股票未被市场高估，控股股东倾向于认购新股以维持其股权比例不被稀释，股权再融资后公司业绩下降仅在控股股东股权被稀释的情况下出现。我们据此认为，控股股东盈余管理引起股权再融资后业绩下降的程度受到控股股东股权是否稀释的影响。具体来说，外部投资者无法及时察觉股票定价过高，而控股股东比外部投资者了解更多内部信息。在控股股东会选择对外部投资者溢价发行股票的情况下，控股股东的持股比例会下降，但控股股东所持股份的总价值会增加。基于这一分析逻辑，在控股股东股权比例被稀释的上市公司中，控股股东更倾向于实施盈余管理以创造股价高估的市场时机,从而对外部投资者利益进行侵占,而这会对股权再融资后业绩产生更大的不利影响。由此,我们提出如下假说:

假说 10.3:股权再融资过程中,控股股东股权被稀释的公司实施盈余管理导致股权再融资后业绩下滑的作用更为明显。

为了考察在不同股权比例变化下控股股东实施盈余管理对股权再融资后公司业绩的差异性影响,我们将总样本按照控股股东股权是否稀释进行分组,在子样本中重新对(10.3)式和(10.4)式进行回归检验。借鉴 Larrain and Urzúa(2013)的方法,如果股权再融资结束时控股股东持股比例下降,则定义为股权被稀释,反之则认为是股权未稀释。回归检验的具体结果如表 10.6 所示。

表 10.6　　不同股权比例变化下的分组回归结果

变量	股权未稀释				股权稀释			
	$\Delta AdjROA$	$BHAR_{12}$	$BHAR_{24}$	$BHAR_{36}$	$\Delta AdjROA$	$BHAR_{12}$	$BHAR_{24}$	$BHAR_{36}$
DA	-0.030**	-0.285*	-0.256	-0.400*	-0.038**	-0.449**	-0.500*	-0.783**
	(-2.156)	(-1.719)	(-1.139)	(-1.690)	(-2.039)	(-2.055)	(-1.781)	(-2.202)
Leverage	0.006	0.408**	0.332	0.395	-0.021	0.037	-0.204	0.076
	(0.384)	(2.426)	(1.455)	(1.643)	(-1.327)	(0.217)	(-0.934)	(0.274)
Growth	0.000				0.001			
	(0.457)				(0.726)			
Size	0.001	-0.054**	-0.141***	-0.176***	0.000	-0.017	-0.028	-0.078
	(0.392)	(-2.035)	(-3.888)	(-4.598)	(0.041)	(-0.584)	(-0.737)	(-1.639)
AdjROA		-0.071**	-0.047	-0.030		-0.039	-0.007	-0.073
		(-2.242)	(-1.089)	(-0.672)		(-1.212)	(-0.176)	(-1.383)
Ret	-0.252***				-0.227***			
	(-4.942)				(-4.895)			

续表

变量	股权未稀释				股权稀释			
	$\Delta AdjROA$	$BHAR_{12}$	$BHAR_{24}$	$BHAR_{36}$	$\Delta AdjROA$	$BHAR_{12}$	$BHAR_{24}$	$BHAR_{36}$
Beta		-0.050	-0.069	-0.088		-0.100	-0.296**	-0.506***
		(-0.404)	(-0.406)	(-0.494)		(-0.908)	(-2.091)	(-2.829)
P/B		-0.004	-0.013	-0.024		0.001	-0.022	-0.034*
		(-0.284)	(-0.684)	(-1.203)		(0.059)	(-1.486)	(-1.769)
Constant	-0.007	0.980	2.977***	3.928***	0.005	0.522	1.226	2.713***
	(-0.149)	(1.596)	(3.574)	(4.480)	(0.092)	(0.823)	(1.503)	(2.629)
N	205	205	205	205	235	235	235	235
$AdjR^2$	0.152	0.142	0.170	0.145	0.091	0.061	0.065	0.125
F	2.828	2.610	2.987	2.650	2.114	1.693	1.741	2.517

注：括号内为 t 值，***、**、* 分别表示在1%、5%、10%的置信水平上显著。

由表10.6可以看出，在股权稀释的样本中，控股股东盈余管理对股权再融资后公司会计业绩和市场业绩的影响系数均显著为负，且绝对值大于股权未稀释样本。这一结果表明，相比于控股股东股权未稀释的公司，股权再融资过程中发生控股股东股权稀释的公司盈余管理更为严重，控股股东利用股价高估的"机会窗口"侵占外部投资者利益的动机更加强烈，从而盈余管理对未来会计业绩和市场业绩的负面作用更加显著，与假说10.3的分析一致。

上述研究结果表明，在股权高度集中的情况下，控股股东实施股权再融资往往带有"圈钱"的强烈动机。我国资本市场有效程度较低，股票价格容易受到人为因素影响而偏离其内在价值。尤其是当市场处于热发时期时，控股股东能够通过盈余管理行为创造股价高估的机会窗口并进行择时融资，这会造成财富由新股东向公司原有股东转移。进一步地，我们认为控股股东通过盈余管理抬高股价反映了其侵占外部投资者利益的决策动机，在控股股东股权被稀释的情况下盈余管理导致股权再融资后公司业绩下降更为严重。因此，监管部门有必要深入理解公司股权再融资的内在动机，增强对控股股东盈余管理行为的识别能力，完善审批制度和信息披露机制，这对保护我国资本市场上中小投资者利益具有重要意义。

第三节 股东间财富转移

一、市场择时与股东间财富转移

在资本市场非有效的情况下，投资者的非理性情绪会导致股票市场出现错误定价，从而产生有利于上市公司股权再融资的机会窗口（Loughran and Ritter，1997）。为了降低资本成本或获取较高发行收益，公司倾向于利用股价被高估的市场时机进行股权再融资，管理者在股权融资过程中存在市场择时行为（Stein，1996；Baker and Wurgler，2002）。Henderson et al.（2006）对1990—2001年世界范围内上市公司的融资方式进行了研究，发现公司普遍选择在股票收益率较高时发行股票，他们认为市场错误定价是公司进行股权融资时重要的考虑因素。Dong et al.（2012）以1998—2007年加拿大上市公司为样本，研究发现非融资约束公司倾向于在股价被高估时发行股票，而且融资后股票的长期收益率呈下降趋势，他们认为这一结果支持了市场时机理论。王亚平等（2006）指出公司管理者可以利用内部消息和高估的股价发行股票以获得股权融资收益，由于管理者更倾向于牺牲外部投资者的利益而使原股东获利，所以配股的择时动机弱于增发。罗琦和付世俊（2014）研究发现我国资本市场上的市场时机与公司股权再融资之间存在相互影响的内生关系，大股东不仅倾向于利用股票错误定价择时进行股权再融资，而且还有强烈动机操纵盈余影响股价以创造股权再融资的市场时机。

上市公司利用股票错误定价择时进行股权再融资，这会造成一部分股东的财富向其他股东转移,但较少文献涉及股权再融资过程中的财富转移问题。李康等(2003)考察了配股和公开增发各相关利益主体在股权再融资后的财富损益,发现再融资后流通股股东的超额收益率大多为负,他们认为这是因为非流通股股东凭借"同股不同价"使得流通股股东的财富向自身转移。张鸣和郭思永(2009)考察了大股东控制下上市公司定向增发折价对财富转移的影响,研究发现定向增发折价水平和发行前大股东持股比例与认购比例之差显著负相关,定向增发的折价水平和大股东认购比例共同决定了大股东从上市公司转移的财富。Sloan and You(2015)以美国上市公司为样本,研究指出公司基于股价高估进行的择时融资造成财富从新股东向老股东转移,并提出财富转移量的计算方法。

根据 CAPM 模型,如果股票被正确定价,即股票市场价格等于其内在价值,则按市场价格增发新股或回购股票只会使股票沿证券市场线(SML)移动。如图 10.1(a)所示,在证券市场线上公司发行新股会导致杠杆下降,根据 MM 定理,公司的权益资本成本也将下降,此时公司股票沿 SML 向左下方移动。反之,公司按内在价值回购股票会导致杠杆上升,此时公司股票沿 SML 向右上方移动。由于此时股票始终被正确定价,增发或回购股票不会造成股东之间的财富转移。

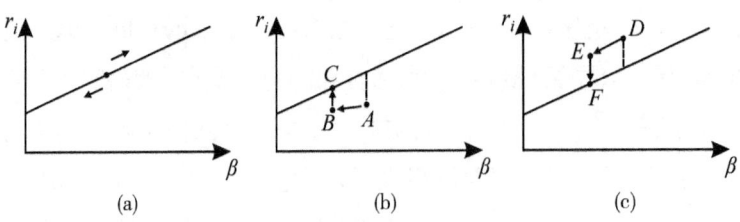

图 10.1 股价的高估、低估与财富转移

如果股票价格被高估,即处于证券市场线下方,如图 10.1(b)所示,公司在 A 点按被高估的价格发行新股短期内将导致财务杠杆下降,

公司股票从 A 点左移到 B 点，B 点与 SML 的相对位置由发行价格与其内在价值之间的差距决定。根据无套利原则，错误定价在长期会被纠正，因此公司股票从 B 点向上移动至 SML 上的 C 点，股票从 A 点向 C 点移动的过程中财富从新股东向老股东转移。类似地，如果股票价格图 10.1(c) 所示被低估，公司股票会经历 "D 点—E 点—F 点"的过程中，此时财富从老股东向新股东转移。由此可见，在上市公司进行股权再融资时，股价高估造成财富从新股东向老股东转移，股价低估造成财富从老股东向新股东转移。

我国股权结构较为集中，上市公司大股东和中小股东之间的利益冲突较为严重，在此背景下探讨大股东和中小股东之间的财富转移具有重要的现实意义。相对于外部投资者而言，大股东更加了解公司股票的内在价值，从而有可能利用信息优势和控制权选择有利于自身利益的市场时机进行股权再融资，由此获得其他股东的财富转移。值得注意的是，已有文献从融资约束程度和再融资方式等角度探讨了不同情形下上市公司择时行为的区别，但较少出于大股东利益动机考虑股权再融资时机的选择问题，同时也较少从股东间财富转移的角度考察市场择时的经济后果。我们认为，我国上市公司股权再融资决策体现了大股东的意愿，大股东选择进行股权再融资的市场时机以获得中小股东的财富转移。

二、股东间财富转移的测度

为了更好地描述不同市场时机和融资方式下股东间的财富转移效应，我们借鉴 Sloan and You(2015) 的研究成果将对财富转移量进行具体度量。我们令 I 表示上市公司投资机会的现值，N 表示公司定向增发前的股票数量，S 表示增发的股票数量，P 表示发行价格①。老股东增

---

① 为简化模型，此处不考虑定向增发发行价格与发行时市场价格之间的差距。

发前财富量为 I，增发后财富量为 $\dfrac{N}{S+N}(P\times S+I)$，增发前后老股东的财富变化为：

$$WT_O = \dfrac{N}{S+N}(P\times S+I) - I = \dfrac{S}{S+N}(P\times S - I) \qquad (10.5)$$

新股东增发前财富量为 $P\times S$，增发后财富量为 $\dfrac{S}{S+N}(P\times S+I)$，增发前后新股东的财富变化为：

$$WT_N = \dfrac{S}{S+N}(P\times S+I) - P\times S = \dfrac{S}{S+N}(I - P\times N) \qquad (10.6)$$

由 $WT_O + WT_N = 0$ 有，当 $P\times N > I$（即股票价格被高估）时老股东财富增加的值就是新股东财富减少的值，即财富从新股东向老股东转移，此时增发股票带来的财富转移量为：

$$WT = \dfrac{S}{S+N}(P\times N - I) \qquad (10.7)$$

而当 $P\times N < I$（即股票价格被低估）时，公司进行股权再融资导致财富从老股东向新股东转移，(10.7)式结果小于 0。从以上推导可以看出，上市公司股价被高估的程度越大，股权再融资过程中新股东向老股东转移的财富就越大。

(10.7)式中上市公司投资机会的现值 I 根据如下等式确定：

$$(P\times N + P\times S)(1+RT) = (I + P\times S)(1+MT) \qquad (10.8)$$

等式(10.8)表示公司市值在股权再融资后 T 个月内回归由公司内在投资机会决定的内在价值。假设股权再融资发生在第 t 月，RT 是公

司股票从第 t 月末开始 T 个月内考虑现金红利再投资的累计个股回报率①。将全体 A 股按第 t 月末的个股总市值分成十等分,每等分股票的 MT 是这一等分股票 RT 的等权重算术平均,代表同时期如果不存在错误定价公司股票的正常收益率。

将由(10.8)式解得的 I 代入(10.7)式,我们得到新老股东之间财富转移量的计算公式如下:

$$WT = P \times S \times \frac{MT-RT}{1+MT} \quad (10.9)$$

从上述推导我们可以看出新老股东之间财富转移量的绝对大小与融资规模 $P \times S$ 直接相关,为了考察影响财富转移量的其他因素,我们对财富转移量的绝对大小进行标准化,计算股东间财富转移的相对量:

$$\%WT = 100 \times \frac{WT}{P \times S} = 100 \times \frac{MT-RT}{1+MT} \quad (10.10)$$

关于 T 的选取,已有文献普遍认为股权再融资事件对股票价格的影响以两年为限,因此我们设定股权再融资发生后两年内公司的股票价格回归内在价值,即 T 取 24。

近年来定向增发一直是我国上市公司最主要的股权再融资方式,大股东在参与定向增发时既代表新股东的利益又代表老股东的利益,在此情况下大股东的财富损益不甚明晰。我们将 Sloan and You(2015)基于新老股东之间利益关系的分析框架拓展应用于研究中小股东和大股东之间的财富转移,在计算新老股东之间财富转移量的(10.7)式基础上,考虑大股东和中小股东之间财富转移量的计算公式。大股东增发前持股

---

① 令 r_t 表示第 t 月考虑现金红利再投资的月个股回报率,则 $RT = \prod_{j=1}^{T}(1 + r_{t+j}) - 1$。

比例为 a，其对定向增发股份的认购比例为 b。公司股价被高估时，大股东在定向增发过程中作为老股东获得的财富为 $\frac{S}{S+N}(P\times N-I)a$，作为新股东损失的财富为 $\frac{S}{S+N}(P\times N-I)b$，中小股东向大股东转移的财富为：

$$WT' = \frac{S}{S+N}(P\times N-I)(a-b) \qquad (10.11)$$

上市公司在股票价格被低估的情况下进行定向增发，中小股东向大股东转移的财富量仍由(10.11)式所计算，在此不作赘述。

三、财富向控股股东转移

已有研究成果表明，市场定价非有效时股票价格会受到各种非理性因素的影响从而偏离内在价值形成股权再融资的市场时机。公司利用股票价格被高估的市场时机进行股权再融资可以提高发行价格，获取的超额收益由全体老股东共享。参与再融资的新股东由于认购了被高估的股票，在股价回归内在价值的过程中遭受损失。反之，公司利用股价低估的市场时机进行股权再融资，新股东获得超额收益，老股东遭受损失。我国上市公司股权结构高度集中，公司管理层在进行股权再融资决策时往往考虑的是大股东的利益。公司大股东如何利用市场时机参与股权再融资并从中获益，这要根据融资前大股东持股比例和拟认购比例的相对大小具体分析。

张鸣和郭思永(2009)认为大股东融资前持股比例大于认购比例时，大股东更大程度上代表的是老股东的利益。在股票价格被高估的情况下，大股东作为老股东获得的机会窗口收益大于作为新股东因购买被高估股票而遭受的损失，公司管理层倾向于进行股权再融资以使大股东获取超额收益。当大股东融资前持股比例小于认购比例时，大股东更大程度上代表的是新股东的利益，期望以被低估的价格认购股票，在股价回归内在价值的过程中获得收益,因此公司倾向于利用股票价格被低估的市场时机进行股权再融资。综上所述,大股东持股比例和认购比例的相对大小影响上市公司股权再融资的时机选择,当大股东融资前持股比例大于认购比例时,公司选择利用股价高估的市场时机进行股权再融资,而当大股东持股比例小于认购比例时,公司更倾向于在股价被低估的情况下进行股权再融资。

上市公司利用高估的股票价格进行股权再融资导致财富从新股东向老股东转移,公司股价被高估的程度越大,股权再融资过程中新股东向老股东转移的财富越多(Sloan and You,2015)。反之,公司在股价低估情况下进行的股权再融资导致财富从老股东向新股东转移。股东之间发生财富转移的关键在于股票价格相对于内在价值的偏离,而且这种偏离通过股权再融资行为转化成各利益相关主体现实的财富损益。市场时机反映了公司股票的错误定价,并由此影响公司股权再融资决策,最终对股东间财富转移产生影响。

我国上市公司股权再融资的时机选择包含了大股东的利益动机,当大股东预计能够在再融资过程中获得中小股东的财富转移时,公司进行股权再融资的可能性更大。大股东融资前持股比例大于认购比例时,大股东更大程度上代表老股东的利益,为了获取中小股东的财富转移,大股东更倾向于在股票价格被高估时进行股权再融资。公司股价向上偏离内在价值的程度越高,新股东向老股东转移的财富量越大,财富最终从中小股东向大股东转移。而在股票价格被低估的情况下,公司大股东在股权再融资中往往都占有较大认购比例。公司股价向下偏离内在价值的程度越高,公司大股东越是能以低的价格认购到新股,从而获得中小股东的财富转移量。

另一方面,根据大股东和中小股东之间财富转移量的计算公式(10.11)我们可以看出,除了公司股票错误定价程度和股权再融资决策,市场时机还可以通过大股东认购比例对大股东和中小股东之间的财富转移产生影响。大股东在上市公司的财务状况、经营前景和投资机会等方面具有信息优势，能够较为准确地把握股票内在价值。当其意识到公司股价被高估时，大股东降低对定向增发股份的认购比例以减少作为新股东损失的财富。而在股价被低估时，大股东提高认购比例以增加在股价回归内在价值过程中获得的收益。在股权再融资过程中，公司股票价格被高估的程度越大，大股东对定向增发股份的认购比例越小。上市公司大股东根据市场时机调整定向增发认购比例，从而获取中小股东的财富转移量。由此提出如下假说：

假说10.4：在股权再融资过程中，无论上市公司股票价格被高估还是被低估，财富均从中小股东向大股东转移。

为了验证不同时机窗口下股东间财富转移的方向，我们选取2011—2013年沪深两市成功实施定向增发的 A 股上市公司作为股权再融资样本，所采用的公司财务数据及股票交易数据来自国泰安数据库，定向增发数据来自万得数据库。出于财富转移量计算的需要，我们的数据范围最终覆盖2010—2015年。在剔除了银行、保险等金融行业上市公司和数据不全的公司之后，我们一共得到580个股权再融资样本。

我们将股权再融资样本按融资前大股东持股比例与认购比例的相对大小划分子样本，在总样本和子样本中分别对新老股东之间的相对财富转移量($\%WT$)进行均值 t 检验，结果如表10.7所示。

表10.7　　　　　　　　　财富转移量的均值 t 检验结果

变量	定向增发样本	$a \geq b$	$a < b$
$\%WT$	9.8864*** (5.8929)	11.2037*** (5.9511)	5.8611 (1.6168)
Obs.	580	437	143

注：原假设为 $\%WT$ 均值为0，括号内为 t 值，*** 表示在1%的水平上显著。

表 10.7 显示，定向增发总样本的 %WT 均值显著大于 0，说明总体而言股权再融资造成财富从参与融资的新股东向原有老股东转移。在 $a \geq b$ 的子样本中，%WT 的均值也显著大于 0，此时大股东增发前持股比例不小于其对定向增发股份的认购比例，大股东更大程度上代表的是上市公司老股东的利益，这一结果表明股权再融资引起财富从中小股东向大股东转移。而在 $a<b$ 的子样本中，%WT 的均值与 0 无显著差异，此时大股东融资前持股比例小于其认购比例，这一结果表明，当大股东更大程度上代表上市公司新股东的利益时，股权再融资过程中新股东向老股东的财富转移不再显著。与总样本相比较而言，不显著的 %WT 均值表明此时财富更有可能从老股东向新股东转移，从中小股东向大股东转移。

在 $a \geq b$ 的子样本中，上市公司选择利用股价高估的市场时机进行股权再融资，而在 $a<b$ 的子样本中，上市公司更倾向于在股价被低估时进行股权再融资，表 10.7 表明上市公司择时进行股权再融资的行为始终反映了大股东的利益动机，在不同时机窗口下进行的股权再融资均造成财富从中小股东向大股东转移，这一结果在一定程度上支持了假说 10.4。

定向增发有现金认购和资产认购之分，我们认为在不同认购方式下上市公司的股权再融资时机选择和股东间财富转移情况有所不同。与现金认购方式相比，以资产形式进行认购的定向增发往往有着整体上市、资产重组或借壳上市等目的，这类定向增发的大股东认购比例较大（郑云鹰和曹丽梅，2016）。上市公司在大股东认购比例较大时更倾向于利用股价低估的市场时机进行定向增发，从而使大股东能够以更低的价格认购新股，增加中小股东向大股东的财富转移。

为了检验认购方式的影响，我们将定向增发样本分为现金认购和资产认购两个子样本，对子样本的财富转移量和融资前大股东持股比例与认购比例之差分别进行均值 t 检验，检验结果如表 10.8 所示。

表 10.8　不同认购方式下的分组均值 t 检验结果

变量	现金认购	资产认购
%WT	11.9756***	5.3902
	(6.3068)	(1.6135)
a−b	19.7403***	1.0577
	(11.6802)	(0.3413)
Obs.	396	184

注：原假设为变量均值等于 0，括号内为 t 值，*** 表示在 1% 的水平上显著。

表 10.8 显示，现金认购方式下新股东向老股东的财富转移量和融资前大股东持股比例与认购比例之差均显著大于 0，说明在此方式下财富从中小股东向大股东转移。而在资产认购方式下，新股东向老股东的财富转移量和融资前大股东持股比例与认购比例之差均与 0 无显著差异，与现金认购方式相比，资产认购方式下大股东更大程度上代表新股东的利益，此时财富更有可能从老股东向新股东转移。我们注意到，资产认购方式下 %WT 和 a−b 并非显著为负，这与我们的预期不符，可能的原因在于以资产形式进行认购的定向增发往往有着较为复杂的目的，此时获取中小股东的财富转移不一定是大股东首要考虑的问题，上市公司不会特意选择股价低估窗口进行股权再融资，所以中小股东和大股东之间财富转移的方向不确定。

综上所述，股票错误定价形成上市公司股权再融资的市场时机，无论股票价格被高估还是被低估，财富均从中小股东向大股东转移。公司利用股票错误定价进行的择时融资为大股东谋取财富转移提供了渠道，大股东根据市场时机进行股权再融资决策并调整认购比例和认购方式，以此在股权再融资过程中获得财富转移。在我国上市公司股权结构较为集中的背景下，控股股东具有择时融资的强烈动机，甚至通过盈余管理主动创造对自身有利的市场时机。这种择时融资的目的很大程度上并非为了公司的长期发展和价值最大化，而是出于获取控制权私利或财富转移的动机。我们的研究表明，控股股东市场择时损害了中小股东的利益，对公司的长期业绩造成不利影响。监管部门应当充分认识和把握择时行为所带来的经济后果，加强对盈余管理行为的识别，并在此基础上完善信息披露机制和股权再融资制度，从而更好地保护我国中小投资者利益。

参考文献

[1] 薄仙慧、吴联生. 国有控股与机构投资者的治理效应: 盈余管理视角. 经济研究, 2009(2): 81-91.

[2] 陈德萍、陈永圣. 股权集中度、股权制衡度与公司绩效关系研究——2007～2009年中小企业板块的实证检验. 会计研究, 2011(1): 38-43.

[3] 陈国欣、祝继高. 我国上市公司盈余管理行为的实证分析. 南开管理评论, 2004(5): 12-18.

[4] 陈小悦、陈晓、顾斌. 中国股市弱型效率的实证研究. 会计研究, 1997(9): 13-17.

[5] 陈小悦、肖星、过晓艳. 配股权与上市公司利润操纵. 经济研究, 2000(1): 30-36.

[6] 陈信元、陈冬华、时旭. 公司治理与现金股利: 基于佛山照明的案例研究. 管理世界, 2003(8): 118-126.

[7] 陈信元、张田余. 资产重组的市场反应——1997年沪市资产重组实证分析. 经济研究, 1999(9): 47-55.

[8] 程仲鸣、夏新平、余明桂. 政府干预、金字塔结构与地方国有上市公司投资. 管理世界, 2008(9): 37-47.

[9] 窦炜、刘星、安灵. 股权集中、控制权配置与公司非效率投资行为——兼论大股东的监督抑或合谋?管理科学学报, 2011(11): 81-96.

[10] 樊纲、王小鲁、朱恒鹏．中国市场化指数：各地区市场化相对进程2006年报告．经济科学出版社，2007年．

[11] 傅承．中国证券发行管制与资本配给——寻租理论的视角．当代经济科学，2014(1)：31-38．

[12] 高燕．所有权结构、终极控制人与盈余管理．审计研究，2008(6)：59-70．

[13] 顾乃康、孙进军．现金的市场价值——基于中国上市公司的实证研究．管理科学，2008(4)：96-104．

[14] 顾小龙、李天钰、辛宇．现金股利、控制权结构与股价崩溃风险．金融研究，2015(7)：152-169．

[15] 顾小龙、辛宇．实际控制人的股权特征与股价崩溃风险．当代财经，2016(1)：48-62．

[16] 郭杰、张英博．企业择时还是政府择时？——中国特定制度背景下IPO市场时机选择对资本结构的影响．金融研究，2012(7)：137-153．

[17] 郝颖、刘星．大股东自利动机下的资本投资与配置效率研究．中国管理科学，2011(1)：167-176．

[18] 何浚．上市公司治理结构的实证分析．经济研究，1998(5)：50-57．

[19] 黄宏斌、翟淑萍、陈静楠．企业生命周期、融资方式与融资约束——基于投资者情绪调节效应的研究．金融研究，2016(7)：96-112．

[20] 黄继承、姜付秀．产品市场竞争与资本结构调整速度．世界经济，2015(7)：99-119．

[21] 黄伟彬．非理性股价与企业投资行为：来自中国上市公司的经验证据．经济管理，2008(16)：16-25．

[22] 姜付秀、支晓强、张敏．投资者利益保护与股权融资成本——以中国上市公司为例的研究．管理世界，2008(2)：117-125．

[23] 姜国华、岳衡．大股东占用上市公司资金与上市公司股票回报率

关系的研究．管理世界，2005(9)：119-126.

[24] 蒋琰．权益成本、债务成本与公司治理：影响差异性研究．管理世界，2009(11)：144-155.

[25] 郎香香、李常青．上市公司股权再融资择机行为研究——定价择机、需求量择机与政策择机．证券市场导报，2013(7)：22-30.

[26] 雷光勇、刘慧龙．大股东控制、融资规模与盈余操纵程度．管理世界，2006(1)：129-136.

[27] 雷光勇、刘慧龙．控股股东性质、利益输送与盈余管理幅度——来自中国 A 股公司首次亏损年度的经验证据．中国工业经济，2007(8)：90-97.

[28] 李常青、彭锋．现金股利研究的新视角：基于企业生命周期理论．财经理论与实践，2009(5)：67-73.

[29] 李常青、魏志华、吴世农．半强制分红政策的市场反应研究．经济研究，2010(3)：144-155.

[30] 李春红、王苑萍、郑志丹．双重委托代理对上市公司过度投资的影响路径分析——基于异质性双边随机边界模型．中国管理科学，2014(11)：131-139.

[31] 李康、杨兴君、杨雄．配股和增发的相关者利益分析和政策研究．经济研究，2003(3)：79-87.

[32] 李远鹏、牛建军．退市监管与应计异象．管理世界，2007(5)：125-132.

[33] 李增福、郑友环、连玉君．股权再融资、盈余管理与上市公司业绩滑坡——基于应计项目操控与真实活动操控方式下的研究．中国管理科学，2011(2)：49-56.

[34] 李增泉．所有权安排与股票价格的同步性——来自中国股票市场的证据．中国会计学 2005 年学术年会论文集(下)，2005：909-921.

[35] 李增泉、孙铮、王志伟．"掏空"与所有权安排——来自我国上市公司大股东资金占用的经验证据．会计研究，2004(12)：3-13.

[36] 李增泉、辛显刚、于旭辉. 金融发展, 债务融资约束与金字塔结构——来自民营企业集团的证据. 管理世界, 2008(1): 123-135.

[37] 李志文、宋衍蘅. 影响中国上市公司配股决策的因素分析. 经济科学, 2003(3): 59-69.

[38] 刘立国、杜莹. 公司治理与会计信息质量关系的实证研究. 会计研究, 2003(2): 28-36.

[39] 刘芍佳、孙霈、刘乃全. 终极产权论、股权结构及公司绩效. 经济研究, 2003(4): 51-62.

[40] 刘星、安灵. 大股东控制、政府控制层级与公司价值创造. 会计研究, 2010(1): 69-78.

[41] 刘星、郝颖、林朝南. 再融资政策、市场时机与上市公司资本结构——兼析股权融资偏好的市场条件. 科研管理, 2007(4): 115-125.

[42] 刘云中. 中国股票市场对会计盈余和会计应计量信息的反映. 中国软科学, 2003(11): 40-45.

[43] 刘志远、靳光辉. 投资者情绪与公司投资效率——基于股东持股比例及两权分离调节作用的实证研究. 管理评论, 2013(5): 82-91.

[44] 卢闯. 掏空、公司治理与盈余质量. 科学决策, 2009(8): 27-31.

[45] 陆宇建. 上市公司基于配股权的盈余管理行为实证分析. 南京社会科学, 2002(3): 26-32.

[46] 陆正飞、魏涛. 配股后业绩下降: 盈余管理后果与真实业绩滑坡. 会计研究, 2006(8): 52-59.

[47] 鹿坪、姚海鑫. 投资者情绪与盈余错误定价——来自中国证券市场的经验证据. 金融经济学研究, 2014(3): 98-106.

[48] 罗琦、付世俊. 控股股东市场择时行为研究. 中国软科学, 2014(2): 140-149.

[49] 罗琦、贺娟. 股票市场错误定价与控股股东投融资决策. 经济管理, 2015(1): 109-118.

[50] 罗琦、胡志强. 控股股东道德风险与公司现金策略. 经济研究, 2011(2): 125-137.

[51] 罗琦、王悦歌. 真实盈余管理与权益资本成本——基于公司成长性差异的分析. 金融研究, 2015(5): 178-191.

[52] 罗琦、吴哲栋. 控股股东代理问题与公司现金股利. 管理科学, 2016(3): 112-122.

[53] 罗琦、张标. 股权特性、投资者情绪与企业非效率投资. 财贸研究, 2013(4): 148-156.

[54] 吕长江、韩慧博. 财务困境、财务困境间接成本与公司业绩. 南开管理评论, 2004(3): 80-85.

[55] 马立行. 中国上市公司股权集中度变化趋势的实证研究. 上海经济研究, 2013(3): 109-116.

[56] 毛洪涛、吴将君. 股权集中度与盈余管理相关性实证研究——来自深市A股市场的经验证据. 财会通讯(学术版), 2007(4): 13-15.

[57] 毛新述、叶康涛、张頔. 上市公司权益资本成本的测度与评价——基于我国证券市场的经验检验. 会计研究, 2012(11): 12-22.

[58] 倪敏、黄世忠. 上市公司配股动机分析: 圈钱还是投资好项目? 中南财经政法大学学报, 2013(6): 86-95.

[59] 冉茂盛、李文洲. 终极控制人的两权分离、债务融资与资金侵占——基于家族上市公司的样本分析. 管理评论, 2015(6): 197-208.

[60] 饶育蕾、汪玉英. 中国上市公司大股东对投资影响的实证研究. 南开管理评论, 2006(5): 67-73.

[61] 饶育蕾、王建新、丁燕. 基于投资者有限注意的"应计异象"研究——来自中国A股市场的经验证据. 会计研究, 2012(5): 59-66.

[62] 商仲玉. 从利益相关者角度看盈余管理动因. 广东经济管理学院学报, 2005(5): 30-32.

[63] 沈艺峰、况学文、聂亚娟. 终极控股股东超额控制与现金持有量价值的实证研究. 南开管理评论, 2008(1): 15-23.

[64] 沈艺峰、肖珉、黄娟娟. 中小投资者法律保护与公司权益资本成本. 经济研究, 2005(6): 115-124.

[65] 史永. 信息披露质量、审计师选择与股价同步性. 中南财经政法大学学报, 2013(6): 118-123.

[66] 史永、张龙平. XBRL 财务报告实施效果研究——基于股价同步性的视角. 会计研究, 2014(3): 3-10.

[67] 束景虹. 机会窗口、逆向选择成本与股权融资偏好. 金融研究, 2010(4): 72-84.

[68] 宋衍蘅. 权益再融资资金使用方式与再融资以后的会计业绩. 会计研究, 2008(5): 24-29.

[69] 宋云玲、李志文. A 股公司的应计异象. 管理世界, 2009(8): 17-24.

[70] 苏坤、张君瑞. 终极控制权和资本结构决策. 管理学报, 2012(3): 466-472.

[71] 粟立钟、谢志华. 现金股利、代理风险及市场反应. 北京工商大学学报(社会科学版), 2013(2): 65-73.

[72] 谭跃、夏芳. 股价与中国上市公司投资——盈余管理与投资者情绪的交叉研究. 会计研究, 2011(8): 30-39.

[73] 王超恩、张瑞君. 内部控制、大股东掏空与股价崩盘风险. 山西财经大学学报, 2015(10): 79-90.

[74] 王福胜、吉姗姗、程富. 盈余管理对上市公司未来会计业绩的影响研究——基于应计盈余管理与真实盈余管理比较视角. 南开管理评论, 2014(2): 95-106.

[75] 王国俊、王跃堂. 现金股利承诺制度与资源配置. 经济研究, 2014(9): 91-104.

[76] 王化成、曹丰、叶康涛. 监督还是掏空：大股东持股比例与股价崩盘风险. 管理世界, 2015(2): 45-57.

[77] 王化成、佟岩. 控股股东与盈余质量——基于盈余反应系数的考

察．会计研究，2006(2)：66-74.

[78] 王克敏、刘博．公开增发业绩门槛与盈余管理．管理世界，2012(8)：30-42.

[79] 王力军．金字塔控制、关联交易与公司价值——基于我国民营上市公司的实证研究．证券市场导报，2006(2)：18-24.

[80] 王立章、王咏梅、王志诚．控制权、现金流权与股价同步性．金融研究，2016(5)：97-110.

[81] 王良成、陈汉文、向锐．我国上市公司配股业绩下滑之谜：盈余管理还是掏空？金融研究，2010(10)：172-186.

[82] 王亮亮．真实活动盈余管理与权益资本成本．管理科学，2013(5)：87-99.

[83] 王茂林、何玉润、林慧婷．管理层权力、现金股利与企业投资效率．南开管理评论，2014(2)：13-22.

[84] 王亚平、刘慧龙、吴联生．信息透明度、机构投资者与股价同步性．金融研究，2009(12)：162-174.

[85] 王亚平、杨云红、毛小元．上市公司选择股票增发的时间吗？——中国市场股权融资之谜的一种解释．金融研究，2006(12)：103-115.

[86] 王英英、潘爱玲．控股股东对企业投资行为的影响机理分析．公司治理与理财，2008(9)：24-29.

[87] 王跃堂、王亮亮、彭洋．产权性质、债务税盾与资本结构．经济研究，2010(9)：122-136.

[88] 王正位、赵冬青、朱武祥．资本市场摩擦与资本结构调整——来自中国上市公司的证据．金融研究，2007(6)：109-119.

[89] 王正位、朱武祥、赵冬青．发行管制条件下的股权再融资市场时机行为及其对资本结构的影响．南开管理评论，2007(6)：40-46.

[90] 魏锋．外部审计和现金股利的公司治理角色：替代抑或互补．审计研究，2012(4)：76-82.

[91] 吴水亭、徐扬. 发行管制下政治关系对民企再融资择时行为的影响. 系统工程, 2010(2): 55-62.

[92] 吴育辉、吴世农. 股权集中、大股东掏空与管理层自利行为. 管理科学学报, 2011(8): 34-44.

[93] 肖虹、曲晓辉. R&D 投资迎合行为: 理性迎合渠道与股权融资渠道?——基于中国上市公司的经验证据. 会计研究, 2012(2): 42-49.

[94] 辛清泉、林斌、王彦超. 政府控制、经理薪酬与资本投资. 经济研究, 2007(8): 110-122.

[95] 修宗峰. 股权集中、股权制衡与会计稳健性. 证券市场导报, 2008(3): 40-48.

[96] 徐莉萍、辛宇、陈工孟. 股权集中度和股权制衡及其对公司经营绩效的影响. 经济研究, 2006(1): 90-100.

[97] 徐寿福、徐龙炳. 现金股利政策、代理成本与公司绩效. 管理科学, 2015(1): 96-110.

[98] 徐星美、李晏墅. 金字塔结构和权益资本成本: 理论分析与经验证据. 财贸经济, 2010(5): 20-25.

[99] 许年行、洪涛、吴世农、徐信忠. 信息传递模式、投资者心理偏差与股价"同涨同跌"现象. 经济研究, 2011(4): 135-146.

[100] 许文彬、刘猛. 我国上市公司股权结构对现金股利政策的影响——基于股权分置改革前后的实证研究. 中国工业经济, 2009(12): 128-138.

[101] 杨汉明. 寿命周期、股利支付与企业价值. 管理世界, 2008(4): 181-182.

[102] 姚胜琦、童菲、周晓辉. 上市公司诉讼仲裁信息的披露与股票非系统波动性的变化. 系统工程, 2006(7): 37-44.

[103] 叶康涛、陆正飞. 中国上市公司股权融资成本影响因素分析. 管理世界, 2004(5): 127-131.

[104] 应惟伟、袁肇祥. 控股股东盈余管理与资本市场效率. 武汉大学学报(哲学社会科学版), 2015(1): 26-31.

[105] 游家兴、张俊生、江伟. 制度建设、公司特质信息与股价波动的同步性——基于 R^2 研究的视角. 经济学(季刊), 2006(1): 189-206.

[106] 余明桂、夏新平. 控股股东、代理问题与关联交易: 对中国上市公司的实证研究. 南开管理评论, 2004(7): 33-38.

[107] 余明桂、夏新平、潘红波. 控股股东与小股东之间的代理问题: 来自中国上市公司的经验证据. 金融管理, 2007(4): 3-12.

[108] 余明桂、夏新平、吴少凡. 公司治理研究新趋势——控股股东与小股东之间的代理问题. 外国经济与管理, 2004(2): 28-32.

[109] 俞红海、徐龙炳. 股权集中下的控股股东侵占与公司治理综述. 经济管理, 2011(10): 127-134.

[110] 俞红海、徐龙炳、陈百助. 终极控股股东控制权与自由现金流过度投资. 经济研究, 2010(8): 103-114.

[111] 俞鸿琳. 股票价格能否影响公司投资水平. 经济科学, 2011(4): 88-98.

[112] 原红旗. 从中期报告看关联交易: 现实问题与理性思考. 会计研究, 1998(4): 1-6.

[113] 曾颖、陆正飞. 信息披露质量与股权融资成本. 经济研究, 2006(2): 69-79.

[114] 张波涛、李延喜、翟欣欣. 财务困境成本、所得税费用与资本结构税率敏感性. 证券市场导报, 2008(11): 60-66.

[115] 张春霞、陆璐、李志生. 实际控制人性质对上市公司及其高管违规处罚的影响研究. 投资研究, 2013(11): 101-120.

[116] 张敦力、石宗辉、郑晓红. 自由现金流量理论发展的路径、挑战与机遇. 会计研究, 2014(11): 61-66.

[117] 张戈、王美今. 投资者情绪与中国上市公司实际投资. 南方经

济，2007(3)：3-14.

[118] 张功富．企业的自由现金流量全部用于过度投资了吗——来自中国上市公司的经验证据．经济与管理研究，2007(6)：11-17.

[119] 张华、张俊喜、宋敏．所有权和控制权分离对企业价值的影响——我国民营上市企业的实证研究．经济学(季刊)，2004(3)：1-13.

[120] 张嘉兴、齐鲁光．双重增发条件下上市公司盈余管理实证研究．审计与经济研究，2015(1)：57-65.

[121] 张鸣、郭思永．大股东控制下的定向增发和财富转移——来自中国上市公司的经验证据．会计研究，2009(5)：80-88.

[122] 张祥建、郭岚．盈余管理与控制性大股东的"隧道行为"——来自配股公司的证据．南开经济研究，2007(6)：76-93.

[123] 张艳．我国证券市场泡沫形成机制研究．管理世界，2005(10)：34-40.

[124] 章卫东．定向增发新股与盈余管理——来自中国证券市场的经验证据．管理世界，2010(1)：54-63.

[125] 章之旺、吴世农．经济困境、财务困境与公司业绩——基于A股上市公司的实证研究．财经研究，2005(5)：112-122.

[126] 郑云鹰、曹丽梅．机构投资者的定向增发偏好研究．中山大学学报(社会科学版)，2016(2)：198-208.

[127] 周冬华、赖升东．上市公司现金流操控行为会加剧股价崩盘风险吗？山西财经大学学报，2016(2)：100-111.

[128] 周中胜、陈汉文．大股东资金占用与外部审计监督．审计研究，2006(3)：73-81.

[129] 朱红军、何贤杰、陶林．中国的证券分析师能够提高资本市场的效率吗——基于股价同步性和股价信息含量的经验证据．金融研究，2007(2)：110-121.

[130] 朱凯、俞伟峰．控股权性质、债务税盾与上市公司股权融资偏好．

财经研究, 2010(12): 116-127.

[131] 朱云、吴文锋、吴冲锋、芮萌. 圈钱行为与后果——募集资金滥用与再发行长期业绩恶化. 上海交通大学学报, 2007(7): 1087-1091.

[132] 朱云、吴文锋、吴冲锋、芮萌. 融资受限、大股东"圈钱"与再发行募集资金滥用. 管理科学学报, 2009(5): 100-109.

[133] Abdullah, N. M. H., Ahmad, Z., and Roslan, S. The influence of ownership structure on the firms dividend policy based Lintner model. *International Review of Business Research Papers*, 2012, 8: 71-88.

[134] Acharya, V. V., Almeida, H., and Campello, M. Is cash negative debt? A hedging perspective on corporate financial policies. *Journal of Financial Intermediation*, 2007, 16: 515-554.

[135] Adjaoud, F., and Ben-Amar, W. Corporate governance and dividend policy: Shareholders' protection or expropriation? *Journal of Business Finance and Accounting*, 2010, 37: 648-667.

[136] Albuquerue, R., and Wang, N. Agency conflicts, investment, and asset pricing. *Journal of Finance*, 2008, 63: 1-40.

[137] Alexander, S. S. Price movements in speculative markets: Trends or random walks. *Industrial Management Review*, 1961, 2: 7-26.

[138] Almeida, H., and Wolfenzon, D. A theory of pyramidal ownership and family business groups. *Journal of Finance*, 2006, 61: 2637-2680.

[139] Almeida, H., Campello, M., and Weisbach, M. The cash flow sensitivity of cash. *Journal of Finance*, 2004, 59: 1777-1804.

[140] Alti, A., and Sulaeman, J. When do high stock returns trigger equity issues? *Journal of Financial Economics*, 2012, 103: 61-87.

[141] Altman, E. I. A further empirical investigation of the bankruptcy cost question. *Journal of Finance*, 1984, 39: 1067-1089.

[142] Alzahrani, M., and Lasfer, M. Investor protection, taxation, and

dividends. *Journal of Corporate Finance*, 2012, 18: 745-762.

[143] Andrade, G., and Kaplan, S. N. How costly is financial (not economic) distress? Evidence from highly leveraged transactions that became distressed. *Journal of Finance*, 1998, 53: 1443-1493.

[144] Andreou, P. C., Louca, C., and Panayides, P. M. Corporate governance, financial management decisions and firm performance: Evidence from the maritime industry. *Transportation Research Part E: Logistics and Transportation Review*, 2014, 63: 59-78.

[145] Aoki, Y. How does the largest shareholder affect dividends? *International Review of Finance*, 2014, 14: 613-645.

[146] Ashbaugh-Skaife, H., and Gassen, J. Does stock price synchronicity represent firm-specific information? The international evidence. *Working Paper*, University of Wisconsin-Madison, 2005.

[147] Bae, S. C., Chang, K., and Kang, E. Culture, corporate governance, and dividend policy: International evidence. *Journal of Financial Research*, 2012, 35: 289-316.

[148] Bai, C. E., Liu, Q., Lu, J., Song, F. M., and Zhang, J. Corporate governance and market valuation in China. *Journal of Comparative Economics*, 2004, 32: 599-616.

[149] Baker, M., Stein, J., and Wurgler, J. When does the market matter? Stock prices and the investment of equity-dependent firms. *Quarterly Journal of Economics*, 2003, 118: 969-1005.

[150] Baker, M., and Wurgler, J. Market timing and capital structure. *Journal of Finance*, 2002, 57: 1-32.

[151] Bakke, T., and Whited, T. M. Which firms follow the market? An analysis of corporate investment decisions. *Review of Financial Studies*, 2010, 23: 1941-1980.

[152] Banz, R. W. The relationship between return and market value of

common stocks. *Journal of Financial Economics*, 1981, 9: 3-18.

[153] Barberis, N., Shleifer, A., and Wurgler, J. Comovement. *Journal of Financial Economics*, 2005, 75: 283-317.

[154] Bar-gill, O., and Bebchuk, L. A. Misreporting corporate performance. *Working Paper*, Harvard Law School, 2003.

[155] Barro, R. The stock market and investment. *Review of Financial Studies*, 1990, 3: 115-131.

[156] Basu, S. The relationship between earnings' yield, market value and return for NYSE common stocks: Further evidence. *Journal of Financial Economics*, 1983, 12: 129-156.

[157] Baxter, N. D. Leverage, risk of ruin and the cost of capital. *Journal of Finance*, 1967, 22: 395-403.

[158] Bayless, M., and Chaplinsky, S. Is there a window of opportunity for seasoned equity issuance? *Journal of Finance*, 1996, 51: 253-278.

[159] Bebchuk, L. A., Kraakman, R., and Triantis, G. Stock pyramids, cross-ownership, and dual class equity: The mechanisms and agency costs of separating control from cash-flow rights. *University of Chicago Press*, 2000: 295-318.

[160] Ben-Nasr, H., and Cosset, J. C. State ownership, political institutions, and stock price informativeness: Evidence from privatization. *Journal of Corporate Finance*, 2014, 29: 179-199.

[161] Bennedsen, M., and Wolfenzon, D. The balance of power in closely held corporations. *Journal of Financial Economics*, 2000, 58: 113-139.

[162] Berle, A. A., and Means, G. The modern corporation and private property. New York: Macmillan, 1932.

[163] Bhandari, L. C. Debt/equity ratio and expected common stock returns: Empirical evidence. *Journal of Finance*, 1988, 43: 507-528.

[164] Black, F. Capital market equilibrium with restricted borrowing. *Journal*

of Business, 1972, 45: 444-455.

[165] Blanchard, O., Rhee, C., and Summers, L. The stock market, profit, and investment. *Quarterly Journal of Economics*, 1993, 108: 115-136.

[166] Bleck, A., and Liu, X. Market transparency and the accounting regime. *Journal of Accounting Research*, 2007, 45: 229-256.

[167] Booth, L., Aivazian, V., and Demirguc-Kunt, A., and Maksimovic, V. Capital structures in developing countries. *Journal of Finance*, 2001, 56: 87-130.

[168] Bosworth, B. The stock market and the economy. *Brookings Papers on Economic Activity*, 1975, 2: 257-300.

[169] Boubaker, S., Mansali, H., and Rjiba, H. Large controlling shareholders and stock price synchronicity. *Journal of Banking & Finance*, 2014, 40: 80-96.

[170] Bradley, M., Jarrell, G. A., and Kim, E. On the existence of an optimal capital structure: Theory and evidence. *Journal of Finance*, 1984, 39: 857-878.

[171] Brennan, M. J. Taxes, market valuation and corporate financial policy. *National Tax Journal*, 1970, 23: 417-427.

[172] Brennan, M. J., and Schwartz, E. S. Optimal financial policy and firm valuation. *Journal of Finance*, 1984, 39: 593-607.

[173] Brockman, P., and Yan, X. Block ownership and firm-specific information. *Journal of Banking and Finance*, 2009, 33: 308-316.

[174] Bundoo, S. K. An augmented Fama and French three-factor model: New evidence from an emerging stock market. *Applied Economics Letters*, 2008, 15: 1213-1218.

[175] Campbell, G., and Turner, J. D. Substitutes for legal protection: Corporate governance and dividends in Victorian Britain. *The Economic*

History Review, 2011, 64: 571-597.

[176] Campello, M., and Graham, J. Do stock prices influence corporate decisions? Evidence from the technology bubble. *Journal of Financial Economics*, 2013, 107: 89-110.

[177] Chan, K., and Chan, Y. C. Price informativeness and stock return synchronicity: Evidence from the pricing of seasoned equity offerings. *Journal of Financial Economics*, 2014, 114: 36-53.

[178] Chan, K., Chan, L. K. C., Jegadeesh, N., and Lakonishok, J. Earnings quality and stock returns. *Journal of Business*, 2006, 79: 1041-1082.

[179] Chan, K., and Hameed, A. Stock price synchronicity and analyst coverage in emerging markets. *Journal of Financial Economics*, 2006, 80: 115-147.

[180] Chan, L. K. C., Hamao, Y., and Lakonishok, J. Fundamentals and stock returns in Japan. *Journal of Finance*, 1991, 46: 1739-1764.

[181] Chang, Y. K., Chou, R. K., and Huang, T. H. Corporate governance and the dynamics of capital structure: New evidence. *Journal of Banking and Finance*, 2014, 48: 374-385.

[182] Chen, N. F. Some empirical tests of the theory of arbitrage pricing. *Journal of Finance*, 1983, 38: 1393-1414.

[183] Chen, K. C. W., Chen, Z., and Wei, K. C. J. Agency costs of free cash flow and the effect of shareholder rights on the implied cost of equity capital. *Journal of Financial and Quantitative Analysis*, 2011, 46: 171-207.

[184] Chen, Y., Truong, C., and Veeraraghavan, M. CEO risk-taking incentives and the cost of equity capital. *Journal of Business Finance and Accounting*, 2015, 42: 915-946.

[185] Claessens, S., Djankov, S., Fan, J. P. H., and Lang, L. H. P.

Disentangling the incentive and entrenchment effects of large shareholdings. *Journal of Finance*, 2002, 57: 2741-2771.

[186] Claessens, S., Djankov, S., and Lang, L. H. P. The separation of ownership and control in East Asian corporations. *Journal of Financial Economics*, 2000, 58: 81-112.

[187] Clarke, J., Dunbar, C., and Kahle, K. M. Long-run performance and insider trading in completed and canceled seasoned equity offerings. *Journal of Financial and Quantitative Analysis*, 2001, 36: 415-430.

[188] Claus, J., and Thomas, J. Equity premia as low as three percent? Evidence from analysts' earnings forecasts for domestic and international stock markets. *Journal of Finance*, 2001, 56: 1629-1666.

[189] Cleary, S. The relationship between firm investment and financial status. *Journal of Finance*, 1999, 54: 673-692.

[190] Cleary, S., Povel, P., and Raith, M. The U-shaped investment curve: Theory and evidence. *Journal of Financial and Quantitative Analysis*, 2007, 42: 1-39.

[191] Cohen, D. A., and Zarowin, P. Accrual-based and real earnings management activities around seasoned equity offerings. *Journal of Accounting and Economics*, 2010, 50: 2-19.

[192] Collins, D. W., and Hribar, P. Earnings-based and accrual-based market anomalies: One effect or two? *Journal of Accounting and Economics*, 2000, 29: 101-123.

[193] Conyon, M. J., and Murphy, K. J. The prince and the pauper? CEO pay in the United States and United Kingdom. *The Economic Journal*, 2000, 110: 640-671.

[194] Cormier, D., Lapointe-Antunes, P., and McConomy, B. J. Fore-

casts in IPO prospectuses: The effect of corporate governance on earnings management. *Journal of Business Finance and Accounting*, 2014, 41: 100-127.

[195] Daniel, K., and Titman, S. Evidence on the characteristics of cross sectional variation in stock returns. *Journal of Finance*, 1997, 52: 1-33.

[196] DeAngelo, H., DeAngelo, L., and Stulz, R. M. Dividend policy and the earned/contributed capital mix: A test of the life-cycle theory. *Journal of Financial Economics*, 2006, 81: 227-254.

[197] DeAngelo, H., and Masulis, R. W. Optimal capital structure under corporate and personal taxation. *Journal of Financial Economics*, 1980, 8: 3-29.

[198] Dechow, P. M., Sloan, R. G., and Sweeney, A. P. Detecting earnings management. *The Accounting Review*, 1995, 70: 193-225.

[199] DeLong, J. B., Shleifer, A., Summers, L. H., and Waldmann, R. J. The size and incidence of the losses from noise trading. *Journal of Finance*, 1989, 44: 681-696.

[200] Dempsey, S. J., and Laber, G. Effects of agency and transaction costs on dividend payout ratios: Further evidence of the agency-transaction hypothesis. *Journal of Financial Research*, 1992, 15: 317-321.

[201] Denis, D. J., and Osobov, I. Why do firms pay dividends? International evidence on the determinants of dividend policy. *Journal of Financial Economics*, 2008, 89: 62-82.

[202] Devos, E., Hao, W., Prevost, A. K., and Wongchoti, U. Stock return synchronicity and the market response to analyst recommendation revisions. *Journal of Banking and Finance*, 2015, 58: 376-389.

[203] Dhaliwal, D. S., Krull, L. K., and Li, O. Z. Tax and the cost of equity capital: An international analysis. *Working Paper*, University

of Arizona, 2014.

[204] Dhrymes, P., and Kurz, M. Investment, dividends and external finance behavior of firms. Chaptered in Determinants of Investment Behavior. Columbia University Press, 1967, New York.

[205] Dionysiou, D. Timing, earnings management and over-reaction around pure placings. *European Journal of Finance*, 2015, 21: 846-671.

[206] Dittmar, A., and Mahrt-Smith, J. Corporate governance and the value of cash holdings. *Journal of Financial Economics*, 2007, 83: 599-634.

[207] Dolde, W., Giaccotto, C., Mishra, D. R., and O'Brien, T. Should managers estimate cost of equity using a two-factor international CAPM? *Managerial Finance*, 2012, 38: 708-728.

[208] Dong, M., Loncarski, I., Horst, J. T., and Veld, C. What drives security issuance decisions: Market timing, pecking order, or both? *Financial Management*, 2012, 41: 637-663.

[209] Drobetz, W., Pensa, P., and Wanzenried, G. Firm characteristics and dynamic capital structure adjustment. *Working Paper*, University of Hamburg, 2006.

[210] Drobetz, W., Schilling, D. C., and Schröder, H. Heterogeneity in the speed of capital structure adjustment across countries and over the business cycle. *European Financial Management*, 2015, 21: 936-973.

[211] Durnev, A., Morck, R., and Yeung, B. Y. Does firm-specific information in stock prices guide capital allocation? *Working Paper*, University of Iowa, 2001.

[212] Durnev, A., Morck, R., Yeung, B., and Zarowin, P. Does greater firm-specific return variation mean more or less informed stock

pricing? *Journal of Accounting Research*, 2003, 41: 797-836.

[213] Dyck, A., and Zingales, L. Control premiums and the effectiveness of corporate governance systems. *Journal of Applied Corporate Finance*, 2004, 16: 51-72.

[214] Easterbrook, F. H. Two agency-cost explanations of dividends. *American Economic Review*, 1984, 74: 650-659.

[215] Elton, E. J. Expected return, realized return, and asset pricing tests. *Journal of Finance*, 1999, 54: 1199-1220.

[216] Faccio, M., Lang, L. H. P. K., and Young, L. Dividends and expropriation. *American Economic Review*, 2001, 91: 54-78.

[217] Fama, E. F. Efficient capital markets: A review of theory and empirical work. *Journal of Finance*, 1970, 25: 383-417.

[218] Fama, E. F., and French, K. R. The cross-section of expected stock returns. *Journal of Finance*, 1992, 47: 427-465.

[219] Fama, E. F., and French, K. R. Common risk factors in the returns on stocks and bonds. *Journal of Financial Economics*, 1993, 33: 3-56.

[220] Fama, E. F., and French, K. R. Industry costs of equity. *Journal of Financial Economics*, 1997, 43: 153-193.

[221] Fama, E. F., and French, K. R. Taxes, financing decisions, and firm value. *Journal of Finance*, 1998a, 3: 819-843.

[222] Fama, E. F., and French, K. R. Value versus growth: The international evidence. *Journal of Finance*, 1998b, 53: 1975-1999.

[223] Fama, E. F., and French, K. R. Disappearing dividends: Changing firm characteristics or lower propensity to pay? *Journal of Financial Economics*, 2001, 60: 3-43.

[224] Fama, E. F., and French, K. R. Testing trade-off and pecking order predictions about dividends and debt. *Review of Financial Studies*, 2002, 15: 1-33.

[225] Fama, E. F., Fusher, L., Jensen, M. C., and Roll, R. The adjustment of stock prices to new information. *International Economic Review*, 1969, 10: 1-21.

[226] Fama, E. F., and Macbeth, J. D. Risk, return, and equilibrium: Empirical tests. *Journal of Political Economy*, 1973, 81: 607-636.

[227] Fan, J. P. H., and Wong, T. J. Corporate ownership structure and the informativeness of accounting earnings in East Asia. *Journal of Accounting and Economics*, 2002, 33: 401-425.

[228] Fan, J. P. H., and Wong, T. J. Do external auditors perform a corporate governance role in emerging markets? Evidence from East Asia. *Journal of Accounting Research*, 2005, 43: 35-72.

[229] Faulkender, M., Flannery, M. J., Hankins, K. W., and Smith, J. Cash flows and leverage adjustments. *Journal of Financial Economics*, 2012, 103: 632-646.

[230] Faulkender, M., and Wang, R. Corporate financial policy and the value of cash. *Journal of Finance*, 2006, 61: 1957-1990.

[231] Fazzari, S. M., Hubbard, R. G., and Petersen, B. C. Finance constraints and corporate investment. *Brookings Papers on Economic Activity*, 1988, 37: 141-206.

[232] Fazzari, S. M., and Petersen, B. C. Working capital and fixed investment: New evidence on financing constraints. *RAND Journal of Economics*, 1993, 24: 328-342.

[233] Fischer, E. O., Heinkel, R., and Zechner, J. Dynamic capital structure choice: Theory and tests. *Journal of Finance*. 1989, 44: 19-40.

[234] Fischer, S., and Merton, R. C. Macroeconomics and finance: The role of the stock market. *Carnegie Rochester Conference Series on Public Policy*, 1984, 21: 57-108.

[235] Flannery, M. J., and Rangan, K. P. Partial adjustment toward target capital structures. *Journal of Financial Economics*, 2006, 79: 469-506.

[236] Frank, M. Z., and Goyal, V. K. The effect of market conditions on capital structure adjustment. *Finance Research Letters*, 2004, 1: 47-55.

[237] Fu, F. Overinvestment and the operating performance of SEO firms. *Financial Management*, 2010, 39: 249-272.

[238] Garmaise, M. J., and Liu, J. Corruption, firm governance, and the cost of capital. *Working Paper*, University of California, 2005.

[239] Gebhardt, W. R., Lee, C., and Swaminathan, B. Toward an implied cost of capital. *Journal of Accounting Research*, 2001, 39: 135-176.

[240] Giannetti, M., and Simonov, A. Which investors fear expropriation? Evidence from investors' portfolio choices. *Journal of Finance*, 2006, 61: 1507-1547.

[241] Givoly, D., Hayn, C., Ofer, A. R., and Sarig, O. Taxes and capital structure: Evidence from firms' response to the tax reform act of 1986. *Review of Financial Studies*, 1992, 5: 331-355.

[242] Gomes, A. Going Public without governance: Managerial reputation effects. *Journal of Finance*, 2000, 55: 615-646.

[243] Gopalan, R., and Jayaraman, S. Private control benefits and earnings management: Evidence from insider controlled firms. *Journal of Accounting Research*, 2012, 50: 117-157.

[244] Gordon, M. J. Dividends, earnings, and stock prices. *The Review of Economics and Statistics*, 1959, 41: 99-105.

[245] Graham, J. R. How big are the tax benefits of debt? *Journal of Finance*, 2000, 55: 1901-1941.

[246] Graham, J. R., and Harvey, C. R. The theory and practice of corporate finance: Evidence from the field. *Journal of Financial Economics*, 2001, 60: 187-243.

[247] Grullon, G., Michaely, R., and Swaminathan, B. Are dividend changes a sign of firm maturity? *Journal of Business*, 2002, 75: 387-424.

[248] Gugler, K. Corporate governance and investment. *International Journal of the Economics of Business*, 2003, 10: 261-289.

[249] Gul, F. A., Kim, J. B., and Qiu, A. A. Ownership concentration, foreign shareholding, audit quality and stock price synchronicity: Evidence from China. *Journal of Financial Economics*, 2010, 95: 425-442.

[250] Guthrie, K., and Sokolowsky, J. Large shareholders and the pressure to manage earnings. *Journal of Corporate Finance.* 2010, 16: 302-319.

[251] Han, S., and Qiu, J. Corporate precautionary cash holdings. *Journal of Corporate Finance*, 2007, 13: 43-57.

[252] Hauser, R. P. The firm "life-cycle" hypothesis and dividend policy: Tests on propensity to pay, dividend initiation and dividend growth rates. *Dissertations and These-Gradworks*, 2012, 19: 1020-1024.

[253] Haw, I., Ho, S. S. M., Hu, B., and Zhang, X. The contribution of stock repurchases to the value of the firm and cash holdings around the world. *Journal of Corporate Finance*, 2011, 17: 152-166.

[254] Henderson, B. J., Jegadeesh, N., and Weisbach, M. S. World markets for raising new capital. *Journal of Financial Economics*, 2006, 82: 63-101.

[255] Himmelberg, C. P., Hubbard, R. G., and Love, I. Investor pro-

tection, ownership, and the cost of capital. *Working Paper*, Federal Reserve Bank of New York and Columbia University, 2004.

[256] Hoshi, T., Kashyap, A., and Scharfstein, D. Corporate structure, liquidity and investment: Evidence from Japanese industrial groups. *Quarterly Journal of Economics*, 1991, 106: 33-60.

[257] Hou, K. W., Peng, L., and Xiong, W. R^2 and price inefficiency. *Working paper*, Ohio State University, 2006.

[258] Hovakimian, A., Opler, T., and Titman, S. The debt-equity choice. *Journal of Financial and Quantitative Analysis*, 2001, 36: 1-24.

[259] Hovakimian, G., and Titman, S. Corporate investment with financial constraints: Sensitivity of investment to funds from voluntary asset sales. *Journal of Money, Credit, and Banking*, 2006, 38: 357-374.

[260] Hu, J., and Lin, Z. The implied cost of equity capital, corporate investment and chief executive officer turnover. *Accounting and Finance*, 2015, 55: 1041-1070.

[261] Huang, R., and Ritter, J. R. Testing the market timing theory of capital structure. *Journal of Financial and Quantitative Analysis*, 2005, 1: 221-246.

[262] Hubbard, R. G. Capital-market imperfections and investment. *Journal of Economic Literature*, 1998, 36: 193-225.

[263] Hutton, A. P., Marcus, A. J., and Tehranian, H. Opaque financial reports, R^2, and crash risk. *Journal of Financial Economics*, 2009, 94: 67-86.

[264] Isakov, D., and Weisskopf, J. P. Pay-out policies in founding family firms. *Journal of Corporate Finance*, 2015, 33: 330-344.

[265] Jara, M., and Lopez, F. J. Earnings management and contests for

control: An analysis of European family firms. *Journal of Centrum Cathedra*, 2011, 4: 100-120.

[266] Jensen, M. C. Agency costs of free cash flow, corporate finance, and takeovers. *American Economic Review*, 1986, 76: 323-329.

[267] Jensen, M. C. Agency costs of overvalued equity. *Financial Management*, 2005, 34: 5-19.

[268] Jensen, M. C., and Meckling W. H. Theory of the firm: Managerial behavior, agency costs and ownership structure. *Journal of Financial Economics*, 1976, 3: 305-360.

[269] Jermann, U. J., and Quadrini, V. Stock market boom and the productivity gains of the 1990s. *Journal of Monetary Economics*, 2007, 54: 413-432.

[270] Jin, L., and Myers, S. C. R^2 around the world: New theory and new tests. *Journal of Financial Economics*, 2006, 79: 257-292.

[271] Jiraporn, P., Kim, J., and Kim, Y. S. Dividend payouts and corporate governance quality: An empirical investigation. *The Financial Review*, 2011, 46: 251-279.

[272] Jiraporn, P., Miller, G. A., Yoon, S. S., and Kim, J. Is earnings management opportunistic or beneficial? An agency theory perspective. *International Review of Financial Analysis*, 2008, 17: 622-634.

[273] Johnson, S., La Porta, R., and Lopez-de-Silanes, F. Tunneling. *American Economic Review*, 2000, 90: 22-27.

[274] Jones, J. J. Earnings management during import relief investigations. *Journal of Accounting Research*, 1991, 29: 193-228.

[275] Kalcheva, I., and Lins, K. V. International evidence on cash holdings and expected managerial agency problems. *Review of Financial Studies*, 2007, 20: 1087-1112.

[276] Kaplan, S. N., and Zingales, L. Do investment-cash flow sensitivities provide useful measures of financing constraints? *Quarterly Journal of Economics*, 1997, 112: 169-215.

[277] Kasbi, S. Ownership concentration and capital structure adjustments. *Working Paper*, Paris Dauphine University, 2009.

[278] Kedia, S., and Philippon, T. The economics of fraudulent accounting. *Review of Financial Studies*, 2009, 22: 2169-2199.

[279] Kelly, P. J. Information efficiency and firm-specific return variation. *Working Paper*, Arizona State University, 2014.

[280] Keynes, J. M. The general theory of employment, interest and money. *Economic Record*, 1935.

[281] Khurana, I., Martin, X., and Pereira, R. Financial development and the cash flow sensitivity of cash. *Journal of Financial and Quantitative Analysis*, 2006, 41: 787-807.

[282] Kim, Y., Li, H., and Li, S. Corporate social responsibility and stock price crash risk. *Journal of Banking and Finance*, 2014, 43: 1-13.

[283] Kim, E. H., and Purnanandam, A. Seasoned equity offerings, corporate governance, and investments. *Review of Finance*, 2014, 18: 1023-1057.

[284] Kim, H. J., Sohn, P., and Seo, J. Y. The capital structure adjustment through debt financing based on various macroeconomic conditions in Korean market. *Investigación Económica*, 2015, 74: 155-172.

[285] Koussis, N., Martzoukos, S. H., and Trigeorgis, L. Corporate liquidity and dividend policy under uncertainty. *Journal of Banking and Finance*, 2017, 75: 200-214.

[286] Kraft, A., Leone, A. J., and Wasley, C. E. Regression-based tests of the market pricing of accounting numbers: The Mishkin test

and ordinary least squares. *Journal of Accounting Research*, 2007, 45: 1081-1114.

[287] Kraus, A. , and Litzenberger, R. H. A state-preference model of optimal financial leverage. *Journal of Finance*, 1973, 28: 911-922.

[288] Kumar, A. , and Lee, C. M. C. Retail investor sentiment and return comovements. *Journal of Financial Economics*, 2006, 61: 2451-2486.

[289] La Porta, R. , Lopez-De-Silanes, F. , and Shleifer, A. Corporate ownership around the world. *Journal of Finance*, 1999, 54: 471-517.

[290] La Porta, R. , Lopez-De-Silanes, F. , and Shleifer, A. Investor protection and corporate valuation. *Journal of Finance*, 2002, 57: 1147-1170.

[291] La Porta, R. , Lopez-De-Silanes, F. , Shleifer, A. , and Vishny, R. W. Agency problems and dividend policies around the world. *Journal of Finance*, 2000a, 55: 1-33.

[292] La Porta, R. , Lopez-De-Silanes, F. , Shleifer, A. , and Vishny, R. Investor protection and corporate governance. *Journal of Financial Economics*, 2000b, 58: 3-27.

[293] Lakonishok, J. , Shleifer, A. , and Vishny, R. W. Contrarian investment, extrapolation, and risk. *Journal of Finance*, 1994, 49: 1541-1578.

[294] Lambrinoudakis, C. Adjustment cost determinants and target capital structure. *Multinational Finance Journal*, 2016, 20: 1-39.

[295] Lambrecht, B. M. , and Myers, S. C. The dynamics of investment, payout and debt. *Working paper*, University of Cambridge, 2017.

[296] Larrain, B. , and Urzua I, F. Controlling shareholders and market timing in share issuance. *Journal of Financial Economics*, 2013, 109: 661-681.

[297] Leary, M. T., and Roberts, M. R. Do firms rebalance their capital structures? *Journal of Finance*, 2005, 60: 2575-2619.

[298] Lemmon, M. L., Roberts, M. R., and Zender, J. F. Back to the beginning: Persistence and the cross-section of corporate capital structure. *Journal of Finance*, 2008, 63: 1575-1608.

[299] Lim, C. Y., Thong, T. Y., and Ding, D. K. Firm diversification and earnings management: Evidence from seasoned equity offerings. *Review of Quantitative Finance and Accounting*, 2008, 30: 69-92.

[300] Lin, C., Ma, Y., Malatesta, P., and Xuan, Y. Ownership structure and the cost of corporate borrowing. *Journal of Financial Economics*, 2011a, 100: 1-23.

[301] Lin, C., Ma, Y., and Xuan, Y. Ownership structure and financial constraints: Evidence from a structural estimation. *Journal of Financial Economics*, 2011b, 102: 416-431.

[302] Lintner, J. The valuation of risk assets and the selection of risky investments in stock portfolios and capital budgets. *The Review of Economics and Statistics*, 1965, 47: 13-37.

[303] Liu, Q., and Lu, Z. Corporate governance and earnings management in the Chinese listed companies: A tunneling perspective. *Journal of Corporate Finance*, 2007, 13: 881-906.

[304] Lombardo, D., and Pagano, M. Law and equity markets: A simple model. Corporate Governance Regimes: Convergence and Diversity, Oxford University Press, 2002, 343-362.

[305] López-Iturriaga, F. J. Growth opportunities as moderators of the mechanisms of corporate control: A study for East Asian firms. *Transformations in Business and Economics*, 2013, 12: 168-187.

[306] Loughran, T., and Ritter, J. R. The new issues puzzle. *Journal of Finance*, 1995, 50: 23-51.

[307] Loughran, T., and Ritter, J. R. The operating performance of firms conducting seasoned equity offerings. *Journal of Finance*, 1997, 52: 1823-1850.

[308] Luo, Q., Li, H., and Zhang, B. Financing constraints and the cost of equity: Evidence on the moral hazard of the controlling shareholder. *International Review of Economics and Finance*, 2015, 36: 99-106.

[309] Martins, T. C., and Novaes, W. Mandatory dividend rules: Do they make it harder for firms to invest? *Journal of Corporate Finance*, 2012, 18: 953-967.

[310] Masulis, R. W., Pham, P. K., and Zein, J. Family business groups around the world: Financing advantages, control motivations, and organizational choices. *Review of Financial Studies*, 2011, 24: 3556-3600.

[311] Masulis, R. W., Wang, C., and Xie, F. Agency problems at dual-class companies. *Journal of Finance*, 2009, 64: 1697-1727.

[312] Mayers, D. Nonmarketable assets and capital market equilibrium under uncertainty, studies in the theory of capital markets. New York: Preager, 1972.

[313] McNichols, F. M., and Stubben, R. S. Does earnings management affect firms' investment decisions? *The Accounting Review*, 2008, 83: 1571-1603.

[314] Merton, R. C. An intertemporal capital asset pricing model. *Econometrica*. 1973, 41: 867-887.

[315] Merton, R. C. A simple model of capital market equilibrium with incomplete information. *Journal of Finance*, 1987, 42: 483-510.

[316] Michaely, R., and Roberts, M. R. Corporate dividend policies: Lessons from private firms. *Review of Financial Studies*, 2012, 25:

711-746.

[317] Mikkelson, W. H., and Partch, M. M. Withdrawn security offerings. *Journal of Financial and Quantitative Analysis*, 1988, 23: 119-133.

[318] Miller, M. H. and Modigliani, F. Dividend policy, growth and the valuation of shares. *Journal of Business*, 1961, 34: 411-433.

[319] Mishkin, F. S. A rational expectations approach to macroeconometrics: Testing policy ineffectiveness and efficient-markets models. University of Chicago Press, 1983.

[320] Modigliani, F., and Miller, M. H. The cost of capital, corporation finance and the theory of investment. *American Economic Review*, 1958, 48: 261-297.

[321] Modigliani, F., and Miller, M. H. Corporate income taxes and the cost of capital: A correction. *American Economic Review*, 1963, 53: 433-443.

[322] Morck, R., Shleifer, A., and Vishny, R. W. The stock market and investment: Is the market a sideshow? *Brookings Papers on Economic Activity*, 1990, 2: 157-215.

[323] Morck, R., Yeung, B., and Yu, W. The information content of stock markets: Why do emerging markets have synchronous stock price movements? *Journal of Financial Economics*, 2000, 58: 215-260.

[324] Morellec, E. Can managerial discretion explain observed leverage ratios? *Review of Financial Studies*, 2004, 17: 257-294.

[325] Morellec, E., Nikolov, B., and Schürhoff, N. Corporate governance and capital structure dynamics. *Journal of Finance*, 2012, 67: 803-848.

[326] Myers, S. C., and Majluf, N. S. Corporate financing and investment decisions when firms have information that investors do not have. *Journal of Financial Economics*, 1984, 13: 187-221.

[327] Myers, S. C., and Rajan R. G. The paradox of liquidity. *Quarterly Journal of Economics*, 1998, 113: 733-771.

[328] Nenova, T. The value of corporate voting rights and control: A cross-country analysis. *Journal of Financial Economics*, 2003, 68: 325-351.

[329] O'Connor, T. The relationship between dividend payout and corporate governance along the corporate life-cycle. *International Journal of Corporate Finance*, 2013, 4: 20-50.

[330] Ohlson, J. A. The theory of value and earnings, and an introduction to the ball-brown analysis. *Contemporary Accounting Research*, 1991, 8: 1-19.

[331] Opler, T., Pinkowitz, L., Stulz, R., and Williamson, R. The determinants and implications of corporate cash holdings. *Journal of Financial Economics*, 1999, 52: 3-46.

[332] Opler, T. C., and Titman, S. Financial distress and corporate performance. *Journal of Finance*, 1994, 49: 1015-1040.

[333] Öztekin, Ö., and Flannery, M. J. Institutional determinants of capital structure adjustment speeds. *Journal of Financial Economics*, 2012, 103: 88-112.

[334] Park, Y. W., and Shin, H. Board composition and earnings management in Canada. *Journal of Corporate Finance*, 2004, 10: 431-457.

[335] Pawlina, G., and Renneboog, L. Is investment-cash flow sensitivity caused by the agency costs or asymmetric information? Evidence from the UK. *European Financial Management*, 2005, 11: 483-513.

[336] Penman, S. H. Return to fundamentals. *Journal of Accounting, Auditing & Finance*, 1992, 7: 465-483.

[337] Philippon, T. Corporate governance over the business cycle. *Journal of Economic Dynamics and Control*, 2006, 30: 2117-2141.

[338] Pinkowitz, L., Stultz, R., and Williamson, R. Do firms in countries with poor protection of investor rights hold more cash? *Working Paper*, Georgetown University, 2003.

[339] Pinkowitz, L., Stulz, R., and Williamson, R. Does the contribution of corporate cash holdings and dividends to firm value depend on governance? A cross-country analysis. *Journal of Finance*, 2006, 61: 2725-2751.

[340] Piotroski, J. D., and Roulstone, D. T. Do insider trades reflect both contrarian beliefs and superior knowledge about future cash flow realizations? *Journal of Accounting and Economics*, 2005, 39: 55-81.

[341] Piotroski, J, and Wong, T. J. Capitalizing China: Institutions and information environment of Chinese listed firms. *Working Paper*, Stanford University, 2012.

[342] Polk, C., and Sapienza, P. The real effects of investor sentiment. *Working Paper*, Nothwestern University, 2002.

[343] Polk, C., and Sapienza, P. The stock market and corporate investment: A test of catering theory. *Review of Financial Studies*, 2009, 22: 187-217.

[344] Rangan, S. Earnings management and the performance of seasonal equity offerings. *Journal of Financial Economics*, 1998, 50: 101-122.

[345] Rashid, A. Does risk affect capital structure adjustments? *Journal of Risk Finance*, 2016, 17: 80-92.

[346] Richardson, S. Over-investment of free cash flow. *Review of Accounting Studies*, 2006, 11: 159-189.

[347] Roll, R. R^2. *Journal of Finance*, 1988, 43: 541-566.

[348] Ross, S. A. The arbitrage theory of capital asset pricing. *Journal of Economic Theory*. 1976, 13: 341-360.

[349] Rozeff, M. S. Growth, beta and agency costs as determinants of divi-

dend payout ratios. *Journal of Financial Research*, 1982, 5: 249-259.

[350] Salas, J. M. Dividend initiations, analyst forecasts, and the cost of capital. *Working Paper*, University of Oklahoma, 2006.

[351] Samuelson, P. A. Proof that properly anticipated prices fluctuate randomly. *Industrial Management Review*, 1965, 6: 41-49.

[352] Sanjaya, I. P. S. The Influence of ultimate ownership on earnings management: Evidence from Indonesia. *Global Journal of Business Research*, 2011, 5: 61-69.

[353] Seyhun, H. N. Insider profits, cost of trading, and market efficiency. *Journal of Financial Economics*, 1986, 16: 189-212.

[354] Sharpe, W. F. Capital asset prices: A theory of market equilibrium under conditions of risk. *Journal of Finance*, 1964, 19: 425-442.

[355] Shleifer, A., and Vishny, R. W. A survey of corporate governance. *Journal of Finance*, 1997, 52: 737-783.

[356] Shu, P., and Chiang, S. Firm size, timing, and earnings management of seasoned equity offerings. *International Review of Economics and Finance*, 2014, 29: 177-194.

[357] Sinha, M., Sunder, J., and Swaminathan, B. Payout policy and cost of capital. *Working Paper*, Cornerstone Research, 2006.

[358] Sloan, R. G. Do stock price fully reflect information in accruals and cash flows about future earnings? *The Accounting Review*, 1996, 71: 289-315.

[359] Sloan, R. G., and You, H. F. Wealth transfers via equity transactions. *Journal of Financial Economics*, 2015, 118: 93-112.

[360] Smith, C., and Watts, R. The Investment opportunity set and corporate financing, dividend and compensation policies. *Journal of Financial Economics*, 1992, 32: 263-292.

[361] Stein, J. C. Rational capital budgeting in an irrational world. *Journal*

of Business, 1996, 69: 429-455.

[362] Teoh, S. H., Welch, I., and Wong, T. J. Earnings management and the underperformance of seasoned equity orderings. *Journal of Financial Economics*, 1998, 50: 63-99.

[363] Titman, S., and Wessels, R. The determinants of capital structure choice. *Journal of Finance*, 1988, 43: 1-19.

[364] Toeh, S., Yang, Y., and Zhang, Y. R-squared: Noise or firm-specific information. *Working paper*, University of California, 2007.

[365] Vogt, S. The cash flow/investment relationship: Evidence from U. S. manufacturing firms. *Financial Management*, 1994, 23: 3-20.

[366] Warusawitharana, M., and Whited, T. M. Equity market misvaluation, financing, and investment. *Finance and Economics Discussion*, 2014, 29: 603-654.

[367] Welch, I. Capital structure and stock returns. *Journal of Political Economy*, 2004, 112: 106-131.

[368] West, K. D. Dividend innovations and stock price volatility. *Econometrica*, 1988, 56: 37-61.

[369] Williams, J. B. The theory of investment value. Cambridge, MA: Harvard University Press, 1938.

[370] Wurgler, J. Financial markets and the allocation of capital. *Journal of Financial Economics*, 2000, 58: 187-214.

[371] Xie, H. The mispricing of abnormal accruals. *The Accounting Review*, 2001, 76: 357-373.

[372] Yang, Y. J., Kweh, Q. L., and Lin, R. C. Earnings quality of Taiwanese group firms. *Asia-Pacific Journal of Accounting & Economics*, 2014, 21: 134-156.

后　记

　　2009年我出版了第一本专著《公司投资与营运资金策略》，过程十分艰辛，时隔8年，第二本专著《控股股东投融资决策》的出版还是令我辛苦不堪。这8年来我经历了研究领域由点到面的全部铺开，我本人不知天高地厚地要在公司金融与资本市场的框架内深度挖掘，这样下来的结果是每年都在公开出版物上形成了一些论文发表，但这里面究竟有哪些真正算得上科研成果还是令我很茫然。尽管如此，我还是努力归纳、整理了这些内容，并将这些内容构思成专著《控股股东投融资决策》呈献给读者。这个归纳、整理、构思的过程既复杂又痛苦，远远超出了我当初的预想。

　　感谢这8年来我所指导的硕士生和博士生，其实这本专著是我和大学生们的共同成果。我非常有幸在武汉大学经济与管理学院遇到这些优秀的学生，他们积极、向上，拥有梦想并充满期待。尽管我不知道他们走向社会后该当如何，但我很有幸能在他们的学习成长过程中给他们提供一种思考和研究的方式。最令我感叹的是，这些优秀的年轻人让我懂得必须要在这个极度信息化的时代保持与时俱进。

　　感谢武汉大学经济与管理学院的领导和同事，这个集体使我备感温暖。这8年的经历改变了我的所思所想，让我认识到不仅仅是自己在为这个集体添砖加瓦，这个集体同样带给我接踵而至的荣誉和机遇。这个集体是创新思维的源泉，也散发着凝聚感情和追求奉献的力量。我彻底感受到个人力量的渺小，任何成绩和荣誉都是属于集体的。

  我还要感谢我的家人。我的父母是老实巴交的农民，一直告诫我要好好做人做事，认真教导学生。我的爱人是理工科背景，对于我的学术研究领域也充满浓厚的兴趣，经常向儿子讲述我的研究内容，给了我极大的鼓舞和支持。

  最后要感谢武汉大学出版社精心策划本书的出版，特别要感谢中青年学者优秀学术专著出版基金为本书出版提供的资助。

罗琦
2017 年 7 月于武汉大学枫园